CRTS Ⅱ型板式无砟轨道施工作业指南

沪昆铁路客运专线江西有限责任公司　主编

中 国 铁 道 出 版 社

2014年·北 京

内容简介

本书按照无砟轨道施工过程质量控制要求，系统地阐述了CRTSⅡ型板式无砟轨道施工技术要求，形成了CRTSⅡ型板式无砟轨道管理制度、资源配备、施工管理及过程控制标准化的管理体系。

本书共分18章，包括总则，编制依据，无砟轨道结构型式，施工管理，线下工程沉降变形观测与评估，CPⅢ测设及评估，施工工序及流程，轨道板制造、运输及存放，线外工艺性试验，桥面防水层施工，高强度挤塑板及滑动层施工，端刺及摩擦板施工，桥上底座板施工，支承层和隧道底座施工，轨道板铺设等内容，是CRTSⅡ型板式无砟轨道施工的指导性技术文件，也可供其他类型无砟轨道标准化施工管理学习、参考。

图书在版编目（CIP）数据

CRTS Ⅱ型板式无砟轨道施工作业指南／沪昆铁路客运专线江西有限责任公司主编．—北京：中国铁道出版社，2014.6

ISBN 978-7-113-18231-1

Ⅰ．①C…　Ⅱ．①沪…　Ⅲ．①板式轨道—无砟轨道—工程施工—指南　Ⅳ．①U213.2-62

中国版本图书馆CIP数据核字（2014）第057470号

书　　名：CRTS Ⅱ型板式无砟轨道施工作业指南
作　　者：沪昆铁路客运专线江西有限责任公司　主编

策　　划：程东海
责任编辑：程东海　邱金帅　　**编辑部电话：**（路）021-73347　邮箱：shuai827@126.com
封面设计：崔　欣
责任校对：马　丽
责任印制：陆　宁　高春晓

出版发行：中国铁道出版社（100054，北京市西城区右安门西街8号）
网　　址：http://www.tdpress.com
印　　刷：北京铭成印刷有限公司
版　　次：2014年6月第1版　2014年6月第1次印刷
开　　本：787 mm×1 092 mm　1/16　印张：15.25　字数：316千
书　　号：ISBN 978-7-113-18231-1
定　　价：65.00元

前言

CRTSⅡ型板式无砟轨道是我国高速铁路采用的主要无砟轨道结构形式之一，已成功应用在京津、京沪、京石武、沪杭、宁杭甬、津秦及沪昆（杭长段）等高速铁路。经大量工程建设和运营实践，积累了丰富的建设管理和施工经验。为及时总结CRTSⅡ型板式无砟轨道施工技术成果，形成适合我国路情的施工技术体系及管理制度，中国铁路总公司工程管理中心委托沪昆铁路客运专线江西有限责任公司编制本作业指南。

本指南在编制过程中以相关设计规范、验收标准、施工技术指南及设计文件为依据，遵循铁路建设工厂化、机械化、专业化、信息化的基本原则，按照无砟轨道施工过程质量控制要求，从原材料控制、资源配置、施工工艺、关键技术和工程管理等方面，系统地阐述了CRTSⅡ型板式无砟轨道施工技术要求，形成了CRTSⅡ型板式无砟轨道管理制度、资源配备、施工管理及过程控制标准化的管理体系，是CRTSⅡ型板式无砟轨道施工的指导性技术文件，也可供其他类型无砟轨道标准化施工管理参考。

本指南共分18章，内容包括总则，编制依据，CRTSⅡ型板式无砟轨道结构型式，施工管理，线下工程沉降变形观测与评估，CPⅢ测设及评估，施工工序及流程，轨道板制造、运输及存放，线外工艺性试验，桥面防水层施工，高强度挤塑板及滑动层施工，端刺及摩擦板施工，桥上底座板施工，支承层和隧道底座施工，轨道板铺设，相关工程施工，长钢轨铺设与轨道精调及静态验收，施工安全与环境保护等。

本指南在编制过程中，汲取了相关单位的施工和管理经验，得到了路内外专家对指南编制的指导，在此一并表示感谢。

在执行本作业指南过程中，希望各单位结合工程实践，认真总结经验，积累资料，如发现不足和需要修改之处，请将意见及相关资料寄交沪昆铁路客运专线江西有限责任公司(江西省南昌市站前路96号天集大厦四楼,邮编:330002),并抄送中国铁路总公司工程管理中心(北京市复兴路10号,邮编:100844)。

本指南由中国铁路总公司工程管理中心负责解释。

主编单位:沪昆铁路客运专线江西有限责任公司

主审单位:中国铁路总公司工程管理中心

参编单位:中铁四局集团有限公司　中铁十六局集团有限公司
中铁十五局集团有限公司　中铁第四勘测设计院集团有限公司
中南大学　中铁第一勘测设计院集团有限公司

主编人员:康　维　郭建光　张捍东　谢　宏　杨建新　元　强　陈亚敏
朱　彬　徐万鹏　程永华　王怀海　王正寿　蔺爱军　孟栓成

参编人员:郑奕平　袁宝军　王建国　李铁真　丁国荣　肖　矜　王　栋
赖乾坤　钟振云　熊明华　吴建贤　李学民　高　峰　苗伯新
高飞龙　肖春明　程红彬　赵　永　王泽国　党海亮

主审人员:李志义　郭福安　王其昌　盛黎明　邓德华　沈东升　顾秋来
刘增杰　杨永明　吴力那

目录

1 总　则

（1）为推进 CRTS Ⅱ型板式无砟轨道工程施工标准化，规范施工工序和工艺，加强工程管理和施工质量过程控制，特制定本指南。

（2）本指南适用于新建铁路 CRTS Ⅱ型板式无砟轨道施工作业。

（3）CRTS Ⅱ型板式无砟轨道工程施工必须遵循“机械化、工厂化、专业化、信息化”的基本原则。

（4）CRTS Ⅱ型板式无砟轨道工程施工应积极采用新工艺、新材料、新技术及新设备，推行管理制度、资源配置、现场管理和过程控制的标准化。

（5）CRTS Ⅱ型板式无砟轨道工程施工应实施“试验先行、样板引路”及首件工程评估的制度。

（6）CRTS Ⅱ型板式无砟轨道工程施工中应满足设计文件要求，并严格控制纵连温度。

（7）严寒、干旱、风沙等特殊环境下 CRTS Ⅱ型板式无砟轨道工程施工可参考本指南。

（8）CRTS Ⅱ型板式无砟轨道施工作业除满足本指南要求外，尚应符合国家和铁路行业现行相关标准的规定。

2 编制依据

2.1 现行设计规范

CRTS Ⅱ型板式无砟轨道执行的主要设计规范和标准见表 2—1。

表 2—1 主要设计规范和标准

序号	名　　称	备　注
1	《高速铁路设计规范(试行)》(TB 10621—2009)	主要执行标准
2	《混凝土结构设计规范》(GB 50010—2010)	混凝土结构设计
3	《铁路桥涵钢筋混凝土和预应力混凝土结构设计规范》(TB 10002.3—2005)	
4	《混凝土结构耐久性设计规范》(GB/T 50476—2008)	混凝土耐久性设计
5	《铁路混凝土结构耐久性设计规范》(TB 10005—2010)	
6	《铁路无缝线路设计规范》(TB 10015—2012)	轨道专业规范
7	《铁路轨道设计规范》(TB 10082—2005)	
8	《高速铁路用钢轨》(TB/T 3276—2011)	钢　　轨
9	《客运专线扣件系统暂行技术条件》(铁科技函〔2006〕248 号)	扣　　件
10	《客运专线铁路 CRTS Ⅱ型板式无砟轨道混凝土轨道板(有挡肩)暂行技术条件》(科技基〔2008〕173 号)	轨 道 板
11	《客运专线铁路 CRTS Ⅱ型板式无砟轨道水泥沥青砂浆暂行技术条件》(科技基〔2008〕74 号)	水泥乳化沥青砂浆充填层
12	《客运专线铁路 CRTS Ⅱ型板式无砟轨道弹性限位板暂行技术条件》(科技基〔2009〕135 号)	侧向挡块限位板
13	《客运专线铁路 CRTS Ⅱ型板式无砟轨道高强度挤塑板暂行技术条件》(科技基〔2009〕88 号)	高强度挤塑板
14	《客运专线铁路 CRTS Ⅱ型板式无砟轨道滑动层暂行技术条件》(科技基〔2009〕88 号)	“两布一膜”滑动层
15	《客运专线铁路 CRTS Ⅱ型板式无砟轨道张拉锁件暂行技术条件》(科技基〔2009〕135 号)	轨道板张拉锁件
16	《客运专线铁路无砟轨道支承层暂行技术条件》(科技基〔2008〕74 号)	支 承 层
17	《客运专线综合接地技术实施办法(暂行)》(铁集成〔2006〕220 号)	综合接地设计
18	《铁路综合接地系统》(图号:通号(2009)9301)	
19	《铁路混凝土工程钢筋机械连接技术暂行规定》(铁建设〔2010〕41 号)	钢筋机械连接
20	《钢筋机械连接通用技术规程》(JGJ 107—2010)	
21	其他相关法规、标准及技术资料	—

2.2 验收标准及指南

CRTSⅡ型板式无砟轨道主要验收标准及指南见表2—2。

表2—2 主要验收标准及指南

序号	名称
1	《高速铁路轨道工程施工质量验收标准》(TB 10754—2010)
2	《铁路混凝土工程施工质量验收标准》(TB 10424—2010)
3	《高速铁路竣工验收办法》(铁建设〔2012〕107号)
4	《客运专线铁路无砟轨道铺设条件评估技术指南》(铁建设〔2006〕158号)
5	《高速铁路轨道工程施工技术指南》(铁建设〔2010〕241号)
6	《铁路混凝土工程施工技术指南》(铁建设〔2010〕241号)
7	《铁路混凝土》(TB/T 3275—2011)
8	《高速铁路工程测量规范》(TB 10601—2009)
9	《国家一、二等水准测量规范》(GB/T 12897—2006)
10	《无砟轨道铺轨机组》(TB/T 2388—2013)
11	《有砟轨道长钢轨铺轨机组》(TB/T 2389—2013)
12	《板式无砟轨道门式铺板机》(TB/T 2390—2013)
13	《板式无砟轨道水泥乳化沥青砂浆车》(TB/T 2391—2013)
14	《CRTSⅡ型轨道板专用数控磨床》(TB/T 2392—2013)
15	《CRTSⅡ型轨道板专用翻板机》(TB/T 2393—2013)
16	《CRTSⅡ型轨道板专用真空脱模机》(TB/T 2394—2013)
17	《建筑变形测量规范》(JGJ 8—2007)
18	《高速铁路无砟轨道工程施工精调作业指南》(铁建设〔2009〕674号)
19	《客运专线铁路变形观测评估技术手册》(工管技〔2009〕77号)
20	《无砟轨道和高速道岔首件工程评估实施细则》(工管技〔2011〕35号)
21	《客运专线铁路CRTSⅡ型板式无砟轨道水泥乳化沥青砂浆暂行技术条件》(科技基〔2008〕74号)
22	《水泥乳化沥青砂浆搅拌车生产制造暂行技术条件》(工管技〔2009〕11号)
23	《板式无砟轨道水泥乳化沥青砂浆施工材料储存管理办法》(工管技〔2009〕12号)
24	《板式无砟轨道水泥乳化沥青砂浆标准实验室建设方案》(工管技〔2009〕13号)
25	《关于客运专线板式无砟轨道水泥乳化沥青砂浆管理指导意见》(铁工管〔2009〕67号)
26	《客运专线铁路CRTSⅡ型板式无砟轨道滑动层暂行技术条件》(科技基〔2009〕88号)
27	《客运专线铁路CRTSⅡ型板式无砟轨道高强度挤塑板暂行技术条件》(科技基〔2009〕88号)
28	《客运专线铁路CRTSⅡ型板式无砟轨道弹性限位板暂行技术条件》(科技基〔2009〕135号)
29	《客运专线铁路CRTSⅡ型板式无砟轨道张拉锁件暂行技术条件》(科技基〔2009〕135号)
30	《客运专线铁路桥梁混凝土桥面喷涂聚脲防水层暂行技术条件》(科技基〔2009〕117号)
31	《客运专线铁路无砟轨道支承层暂行技术条件》(科技基〔2008〕74号)
32	《高速铁路工程静态验收技术规范》(TB 10760—2013)
33	《高速铁路工程动态验收技术规范》(TB 10761—2013)

2.3 设计文件

CRTSⅡ型板式无砟轨道设计文件主要包括轨道板设计，路基、桥梁、隧道地段无砟轨道设计图纸及设计说明，主要设计文件见表2—3。

表2—3 主要设计文件

序号	名　称	备　注
1	CRTSⅡ型板式无砟轨道轨道板结构设计	含标准板、补偿板、特殊板及小半径曲线地段轨道板
2	桥梁上CRTSⅡ型板式轨道预埋件设计	含侧向挡块预埋件及剪力齿槽预埋件
3	CRTSⅡ型板式无砟轨道摩擦板及端刺结构设计	含标准、桥-桥紧邻、桥-隧紧邻地段摩擦板及端刺
4	路基上CRTSⅡ型板式无砟轨道设计	
5	桥梁上CRTSⅡ型板式无砟轨道设计	
6	桥梁上CRTSⅡ型板式无砟轨道钢筋连接器设计	
7	桥梁上CRTSⅡ型板式无砟轨道侧向挡块设计	
8	隧道内CRTSⅡ型板式无砟轨道设计	
9	过渡段设计	有砟-无砟、无砟轨道间过渡段设计
10	CRTSⅡ型板式无砟轨道刚度设计	轨道结构整体刚度设计

2.4 铁路建设标准化管理性文件

CRTSⅡ型板式无砟轨道主要铁路建设标准化管理性文件见表2—4。

表2—4 主要铁路建设标准化管理性文件

序号	名　称
1	《关于推进铁路建设标准化管理的实施意见》(铁建设〔2009〕154号)
2	《关于印发客运专线铁路无砟轨道施工和高速道岔铺设标准化管理要点的通知》(铁工管〔2009〕206号)
3	《关于进一步加强客运专线建设质量管理的指导意见》(铁建设〔2008〕246号)
4	《板式无砟轨道水泥乳化沥青砂浆标准实验室建设方案》(铁工管〔2009〕13号)

3 CRTS Ⅱ型板式无砟轨道结构型式

CRTS Ⅱ型板式无砟轨道系统吸收了轨枕埋入式无砟轨道整体性好和板式轨道制造、施工便利的优点，重视制造、铺设和测量精度，确保轨道结构的平顺性和稳定性，其主要特点如下所述。

(1)轨道板在工厂预制，经数控机床打磨成型，产品质量可靠、精度高。

(2)轨道板通过纵向精轧螺纹钢筋连接，能较好地控制板端变形，提高行车舒适度；轨道板结构及外形尺寸高度统一，可减少异形板。

(3)桥上混凝土底座连续铺设，通过设置“两布一膜”滑动层，减小桥梁与轨道间的相互作用，可取消大跨度桥梁上的钢轨伸缩调节器，减少养护维修工作。

(4)制造、施工专业性强，机械化程度高，人为因素干扰小。

(5)精度控制高，可减少铺轨精调工作量。

3.1 桥梁上 CRTS Ⅱ型板式无砟轨道结构

桥梁上 CRTS Ⅱ型板式无砟轨道结构由 60 kg/m 钢轨、弹性扣件、预制轨道板、水泥乳化沥青砂浆充填层、底座板、滑动层、侧向挡块等部分组成，台后路基上设置摩擦板、端刺及过渡板，梁端设置高强度挤塑板，如图 3—1 所示。

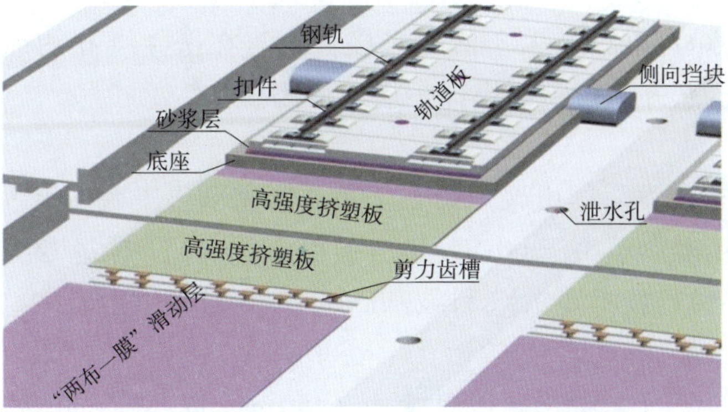

图 3—1 桥上 CRTS Ⅱ型板式无砟轨道结构

(1)钢轨

正线钢轨采用 100 m 长定尺、60 kg/m、无螺栓孔的 U71MnG 新钢轨，铺设跨区间无缝线路。钢轨质量应符合《高速铁路用钢轨》(TB/T 3276—2011)的规定。

（2）扣件

采用弹性扣件，扣件应满足《客运专线扣件系统暂行技术条件》（铁科技函〔2006〕248 号）的要求，所选用的扣件应与轨道板钳口相匹配。

（3）预制轨道板

轨道板为有挡肩、横向先张的预制预应力混凝土板，长度为 6 450 mm，宽度为 2 550 mm，厚度为 200 m；沿轨道板纵向均匀设置 10 对承轨台，其纵向间距为 650 mm；承轨台间中心位置设置横向 V 形槽；轨道板顶面设置 0.5% 的横向排水坡，并预设砂浆灌注孔和观察孔。轨道板内横向设置 60 根直径为 10 mm 的预应力筋，纵向通过 6 根直径为 20 mm的精轧螺纹钢筋连接成整体，并预埋扣件套管。采用数控机床对承轨台精密打磨。轨道板质量应符合《客运专线铁路 CRTS Ⅱ型板式无砟轨道混凝土轨道板（有挡肩）暂行技术条件》（科技基〔2008〕173 号）的相关要求。

（4）水泥乳化沥青砂浆充填层

水泥乳化沥青砂浆充填层设计厚度为 30 mm，由现场搅拌和灌注水泥乳化沥青砂浆制成。水泥乳化沥青砂浆的性能应符合《客运专线铁路 CRTS Ⅱ型板式无砟轨道水泥乳化沥青砂浆暂行技术条件》（科技基〔2008〕74 号）的要求。

（5）底座板

底座板是桥上 CRTS Ⅱ型板式无砟轨道结构的主要受力构件，采用 C30 混凝土现浇制成，其宽度为 2 950 mm，厚度视轨道结构而定，但应确保底座板内钢筋保护层厚度。底座板内采用双层配筋，按无绝缘设计。钢筋为 HRB500 级，其弯曲直径要求：直径小于 20 mm 时，弯曲直径为 4 倍钢筋直径；直径大于或等于 20 mm 时，弯曲直径为 7 倍钢筋直径。纵向钢筋搭接接头面积百分率不应大于 50%，ϕ16 mm、ϕ20 mm 和 ϕ25 mm 钢筋搭接长度分别不小于 1.05 m、1.32 m 和 1.64 m；纵向钢筋搭接区域、梁端加强钢筋区域的箍筋间距为100 mm，其他为 200 mm；纵向钢筋搭接不允许出现在剪力齿槽区域；钢筋搭接接头中点之间的距离不小于 1.3 倍的搭接长度。在搭接绑扎的纵向钢筋区域，箍筋应设在纵向钢筋外侧，并保持混凝土保护层厚度不变。

（6）滑动层

滑动层为“两布一膜”，即由聚丙烯土工布 + 高密度土工膜 + 聚丙烯土工布组成，宽度为 2 950 mm，使用寿命不小于 60 年，其性能指标应满足《客运专线铁路 CRTS Ⅱ型板式无砟轨道滑动层暂行技术要求》（科技基〔2009〕88 号）的规定。

（7）高强度挤塑板

高强度挤塑板为聚苯乙烯泡沫挤塑板，长 1450 mm，宽 2950 mm，厚 50 mm，使用寿命不小于 60 年，其性能指标应满足《客运专线铁路 CRTS Ⅱ型板式无砟轨道高强度挤塑板暂行技术条件》（科技基〔2009〕88 号）的规定。

（8）钢板连接器

钢板连接器材质为 Q345，厚 40 mm，与钢板焊接的 ϕ25 mm 钢筋采用 HRB500 级，与钢

板锚固的 ϕ25 mm 钢筋采用 HRB500 级精轧螺纹钢筋，锚固螺母材质为 Q345。当施工期间能确保底座板温度在锁定板温范围内时，可采用钢筋搭接方式代替钢板连接器。

混凝土保护层厚度：钢板混凝土保护层厚度为 30 mm，钢筋混凝土保护层厚度为 40 mm。钢板钻孔直径为 31 mm，上层孔中心距钢板上边缘为 33 mm，下层孔中心距钢板下边缘为 32 mm。

(9)侧向挡块及弹性限位板

侧向挡块(图 3—2 和图 3—3)采用 C35 混凝土现浇制成，长度为 1 200 mm，上宽下窄，其中不受底座偏移影响的侧向挡块上宽 590 mm，下宽 400 mm，高度随轨道结构高度而定，顶面自轨道板上边缘向线路外侧成 2% 的排水坡。侧向挡块内限位板为两块钢板夹一层橡胶板结构，其中与底座板接触的钢板应选用不锈钢材质，厚度 1. 2 mm，与侧向挡块接触的钢板采用热镀锌钢板，厚 5 mm，橡胶板厚度为 11 mm，限位板的性能应满足《客运专线铁路 CRTSⅡ型板式无砟轨道弹性限位板暂行技术条件(科技基〔2009〕135 号)的要求。侧向挡块与轨道板、底座板相接的非限位板区域填充硬质泡沫材料，厚度分别为 20 mm 和 10 mm。

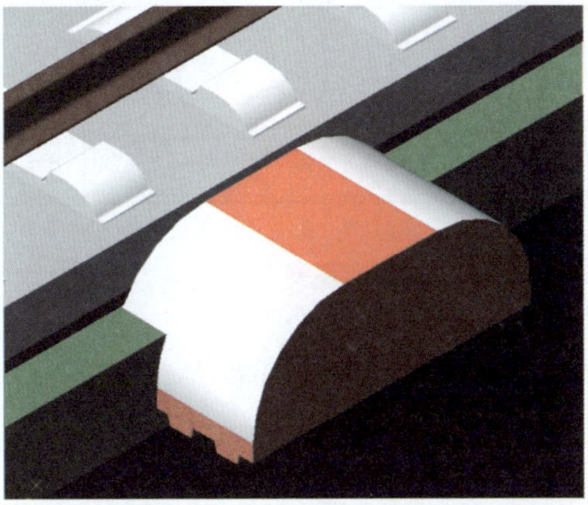

图 3—2 侧向挡块实体示意

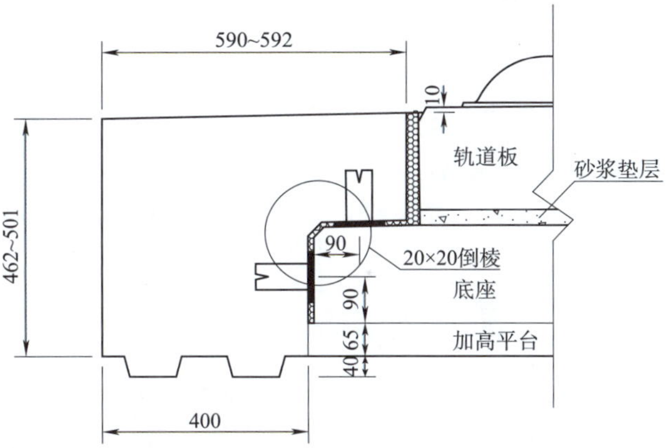

图 3—3 侧向挡块断面(单位：mm)

(10)线间排水

桥梁上采用三列排水方式。未被轨道板覆盖的底座板两侧表面区向外设置 2% 的排水坡，起坡点距离轨道板侧边 50 mm。侧向挡块的上表面向轨道外侧设置 2% 的排水坡。靠近防护墙一侧的两侧向挡块间至少应有一个泄水孔，确保梁面不积水。在有线路纵坡地段，泄水孔至较低侧向挡块间施作防水层时应做好排水反坡，保证泄水孔高程在两侧向挡块间为最低点。

(11)轨道结构高度

桥梁上直线段轨道结构高度为 679 mm(内轨轨顶至底座板底面的垂直高度，超高为 0，不含 65 mm 加高平台)，轨道结构各层高度详见表 3—1，其结构如图 3—4 所示。

表 3—1　桥梁上直线段轨道结构各层高度(单位:mm)

钢　轨	扣件及承轨台	轨道板	砂浆层	底座板	轨道结构高度
176	73	200	30	200	679

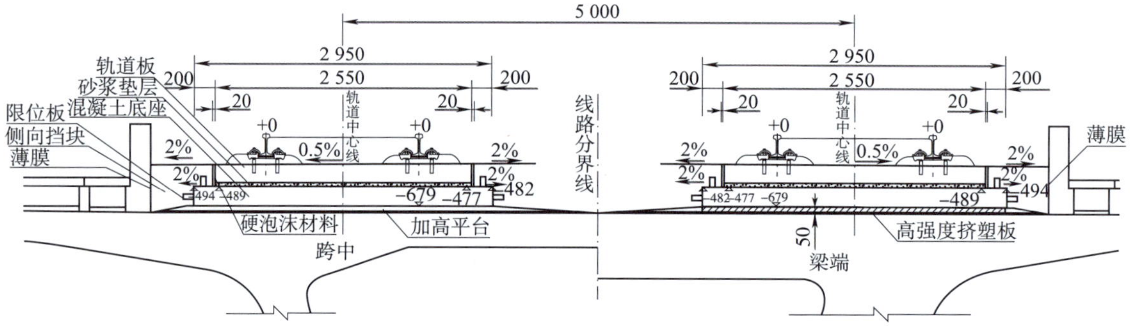

图 3—4　桥上直线段 CRTS Ⅱ型板式无砟轨道结构断面(单位:mm)

桥梁上曲线段超高 175 mm 时,轨道结构高度为 751 mm,其结构如图 3—5 所示。其他曲线段的轨道结构高度按线性内插法计算,不同超高对应轨道结构高度见表 3—2。

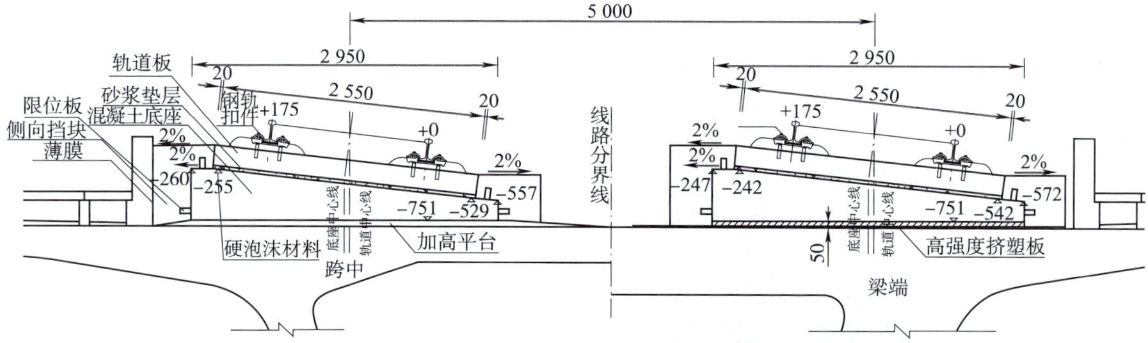

图 3—5　桥上曲线段(超高 $h = 175$ mm)CRTS Ⅱ型板式无砟轨道结构断面(单位:mm)

表 3—2　不同超高曲线地段 CRTS Ⅱ型板式轨道结构高度(单位:mm)

超　高	轨道结构高度	超　高	轨道结构高度	超　高	轨道结构高度
180	753	120	728	70	708
175	751	115	726	65	706
165	747	110	724	60	704
160	745	105	722	50	700
155	743	100	720	40	695
150	741	95	718	30	691
140	737	90	716	20	687
135	735	85	714	10	683
130	732	80	712	0	679
125	730	75	710	—	—

(12)摩擦板及端刺

摩擦板和端刺结构将自桥梁传来的水平力(牵引/制动力、温度力)锚定在路基里,不致影响其后的轨道结构,并满足端刺纵向位移的要求。

顶面无覆土、全长大于40 m的桥梁结构两端需设置摩擦板及端刺结构。当桥-桥间路基长度$L\geqslant 200$ m或桥-隧间路基长度$L\geqslant 56$ m时,桥端路基上设置标准摩擦板及端刺结构,其纵断面结构如图3—6所示;当桥-桥间路基长度$L<200$ m(分200 m$>L\geqslant 150$ m和$L<150$ m两种情况)时,设置桥-桥紧邻地段摩擦板及端刺结构,其纵断面结构分别如图3—7和图3—8所示;当桥-隧间路基长度$L<56$ m时,设置桥-隧紧邻地段摩擦板及端刺结构,其纵断面结构如图3—9所示。

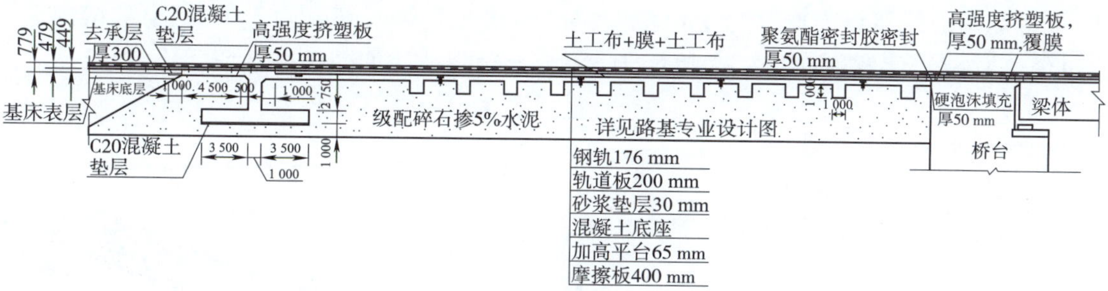

图3—6 标准摩擦板及端刺纵断面结构(单位:mm)

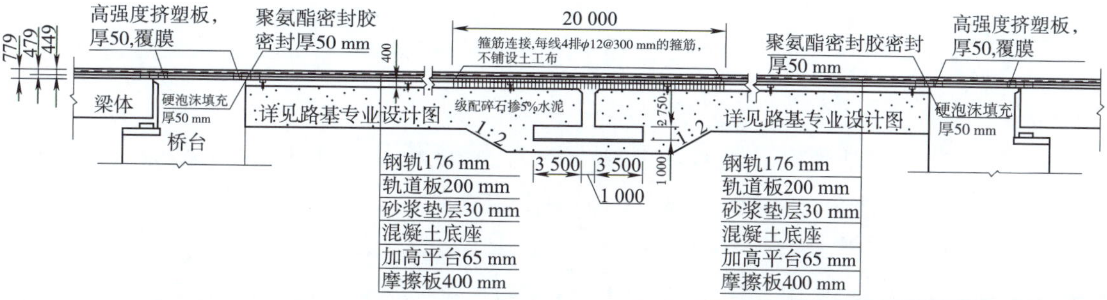

图3—7 桥-桥紧邻摩擦板及端刺纵断面(150 m$\leqslant L<200$ m)结构(单位:mm)

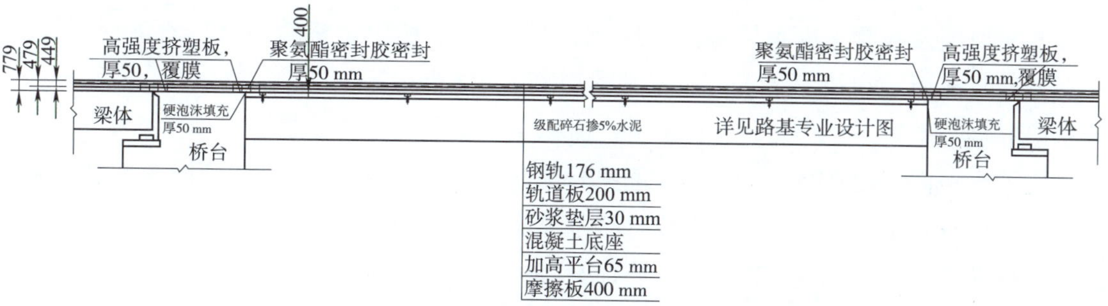

图3—8 桥-桥紧邻摩擦板及端刺纵断面($L<150$ m)结构(单位:mm)

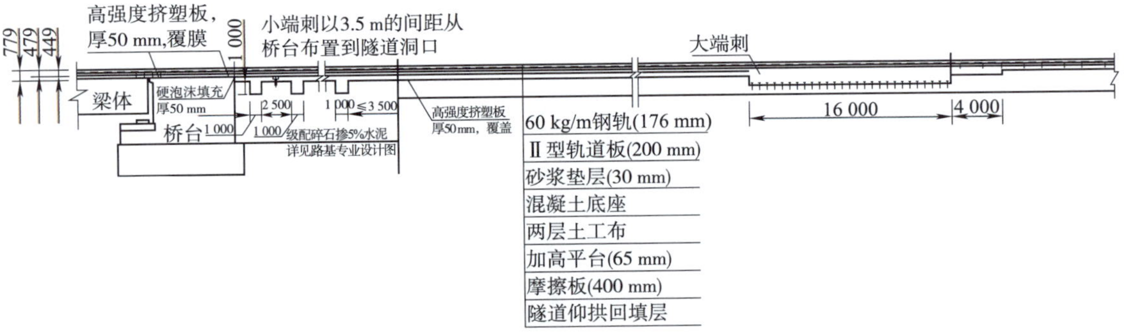

图 3—9　桥-隧紧邻摩擦板及端刺纵断面($L<56$ m)**结构**(单位:mm)

摩擦板宽度一般为 9 m,厚度为 0. 4 m,长度根据下部结构设计确定。标准大端刺尺寸:上部结构沿线路纵向厚度为 1 m,沿线路横向宽度为 9 m,高度为 2. 75 m;下部结构沿线路纵向为 8 m,沿线路横向为 9 m,厚度为 1 m。大端刺结构如图 3—10 所示。

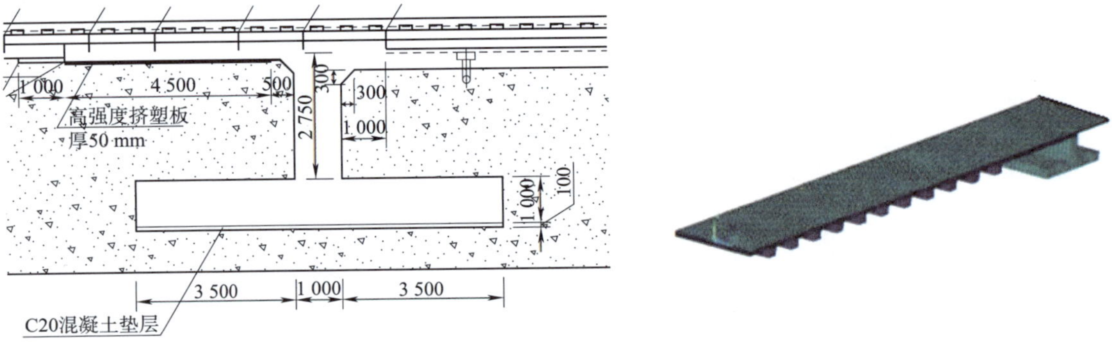

图 3—10　大端刺结构(单位:mm)

摩擦板、端刺和过渡板采用 C30 混凝土浇筑,钢筋采用 HRB500 级。摩擦板、端刺、底座及过渡板在交界处全部固结,底座与摩擦板距主端刺约 1 m 时进行锚固处理。

3. 2　路基上 CRTS Ⅱ型板式无砟轨道结构

路基上 CRTS Ⅱ型板式无砟轨道由 60 kg/m 钢轨、弹性扣件、预制轨道板、水泥乳化沥青砂浆充填层及混凝土支承层等部分组成,如图 3—11 所示。钢轨、扣件、轨道板、水泥乳化沥青砂浆充填层的技术要求与桥梁地段对其要求相同。

(1)支承层

支承层顶面宽度 2 950 mm,底面宽度 3 250 mm,高 300 mm。支承层顶面两侧轨道板未覆盖区向外设置不小于4% 的排水坡。路基上支承层质量应满足《客运专线无砟轨道支承层暂行技术条件》(科技基〔2008〕74 号)的要求。

(2)轨道板接缝

接缝处用 HRB500 级钢筋布筋并采用 C55 混凝土浇筑,钢筋节点间应进行绝缘处理。

接缝处的构造设计与尺寸如图 3—12 所示。

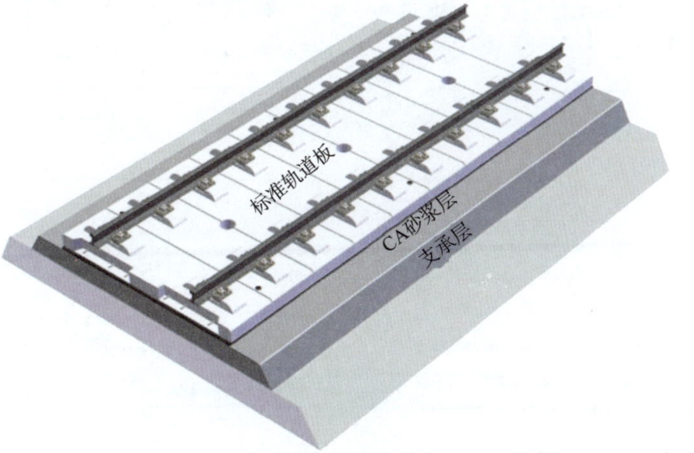

图 3—11 路基上 CRTS Ⅱ 型板式无砟轨道结构

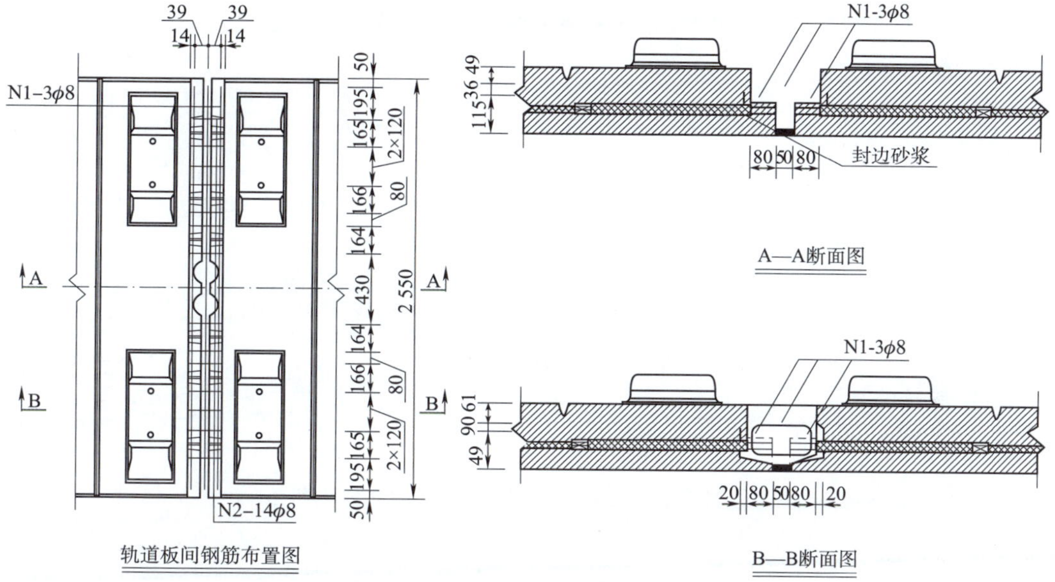

图 3—12 轨道板接缝处构造设计图(单位:mm)

(3)综合接地

轨道板间采用不锈钢缆连接,钢缆横断面积大于 200 mm^2;将轨道板沿纵向划分成长度不大于 100 m 的接地单元,每一单元用不锈钢缆与贯通地线单点“T”形连接一次,在靠近接触网支柱的位置设置接地端子。

(4)轨道结构高度

路基地段轨道结构高度 779 mm(内轨轨顶高程为 0),各部件高度详见表 3—3,路基上直线地段和曲线地段的 CRTS Ⅱ 型板式无砟轨道结构断面分别如图 3—13 和图 3—14 所示。

表 3—3　路基地段轨道结构高度(单位:mm)

钢　轨	扣件及承轨台	轨 道 板	砂 浆 层	支 承 层	轨道结构高度
176	73	200	30	300	779

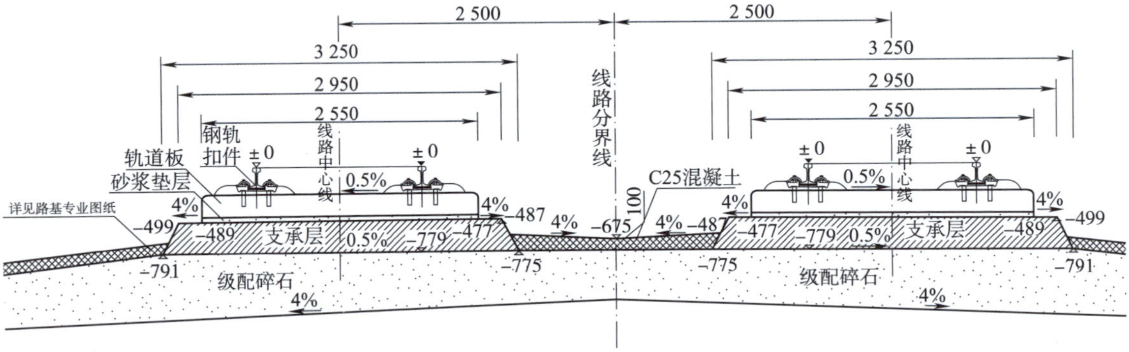

图 3—13　路基上直线地段 CRTS Ⅱ 型板式无砟轨道结构断面(单位:mm)

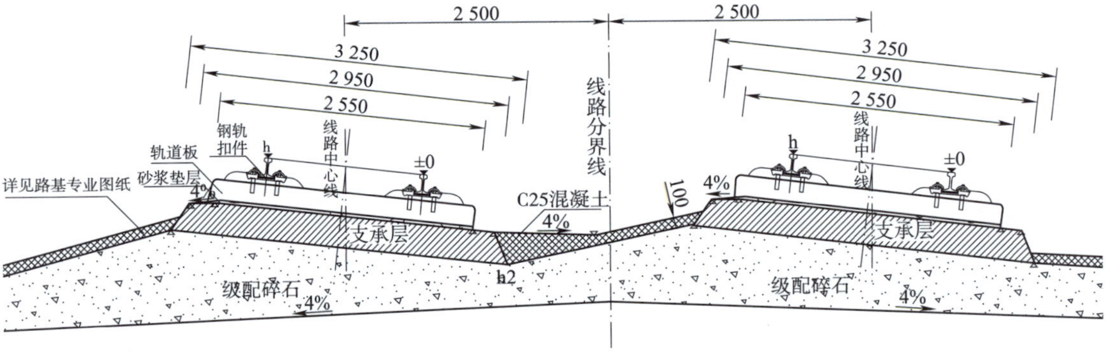

图 3—14　路基上曲线地段 CRTS Ⅱ 型板式无砟轨道结构断面(单位:mm)

3.3　隧道内 CRTS Ⅱ 型板式无砟轨道结构

隧道内 CRTS Ⅱ 型板式无砟轨道结构如图 3—15 所示,隧道内 CRTS Ⅱ 型板式无砟轨道主要由 60 kg/m 钢轨、弹性扣件、预制轨道板、水泥乳化沥青砂浆充填层、混凝土底座等组成,隧道内伸缩缝处设置高强度挤塑板。钢轨、扣件、轨道板、水泥乳化沥青砂浆充填层的技术要求与桥梁地段对其要求相同。

(1)底座板

底座板宽 2 950 mm,采用 C30 混凝土连续浇筑。距隧道洞口 200 m 以内范围,底座板为钢筋混凝土结构,钢筋一般采用 CRB550 级冷轧带肋钢筋焊接网;距洞口 200 m 以外范围,底座板不配钢筋,一般采用 C30 素混凝土浇筑。

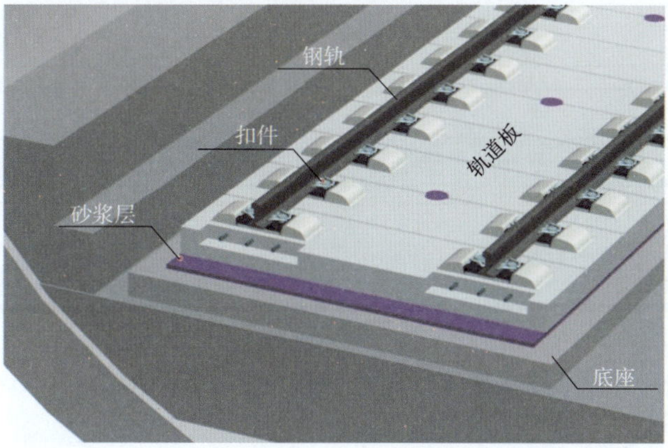

图 3—15 隧道内 CRTS Ⅱ型板式无砟轨道结构示意

(2)高强度挤塑板

底座在跨越路基与隧道的分界点和隧道沉降缝时,底座下设置高强度挤塑板,分别如图 3—16 和图 3—17 所示。高强度挤塑板为挤塑聚苯乙烯泡沫塑料板,宽 2 950 mm,厚 50 mm,其性能指标需满足《客运专线铁路 CRTS Ⅱ型板式无砟轨道高强度挤塑板暂行技术条件》(科技基〔2009〕88 号)的要求,并要求其使用寿命不小于 60 年。

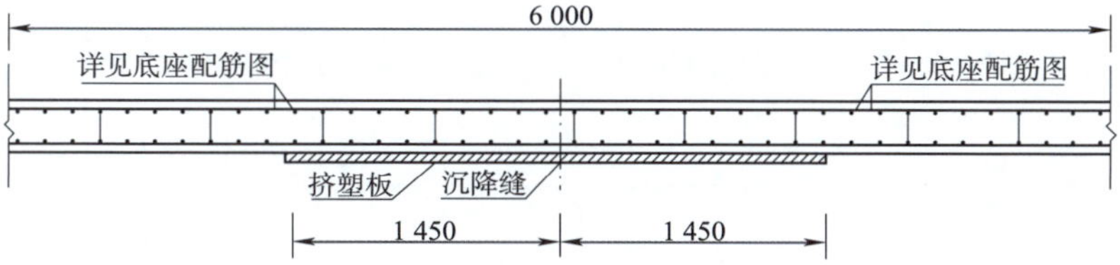

图 3—16 隧道洞口沉降缝处设置高强度挤塑板(单位:mm)

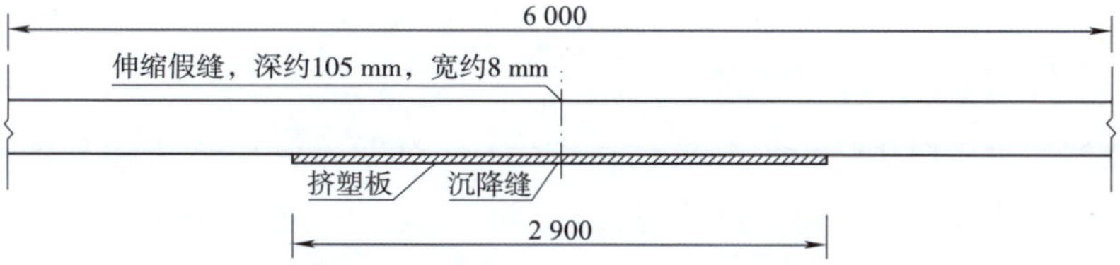

图 3—17 隧道洞内沉降缝处设置高强度挤塑板(单位:mm)

(3)轨道结构高度

隧道内 CRTS Ⅱ型板式无砟轨道结构高度为 779 mm,竖向各层高度详见表 3—4,曲线段超高在底座上设置,底座最小厚度不小于 200 mm。隧道内 CRTS Ⅱ型板式无砟轨道结构断面如图 3—18 和图 3—19 所示。

表 3—4 隧道地段轨道结构高度(单位:mm)

钢 轨	扣件及承轨台	轨 道 板	砂 浆 层	底 座 板	轨道结构高度
176	73	200	30	300	779

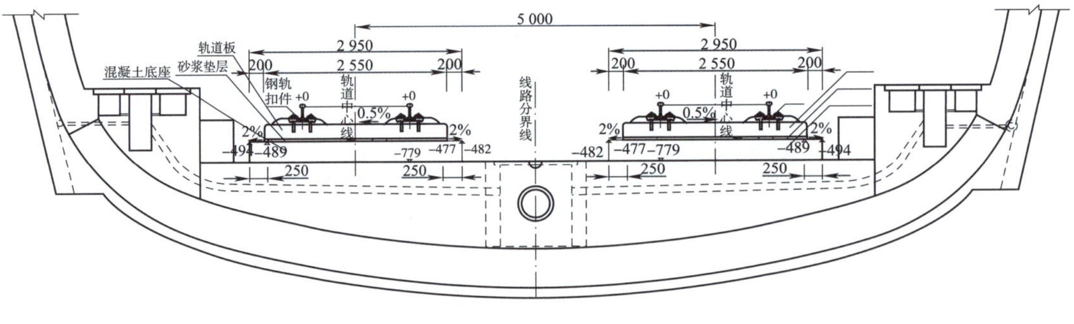

图 3—18　隧道内直线地段 CRTSⅡ型板式无砟轨道结构断面(单位:mm)

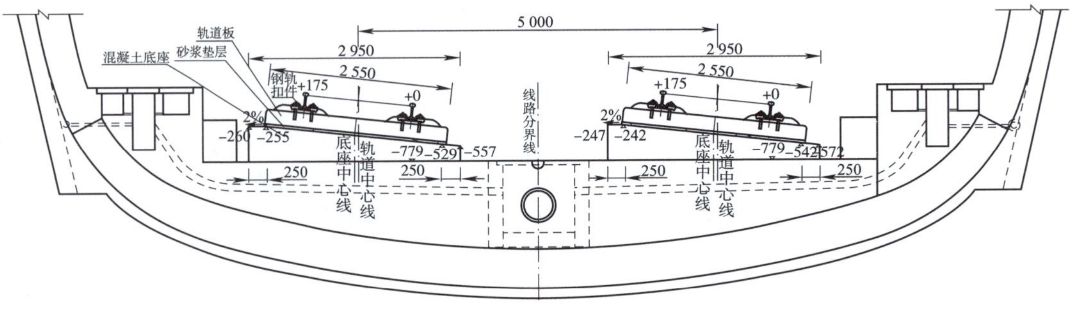

图 3—19　隧道内曲线地段 CRTSⅡ型板式无砟轨道结构断面(单位:mm)

3.4　轨道过渡段

CRTSⅡ型板式无砟轨道结构中,CRTSⅡ型板式无砟轨道与路基-隧道间,CRTSⅡ型板式无砟轨道与无砟道岔、CRTSⅠ型板式无砟轨道、双块式无砟轨道等相接处均需设置过渡段,过渡段的一般要求如下所述。

(1)过渡段全长约 14 000 mm,过渡段宽 3 250 m,过渡段范围内支承层改为钢筋混凝土底座,钢筋等级为 HRB500 级,采用 C30 混凝土浇筑。

(2)过渡段下设端梁,端梁宽度为 2 950 mm,沿线路纵向长度为 1 000 mm,深 1 500 mm,如图 3—20 所示。端梁为钢筋混凝土结构,钢筋等级为 HRB500 级,过渡段内底座与端梁应采用 C30 混凝土一次浇筑。

(3)路基与隧道分界点处隧道内的底座下设置高强度挤塑板,长 1 450 mm,厚 50 mm,宽度与底座相同。

(4)在 CRTSⅡ型板式无砟轨道起点或终点的 3 块轨道板用剪力销将轨道板与底座板固结,每块板用 28 根剪力销连接。

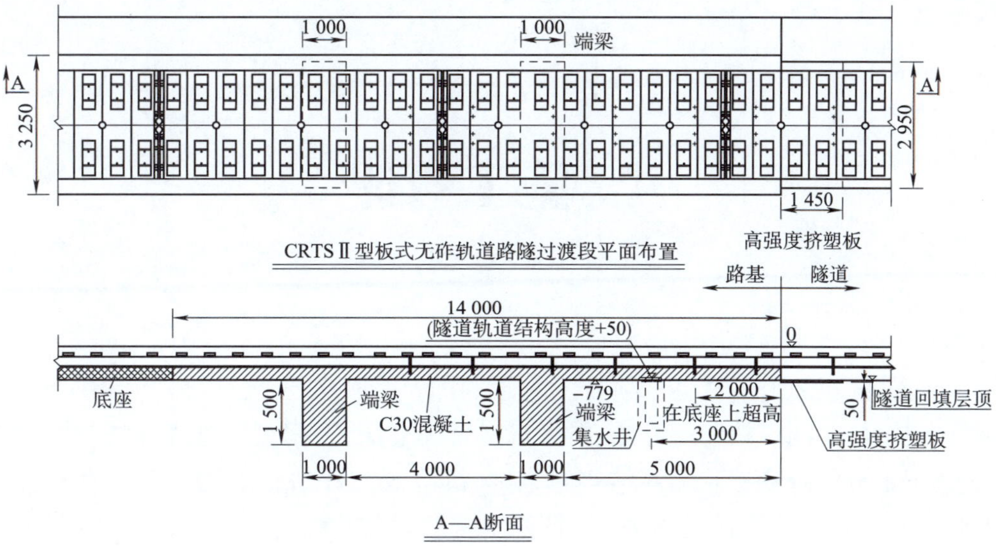

图 3—20　过渡段端梁布置(单位:mm)

4　施工管理

4.1　管理制度

建设单位应建立无砟轨道专项技术管理、物资管理、安全质量管理等相应制度或办法，主要应包括施工图审核管理办法、技术资料管理办法、工程测量管理办法、技术交底管理办法、线下工程沉降变形观测评估实施细则、沉降观测评估管理信息系统管理办法、线下工程沉降变形观测评估管理办法、CPⅢ控制网测设施作指导意见、CRTS Ⅱ型板式无砟轨道线外试验段评估实施细则、CRTS Ⅱ型板式无砟轨道桥面防水层施工质量控制及验收管理办法、轨道板运输及现场存放施作管理办法、CRTS Ⅱ型板式无砟轨道首件工程管理办法、水泥乳化沥青砂浆施工温度控制管理办法、水泥乳化沥青砂浆实验管理办法、梁面质量验收管理办法、水泥乳化沥青砂浆搅拌车使用管理办法、砂浆充填层施工质量管理考核评价办法、无砟轨道板场质量管理考核评价办法、无砟轨道水泥乳化沥青砂浆专项技术咨询制度、物资设备管理办法、物资设备生产（供应）商管理办法、物资设备招标采购实施办法、物资设备质量管理办法、物资设备管理检查考核评比办法、甲供（控）物资设备采购供应组织实施管理办法、砂石料等地材管理办法、无砟轨道工程施工架子队组建管理办法等。为保证无砟轨道现场施工质量，应重点对铺设条件（沉降变形、精测网测设满足要求）、工艺性试验、首件工程、线上揭板等建立专项制度。

4.1.1　沉降观测与评估制度

（1）线下工程施工过程中，应按设计和《客运专线铁路无砟轨道铺设条件评估技术指南》（铁建设〔2006〕158 号）的相关规定进行沉降变形观测。观测数据必须真实可靠，能全面反映工程实际沉降过程。

（2）沉降变形评估应根据线下工程进度及 CPⅢ控制网测段长度要求合理划分、确定评估段落。无砟轨道铺设条件的评估工作由建设单位全面组织实施，沉降变形观测工作主体为各线下施工单位，监理应按要求开展平行观测工作，评估单位根据观测资料进行评估并抽查指导现场观测工作。沉降变形评估应综合考虑各相邻结构物间的沉降变形关系，分区段实施。评估方法应根据不同的工程类型、地质情况、工程措施确定，能够较准确预测工后沉降。

（3）各区段评估工作完成后，评估单位应提交《无砟轨道铺设条件评估报告》，经分析满足沉降控制标准，并经建设单位批准后，施工单位方可进行 CRTS Ⅱ型板式无砟轨道铺设。

(4)沉降评估通过后,各线下施工单位应按要求继续观测。工程交验时,观测资料及观测设施同时移交给接收单位。

4.1.2 CPⅢ测设与评估制度

(1)CPⅢ控制网应根据线下工程进度及沉降评估段落划分情况确定测设与评估段落,CPⅢ控制网测量应在线下工程沉降变形满足要求且通过沉降评估后进行。

(2)CRTSⅡ型板式无砟轨道铺设前,应完成CPⅢ控制网测设及评估工作;轨道板及长轨精调前均应进行复测。

(3)特殊段落应制定CPⅢ测设专项方案。

(4)CPⅢ控制网建好后成果需经有资质的单位评估通过后才能使用,工程交验时,测量成果及时移交给接收单位。

4.1.3 线外试验段评估验收制度

(1)线外试验段通过验收是线上CRTSⅡ型板式无砟轨道结构中轨道板下砂浆充填层灌注(简称“灌板”)的必要条件,每台(套)砂浆车及配套人员与设备上道前必须按要求完成线外灌板工艺性试验。

(2)应按照场地交通、地质及环境条件并根据标段灌板任务进行规划和设置线外试验段,力求经济合理。

(3)线外试验段应对所承担线上灌板任务区段的线路技术条件(平、纵断面)及工程类别设置状况进行组合条件下的灌板模拟工艺试验,如桥上最大曲线与纵坡组合、桥上最大曲线与平坡组合、桥上最大纵坡与直线组合、桥上最大纵坡与曲线组合,路基最大曲线与纵坡组合、路基最大曲线与平坡组合、路基最大纵坡与直线组合、路基最大纵坡与曲线组合等各种复杂工况的灌板模拟工艺试验。

(4)首件CRTSⅡ型板式无砟轨道工程(简称“无砟轨道首件工程”)对应的线外试验段由建设单位组织评估验收,其余则由监理组织评估验收。

4.1.4 首件工程评估制度

(1)建设单位应严格按照《无砟轨道和高速道岔首件工程评估实施细则》(工管技〔2011〕35号)的有关要求并结合项目特点编制首件工程评估实施细则,组织管段内无砟轨道首件工程的初评,负责向中国铁路总公司工程管理中心(以下简称“工管中心”)提交无砟轨道首件工程评估申请,配合做好评估工作。

(2)应选取最先开始施工且具有代表性的施工段落作为无砟轨道首件工程,宜在全线无砟轨道开工前1个月完成。

(3)无砟轨道首件工程评估通过后,建设单位应根据评估小组的评估结论和意见,组织参建单位修改完善管理办法、施工方案及作业指导书,在其管段内无砟轨道工程施工中推广应用。

(4)建设单位应制定在管段内实施无砟轨道不同管理层级控制的首件工程评估段落，作为全线或各标段开展大规模施工的必要条件。

4.1.5 线上揭板检查验证

(1)为确保线上灌板质量，建设单位应制定线上揭板检查管理办法，作为检验线上灌板质量的制度保证。

(2)应按照不同设备（主要为砂浆车）与班组及其不同工作时段与区段分别确定线上揭板频率和揭板数量，独立评价不同设备、人员及其在不同工作时段与区段的灌板质量。

4.2 职责分工

4.2.1 建设单位

(1)组织编制《沉降变形观测和评估工作实施细则》、《CPⅢ控制网测设和评估实施细则》，并分别选定有资质的第三方进行无砟轨道铺设条件和CPⅢ控制网的评估工作，协调、解决观测及评估工作中的问题。

(2)督促施工、监理、设计等单位对CRTSⅡ型板式无砟轨道施工前的线下工程进行联合验收，根据各标段的施工任务按照界面划分要求组织相关单位进行界面移交；督促并参与轨道板上道审查工作。

(3)组织对施工、监理单位的主要管理人员（含砂浆充填层施工人员）进行培训。

(4)组织设计技术交底。

(5)审批CRTSⅡ型板式无砟轨道专项施组、作业指导书等技术性文件；组织线外试验段评估验收；组织无砟轨道首件工程的初评并向工管中心提交评估申请；组织线上揭板检查工作；负责无砟轨道首件工程评估段施工工艺在管段内的推广。

(6)组织水泥乳化沥青砂浆实验室的建立，为施工单位选择水泥乳化沥青砂浆的原材料，开展水泥乳化沥青砂浆配合比确定及砂浆充填层施工过程质量控制等相关工作。

(7)督促、协调管段内各参建单位按相关要求开展各项工作，进行日常检查及专项检查，发现问题及时督促相关单位进行整改并实施闭环管理。

4.2.2 设计单位

(1)在建设单位的组织下，对全线的施工、监理等参建单位进行设计技术交底，并做好现场工程实施的配合工作。

(2)参与变形观测和评估工作实施细则的编制。

(3)参加建设单位组织的沉降变形各阶段的评估工作。

(4)参与特殊段落无砟轨道施工方案编制指导及审查工作。

(5)参加无砟轨道首件工程的评估工作。

4.2.3 施工单位

(1)按照施工标准化的要求组建无砟轨道各工序施工架子队(专业队)。

(2)编制无砟轨道专项施组和作业指导书等,建立培训基地,开展线外工艺性试验段,及时进行技术交底,对作业人员进行培训。

(3)根据所承担标段实施性施工组织设计和批准的无砟轨道专项施组,组织工装设备、人员及各种施工材料的进场。

(4)按照沉降变形观测、CPⅢ测设专项方案的要求,配足测量仪器和人员并及时开展工作,做好现场埋设元器件的保护。

(5)按照批复的无砟轨道专项施组和施工方案,组织现场施工生产,充分发挥安全、质量等自控体系的作用,确保施工质量和总体工期。

4.2.4 监理单位

(1)编制监理细则,对无砟轨道施工监理人员进行培训,根据工程实施计划开展监理工作。

(2)对施工单位编制的无砟轨道专项施组、专项作业指导书等进行审查,督促施工单位及时进行技术交底和对作业人员进行培训。

(3)做好沉降变形平行观测工作,参加建设单位组织的沉降变形各阶段的评估工作。

(4)对施工单位CPⅢ外业测量进行旁站,督促施工单位及时处理和提交数据,确保施工单位提交的原始数据真实可靠。

(5)对无砟轨道施工及原材料检验,严格执行过程旁站和必要的试验检验,对工序施工质量进行检查、验收并及时签认。

(6)对水泥乳化沥青砂浆专项咨询单位审核签认的配合比监督执行。

4.2.5 沉降评估单位

(1)对施工单位和监理单位的测量人员进行沉降观测工作与数据管理的培训及指导。

(2)对线下工程各阶段沉降变形观测及时进行分析、预测、评估,并在过程中进行动态评估。

(3)抽检施工单位测量方法是否满足要求、测量数据是否真实可靠。

(4)对施工单位提交的评估段落观测数据进行分析评估,并出具评估报告。

(5)参加首件工程的评估工作。

4.2.6 CPⅢ控制网评估单位

(1)对施工和监理单位的CPⅢ测量人员进行内外业培训。

（2）参与 CPⅢ测设和评估实施细则的编制。

（3）核算施工单位提报的 CPⅢ测设数据，对存在问题的段落，指导施工单位进行补测，对合格段落编写评估报告。

（4）参加首件工程的评估工作。

4.3 施工图审核

（1）施工图审核主要包含施工图现场核对、施工图图纸、施工图投资检算等内容。未经审核的施工图不能用于现场施工。

（2）对无砟轨道施工图审核，重点审核无砟轨道结构设计、无缝线路和道岔设计是否合理，无砟轨道接口过渡工程是否配套齐全，投资检算的工程数量计算与工程量计量规则是否相符，定额采用是否合理。

（3）按照先进行现场核对，再进行施工图图纸审核，最后进行投资检算审核的程序进行施工图审核。

（4）建设单位应组织设计、咨询、施工、监理等单位，依据现场实际开展施工图现场核对，并形成图纸会审纪要。若施工图与现场存在差异，按有关程序进行修改。

（5）施工图审核单位应向建设单位、设计单位分批提交审核报告和审核总报告，审核报告包括基本情况、存在问题和建议等内容。

（6）设计单位应研究审核报告，逐条分析报告中提出的意见和建议，补充勘察，修改设计，并将审核意见落实情况及时反馈给建设单位及施工图审核单位。

（7）建设及施工图审核单位应对设计单位落实审核意见情况进行确认，建设单位对分歧意见应组织设计和审核单位进行研究和确定，重大分歧意见及时上报中国铁路总公司工管中心或鉴定中心确定。

（8）建设单位对施工图审核单位审核合格的施工图加盖施工图审核专用印章后交付施工。交付施工的施工图不得擅自修改，确需修改的，按照变更设计管理规定办理。

4.4 无砟轨道专项施工组织方案

（1）在无砟轨道正式施工前，施工单位根据建设单位指导性施工组织设计、所承担标段实施性施工组织设计，编制无砟轨道专项施工组织设计，重点明确平面布置、工期进度、资源配置、物流组织方案、主要施工工艺及各项保证措施等。

（2）专项施工组织方案应以正式文件的形式报批，经监理单位审核，施工单位组织修改后，报建设单位审批。施工组织设计作为指导施工准备和组织施工的纲领性技术文件，必须认真组织实施，不能擅自调整。

（3）专项施工组织方案需经设计院审核确认。

(4)专项施工组织设计要充分考虑沉降变形评估、CPⅢ精测网评估、线外工艺性试验评估验收等相关技术条件，并结合线外工艺性试验段及首件工程所取得的经验参数，进行编制。

(5)专项施工组织设计必须满足建设工期和工程质量的目标，符合施工安全、环境保护、水土保持和地质灾害防治等要求。要体现科学性、合理性，管理目标明确，指标量化、措施具体、针对性强。积极采用新技术、新材料、新工艺、新设备，保证施工安全和质量，降低工程成本。

(6)建设、监理单位依据专项施工组织设计内容对现场施工进行定期或不定期督查。

4.5 物流组织

(1)无砟轨道工程正式施工前，施工单位对现场物流条件进行调查，编制物流组织方案。

(2)选择通畅的施工物流通道，合理配置装运设备，确保现场物资供应，并最大限度的减少物流对施工作业的干扰。

(3)CRTSⅡ型轨道板场要合理规划、科学布置生产区、存放区、打磨区及场内运输道路，做到物流畅通。

(4)桥上底座施工物流主要包含钢筋骨架、混凝土的供应和模板的倒运，轨道板铺设物流主要包括轨道板运输及粗铺，水泥乳化沥青砂浆充填层灌注施工的物流主要包括原材料和新拌砂浆的运输，宽窄缝施工的物流包括接缝混凝土的运输和灌筑等。

(5)无砟轨道施工物流通道应充分利用沿线贯通便道将各种物资运输到施工位置，通过汽车吊、悬臂龙门吊、汽车泵、砂浆搅拌车等将材料供应到作业面。线上要充分利用线间通道及辅助轨道作为辅助物流通道。

(6)无砟轨道施工时的物流基本可以分为六种情况，见表4—1。

表4—1 物流条件分类

物流条件	条件描述	图 例	适用条件
A条件(平行通道)	存在平行、高差不大的施工便道，可在施工便道上设置吊车、汽车泵、皮带输送机等直接将材料、物资、周转料等移交到线路上施工位置	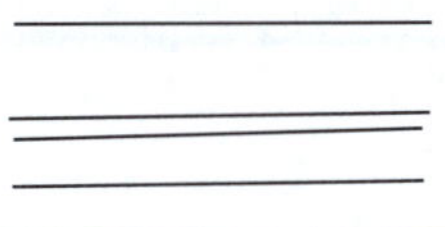	有平行施工便道的低矮旱桥、低路基、浅路堑(多在平原地区)
B条件(双交汇通道)	无平行施工便道，沿线路2.5 km范围内线路和施工便道有2处交汇点(车辆可通过交汇点上下线路)	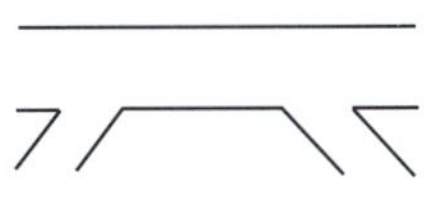	小于2.5 km的桥梁、隧道、深路堑、高路基，中间有多条横通道的长大隧道，两端具备上下线路条件
C条件(单交汇单交叉通道)	无平行施工便道，沿线路2.5 km范围内线路和施工便道有1处交汇点和1处交叉点(车辆无法通过交叉点上下线路，但可通过吊车、提升站、栈桥等进行物料交换)	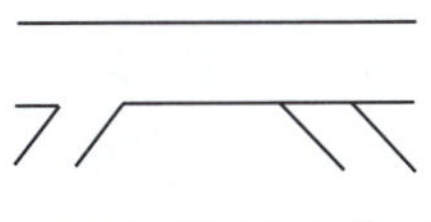	长大桥梁的桥头桥尾段，长大深路堑、高路基的端头段，一端具备上下线路条件，一端具备物料交换条件
D条件(单交汇通道)	无平行施工便道，沿线路2.5 km范围内线路和施工便道只有1处交汇点	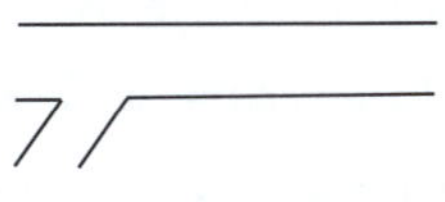	长大桥梁的桥头桥尾段，长大深路堑、高路基的端头段，一端具备上下线路条件

续上表

物流条件	条件描述	图　例	适用条件
E 条件（双交叉通道）	无平行施工便道，沿线路 2.5 km 范围内线路和施工便道有 2 处交叉点	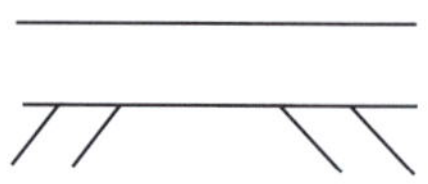	长大桥梁中间段、水中桥，长大高路基中间段，长大路堑中间段，两端具备物料交换条件
F 条件（单交叉通道）	无平行施工便道，沿线路 2.5 km 范围内线路和施工便道只有 1 处交叉点	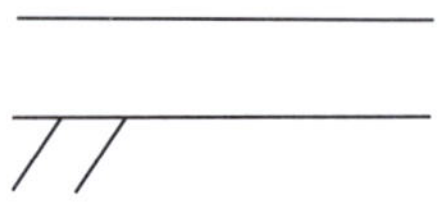	长大桥梁、长大水中桥、长大高路基、长大路堑中间段，地形复杂，只有一端具备物料交换条件

4.6　监理管理

监理实施细则由总监理工程师组织专业监理工程师编制，应符合监理规划的要求，并结合工程项目专业特点明确监理重点，细则做到详细具体、可操作性强；监理实施细则主要包括专业工程特点及其技术、质量标准，监理工作范围及重点，监理工作流程，监理工作控制要点、目标及手段，监理工作方法与措施，旁站具体部位和工序等。经总监理工程师审查，报建设单位批准后实施。在实施过程中应根据实际情况进行补充和完善。

(1)在无砟轨道工程正式施工前，根据工程实际情况及监理实施细则要求配齐人员及检测设备；每个工作面均应配备足够的监理人员并持证上岗。

(2)在施工准备阶段，对施工单位的施工技术方案进行审查，对人员、机械设备的进场进行把关，具备开工条件后批准开工。在施工阶段对无砟轨道施工的各道工序进行严格、系统、全面的质量监督和管理，保证质量达标，对质量通病提出预控措施，指导施工单位进行预控。

(3)对测量、试验检测等重要质量控制工序按规范要求进行平行监理。

4.7　人员培训

(1)建设单位组织对施工、监理等单位的管理、技术人员进行无砟轨道施工专题培训，重点要举办试验、CPⅢ测量、水泥乳化沥青砂浆充填层施工等专项培训，考试合格后持证上岗；对参建单位的培训工作提出具体要求。

(2)在无砟轨道正式施工前，施工单位宜选择环境条件与施工现场相仿的区域设置线外试验培训基地，对相关人员进行无砟轨道施工的系统性施工技术培训。

(3)监理单位应对监理人员组织无砟轨道施工技术及关键工序质量控制的培训。

(4)各单位举办的培训须有计划、有教材、有考核、有记录。

4.8 作业指导书、技术交底及作业卡片

4.8.1 作业指导书

无砟轨道正式施工前，负责无砟轨道首件工程的施工单位，结合工程特点和实际情况编制无砟轨道分部、分项工程作业指导书以及工艺复杂或技术难度大的工序作业指导书，报监理单位审核，建设单位审批，作为无砟轨道首件工程施工作业指导书；建设单位根据首件工程实施过程中作业指导书的执行情况，结合首件工程评估意见，对作业指导书进行修订优化，作为全线无砟轨道施工作业指导书，用于指导全线施工；各施工单位无砟轨道正式施工前，根据建设单位印发的无砟轨道施工作业指导书，结合所承担标段的施工环境及实际情况，可进一步优化，报监理单位审核后实施。

应按照《关于印发〈铁路建设项目施工作业指导书编制暂行办法〉的通知》（建建〔2009〕107 号）的要求编制作业指导书。将先进成熟的工艺工法、科学合理的生产组织与建设标准、质量目标、安全环保要求以及现场施工条件结合起来编制，做到图文并茂，简明易懂，可操作性强。

CRTS Ⅱ型板式无砟轨道施工作业指导书编制应包含以下主要内容。

（1）轨道控制网（CP Ⅲ）测设作业指导书。

（2）端刺及摩擦板施工作业指导书。

（3）梁面处理施工作业指导书。

（4）桥面防水层作业指导书。

（5）高强度挤塑板及滑动层作业指导书。

（6）底座板施工作业指导书。

（7）底座板张拉纵连施工作业指导书。

（8）路基支承层施工作业指导书。

（9）隧道内底座板作业指导书。

（10）轨道板预制作业指导书。

（11）轨道板预制吊装、运输及存放作业指导书。

（12）轨道板粗铺作业指导书。

（13）轨道板精调作业指导书。

（14）水泥乳化沥青砂浆充填层施工作业指导书。

（15）轨道板纵连和宽窄缝施工作业指导书。

（16）无砟轨道剪切连接作业指导书。

（17）无砟轨道侧向挡块作业指导书。

（18）扣件安装作业指导书。

（19）长钢轨条铺设作业指导书。

(20)轨道精调作业指导书。

施工作业指导书经审核后,应及时发布,针对不同人员及需要将作业项目、内容及资料进行整理制作成施工作业卡片,并印发至现场管理人员及相关作业人员。在实施过程中要组织现场作业交底和人员培训,确保施工现场负责人、技术人员及主要作业人员全面掌握作业指导书的内容和要求。

4.8.2 技术交底

(1)建设单位组织设计单位向各参建单位进行设计技术交底,主要包括首次交底、专项交底、新技术交底和变更设计交底。交底范围主要包括设计内容、设计意图、主要施工方案和施工注意事项,以及采用的新结构、新材料、新工艺等。参加交底人员包括建设单位相关部门负责人、专业工程师,施工单位项目经理、总工程师、主要技术管理人员,监理单位总监、副总监、主要监理人员等。

交底结束后,应形成设计技术交底纪要,纪要主要内容包括技术交底主持人、技术交底人员、技术交底内容及需进一步明确的问题。

(2)施工单位项目总工程师及技术主管人员依据设计文件和建设单位设计技术交底纪要,将施工方案及施工工艺、施工进度计划、过程控制及质量标准、作业标准、材料设备及工装配置、安全措施及施工注意事项等内容向技术管理人员和作业人员进行施工技术交底。施工技术交底宜按以下分级进行:项目总工程师组织对项目部各部室及分部(工区)进行技术交底,分部(工区)技术负责人对架子队进行技术交底,架子队技术负责人对班组长及全体作业人员进行技术交底。

技术交底的内容填写要简明易懂,具有可操作性和针对性,字迹要清晰工整,便于识别,不得随意涂改。

(3)建设和监理单位应加强对施工单位技术交底工作的监督管理,对分级交底工作进行检查,督促施工单位全面做好技术交底工作,准确交到具体作业层面,及时协调解决技术交底中存在的问题。

4.8.3 施工作业卡片

无砟轨道正式施工前,施工单位需根据作业指导书编制施工作业卡片,用于直接指导现场施工作业。无砟轨道各个关键工序均需制作作业卡片,主要内容有作业流程、控制指标、注意事项,卡片要简明易懂,图文并茂,具有可操作性和针对性。现场专业施工作业人员必须佩戴作业卡片。

CRTSⅡ型板式无砟轨道施工作业卡片主要包括以下几个方面内容。

(1)轨道板制造部分:钢筋加工,预应力施工,绝缘测试,混凝土浇筑,轨道板运输、吊装、存放。

(2)底座施工部分:梁面整修、防水层施工、滑动层施工、高强度挤塑板铺设、模板安装、预埋件、钢筋、钢板连接器、混凝土浇筑、底座养护、底座张拉。

(3)水泥乳化沥青砂浆充填层施工部分:轨道板润湿、封边工艺、限位工艺、砂浆拌制、砂浆灌注、砂浆养护、接缝及精调爪砂浆灌注。

(4)其他工序:窄缝灌注、轨道板张拉、宽缝灌注、剪切连接、侧向挡块、绝缘测试。

4.9 大型专用工装设备进场验收与调试

大型专用工装设备包括制板专用设备、水泥乳化沥青砂浆搅拌车、精调设备、铺板门吊、铺轨设备等。建设、监理和施工单位要组成验收与调试工作专业管理小组,按各自的职责负责大型专用设备验收与调试工作的管理。

4.9.1 管理职责

(1)建设单位

①负责指导大型专用设备配置与使用;

②负责制定大型专用设备进场使用审查相关管理文件;

③负责制板专用设备、水泥乳化沥青砂浆搅拌车进场使用的审查与批准工作;

④组织对大型设备工艺试验评估。

(2)监理单位

①检查大型专用设备的入场检验和计量标定文件;

②见证大型专用设备调试与现场施工的工艺试验;

③负责大型专用设备的进场审查、批准工作,参与制板专用设备、水泥乳化沥青砂浆搅拌车审查工作。

(3)施工单位

①完成大型专用设备入场检验和计量标定;

②组建一套固定的随车技术人员;

③认真研究技术说明书等资料,安装调试的程序、方法、步骤严格按有关技术资料组织实施,确保其工作性能;

④调试工作结束后,应及时组织验收,验收过程应有记录;

⑤完成大型专用工装设备现场施工的工艺性试验。

4.9.2 进场验收

制板专用设备、水泥乳化沥青砂浆搅拌车应执行施工单位自检、监理单位初检、建设单位验收的三检制度,其他大型专用工装设备应执行施工单位自检、监理单位检查的双检制度。

(1)水泥乳化沥青砂浆搅拌车进行验收。

新入场水泥乳化沥青砂浆搅拌车在完成入场检验、计量标定且经监理单位检查确认后，并通过线外工艺性试验评估合格，方可上道使用。

监理单位全程见证水泥乳化沥青砂浆搅拌车的入场和灌浆揭板工艺性试验等过程，确认合格后由建设单位组织对其进行评估，评估依据《板式无砟轨道水泥乳化沥青砂浆搅拌车生产制造暂行技术条件》（工管技〔2009〕11 号）和表 4—2 中内容进行。

表 4—2 水泥乳化沥青砂浆搅拌车上道审查内容

序 号	审查内容	要 求	结 论
1	砂浆车进场检验报告	砂浆车各项性能良好	
2	车型及其制造商	通过工管中心组织的审查	
3	砂浆车的计量系统认证	完成计量认证	
4	砂浆车配套人员	砂浆车配套人员包括砂浆车司机，操作手，乳化沥青砂浆灌注人员、封边人员和润湿人员；做到施工操作班组与砂浆车对应，定岗定员	
5	砂浆及充填层性能	符合相关技术标准要求	

施工单位提交的水泥乳化沥青砂浆搅拌车评估申请报告，应包含以下内容：

①水泥乳化沥青砂浆搅拌车入场检验报告；

②中国铁路总公司对车型的技术审查意见；

③计量检定证书；

④水泥乳化沥青砂浆搅拌车配套人员；

⑤连续 3 次搅拌砂浆性能检测的现场记录表格；

⑥连续 3 次揭板的砂浆充填层照片；

⑦水泥乳化沥青砂浆搅拌车的搅拌参数。

(2)制板专用设备验收。

施工单位自验合格后，向监理项目部申请初验，初验合格后报建设单位验收。施工单位提交制板专用设备申请审查报告包含以下内容：

①水泥乳化沥青砂浆搅拌车入场检验报告；

②关键岗位人员从业资格证书；

③制板专用设备检定证书；

④有关调试、试验记录或报告。

(3)其他大型专用工装设备进场验收。

施工单位自验合格后，向监理项目部申请验收。

(4)经审查未通过的大型专用设备，施工单位继续进行调试和试验，并重新申请审查，直至通过方可投入使用。

4.10 主要专用材料及构件进场验收与存放

主要专用材料及构件包括防水材料、滑动层、高强度挤塑板、乳化沥青、干粉料、扣件系统、张拉锁件、限位板、剪力钉、钢板连接器等。

建设、监理和施工单位要组成验收与存放工作专业管理小组，负责主要专用材料及构件进场验收与存放管理。

4.10.1 建设、监理、施工单位的管理职责

(1)建设单位

①负责指导主要专用材料及构件存放点的布置；

②负责制定主要专用材料及构件验收和存放相关管理文件；

③负责指导主要专用材料及构件存放点的建设与存放管理标准的制定；

④负责组织水泥乳化沥青砂浆原材料存放点的验收工作。

(2)监理单位

①监督主要专用材料及构件存放点的建设和日常管理；

②配备符合要求的监理人员；

③对主要专用材料及构件进场进行见证或平行检验；

④配合建设单位进行水泥乳化沥青砂浆原材料存放点的验收工作。

(3)施工单位

①制定主要专用材料及构件相关管理制度；

②按规定完成主要专用材料及构件存放点的建设和存放管理；

③按照规范和设计要求进行主要专用材料及构件的进场检验和验收。

4.10.2 验收

水泥乳化沥青砂浆原材料由施工单位按《高速铁路轨道工程施工质量验收标准》(TB 10754—2010)和《客运专线 CRTS Ⅱ 型板式无砟轨道水泥乳化沥青砂浆暂行技术条件》(铁技基〔2008〕74 号)等相关规范、技术条件以及设计文件的规定进行进场验收，监理单位对主要专用材料及构件进行见证或平行检验，检验合格后才能进场存放和使用，不合格的原材料不得进场。

4.10.3 存放

乳化沥青、干料等充填层材料须按照中国铁路总公司要求建立专门的临时储料站进行储存，储料站建设要满足温控等相关要求，并经建设单位组织验收后方可投入使用。

聚脲等防水材料、外加剂、滑动层、高强度挤塑板等材料存放除建立库房存放外，要做好防火、防潮、防变形等措施，加强温控，确保质量不变质。

4.11 轨道板出场验收、存放及上道验收

轨道板出场验收是指轨道板从轨道板制造场运到工地的验收，轨道板存放是指轨道

板出场后到工地采用便道旁沿线存放与集中存放相结合方式进行存放，轨道板上道验收是指轨道板上道初铺前的验收。

4.11.1 建设、施工、监理单位的管理职责

(1)建设单位

①负责指导和协调轨道板出场验收、存放及上道验收管理工作；

②负责制定轨道板出场验收、存放及上道验收相关管理文件。

(2)施工单位

①建立轨道板进场验收与存放相关管理制度；

②按规定完成轨道板存放点的建设；

③按规定对轨道板进行出场验收；

④按照《客运专线铁路 CRTS Ⅱ型板式无砟轨道混凝土轨道板(有挡肩)暂行技术条件》(科技基〔2008〕173 号)进行轨道板的存放；

⑤按照《高速铁路轨道工程施工质量验收标准》(TB 10754—2010)和设计要求进行轨道板的上道验收。

(3)监理单位

①监督轨道板存放点的建设和存放是否满足规定要求；

②配备符合要求的监理人员；

③按规定进行轨道板存放点的验收工作；

④参与轨道板出场验收的协调工作；

⑤按验收标准对轨道板进行抽检验收，见证或平行检验。

4.11.2 验收程序和标准

轨道板出场验收由接收单位按《高速铁路轨道工程施工质量验收标准》(TB 10754—2010)、《客运专线铁路 CRTS Ⅱ型板式无砟轨道混凝土轨道板(有挡肩)暂行技术条件》(科技基〔2008〕173 号)和设计文件的规定进行验收，并建立每块板的验收台账，监理负责见证和协调工作；轨道板上道验收，由施工单位自行验收，监理单位按规定进行旁站、见证或平行检验。验收合格的才能进场存放或上道，不合格轨道板应返场整修或更换，不得上道铺设。

4.12 线外工艺性试验

(1)无砟轨道正式施工前，主要工序及重难点施工工艺均需开展线外工艺性试验，取得成功后方可上线正式施工。工艺性试验主要包括以下几方面内容。

①聚脲防水层工艺性试验：主要验证防水层材料性能以及喷涂工艺。

②水泥乳化沥青砂浆充填层灌注工艺性试验:主要验证底座施工工艺,砂浆拌制工艺,水泥乳化沥青砂浆性能现场检测,模腔封边、轨道板限位及模腔湿润工艺,乳化沥青砂浆灌注工艺,以及养护工艺等;每台砂浆车及作业班组均需开展线外工艺性试验,合格后才能上线施工。

③轨道板精调工艺性试验:主要演练精调测量熟练度。

(2)线外工艺性试验段应指导和覆盖铺板段落的各种复杂条件无砟轨道施工工况,包括桥梁、路基、直线平坡、曲线平坡、直线纵坡、曲线纵坡等,并按最大纵坡、最大曲线超高设置。

(3)通过线外工艺性试验,应完成水泥乳化沥青理论配合比的验证、基本配合比的形成、灌板效果的确认、轨道板粗铺与砂浆灌注过程控制能力的形成、线上CPⅢ测量的模拟等相关工作。针对存在的问题进行总结并及时改进,逐步积累经验,提高施工管理和质量控制水平,形成完整且具有指导性的试验段总结。

(4)建设单位应组织对全线(标段)线外工艺性试验进行评估验收,其他线外工艺性试验段由监理单位组织评估验收,每台砂浆车及作业班组通过线外工艺性试验后,方可按照线外工艺性试验取得的成果及其施工工艺参数等开展施工作业。

5　线下工程沉降变形观测与评估

高速铁路线下工程沉降变形观测以桥梁、路基、隧道等建(构)筑物的沉降观测为主，水平位移监测根据路基(含过渡段)、桥涵、隧道工点设计资料的具体要求确定。

5.1　变形观测基准网布设

变形观测基准网分为沉降观测基准网和水平位移监测网，具体布设规定如下所述。

5.1.1　沉降观测基准网布设

(1)沉降观测基准网控制点分为基准点和工作基点，基准点布设应满足以下要求。

①基准点应建立在沉降变形区以外的稳定区域(基岩或原状土层中)，保证其在较长时间内稳定，且便于长期保存。

②基准点优先选用全线的基岩点、深埋水准点、线路水准基点，增设时按国家二等水准测量的相关要求执行。

③每个独立的监测网应设置不少于 3 个稳固可靠的基准点，基准点的间距不宜大于 1 km。

(2)工作基点作为观测沉降变形点时的高程传递点，其布设应满足以下要求。

①工作基点应选在易于保护的稳定区域(基岩或原状土层中)，保证其在较长时间内稳定。

②除可使用线路水准基点外，可按照国家二等水准测量的技术要求加密水准基点至满足垂直位移监测需要。加密后的水准基点(含工作基点)沿线路方向间距为 200 m 左右。

③冻土地区标石底部应位于当地最大冻土深度线以下 0.3 m。工作基点标石埋设按图 5—1 执行。

5.1.2　水平位移监测网布设

水平位移监测网布设应满足以下几方面要求。

(1)可采用独立坐标系统一次布设。

(2)控制点宜采用有强制归心装置的观测墩，观测墩应建在稳固、便于观测、易于保护的地区。

(3)照准标志宜采用有强制归心装置的觇牌。

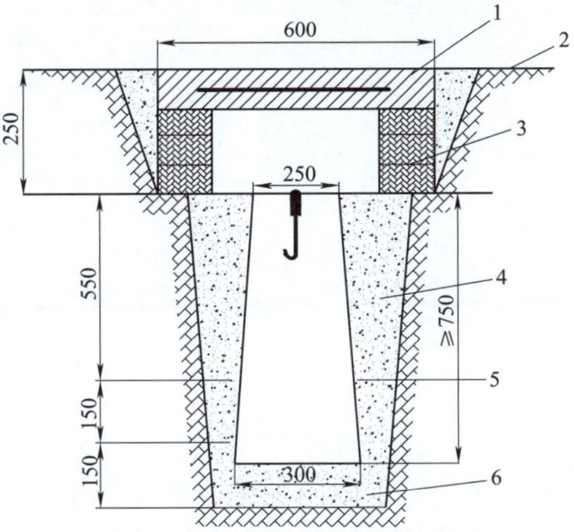

图 5—1 工作基点标石埋设(单位:mm)

1—盖板;2—地面;3—砖;4—素土;5—冻土线;6—混凝土

5.2 变形观测基准网的技术要求

(1)沉降观测基准网应布设成闭合环状或附合水准路线形式。

(2)垂直位移监测网主要技术要求应符合表 5—1 的规定。

表 5—1 垂直位移监测网主要技术要求

等级	相邻基准点高差中误差(mm)	每站高差中误差(mm)	往返较差、附合或环线闭合差(mm)	检测已测高差较差(mm)	观测方法及要求
二等	0.5	0.15	$0.3\sqrt{n}$	$0.4\sqrt{n}$	DS05 型仪器,宜按国家一等水准测量的技术要求施测
三等	1.0	0.3	$0.6\sqrt{n}$	$0.8\sqrt{n}$	DS05 或 DS1 型仪器,宜按国家二等水准测量的技术要求施测

注:n 为测站数。

(3)高速铁路沉降观测基准网一般按表 5—1 中的三等要求(国家二等水准测量)施测,采用分阶段(勘测设计和施工阶段)布网、等精度扩展的方法布设。

(4)对精度要求高、技术特别复杂的工点,垂直位移监测网按表 5—1 中的二等要求施测。重要桥隧工点应独立建网,并制定专项监测方案。

(5)水平位移监测网主要技术要求应符合表 5—2 的规定。

(6)在设计水平位移监测网时,应进行精度预估,选择最优方案。

(7)水平位移监测网主要技术指标根据变形测量等级及精度要求施测,并与施工平面控制网进行联测,引入施工测量坐标系统,实现水平位移监测网坐标与施工控制网坐标间的相互转换。

表5—2　水平位移监测网主要技术要求

等　级	相邻基准点点位中误差(mm)	平均边长(m)	测角中误差(″)	测边中误差(mm)	水平角观测回数		
					0.5″级仪器	1″级仪器	2″级仪器
一等	1.5	≤300	0.7	1.0	9	12	—
		≤200	1.0	1.0	6	9	—
二等	3.0	≤400	1.0	2.0	6	9	—
		≤200	1.8	2.0	4	6	9
三等	6.0	≤450	1.8	4.0	4	6	9
		≤350	2.5	4.0	3	4	6
四等	12.0	≤600	2.5	7.0	3	4	6

(8)高速铁路变形监测的精度应按监测量的中误差小于允许变形值的1/10至1/20的原则进行设计。变形测量的等级划分和精度要求应符合表5—3的规定。

表5—3　变形测量的等级划分和精度要求(单位:mm)

变形测量等级	垂直位移测量		水平位移观测
	变形观测点高程中误差	相邻变形测点高差中误差	变形观测点点位中误差
一等	0.3	0.1	1.5
二等	0.5	0.15	3.0
三等	1.0	0.3	6.0
四等	2.0	1.0	12.0

(9)高速铁路平面高程控制网复测维护。

①高速铁路平面高程控制网复测包括定期复测和不定期复测。施工期间的复测内容和频次要求参见《高速铁路工程测量规范》(TB 10601—2009)。

②特殊地区、地面出现异常沉降地区,要适当增加复测频次。

③线路途经区域如发生地震、大面积集中降雨、特大干旱、采空区等可能导致点位发生变化的情况时,要及时组织复测。

5.3　沉降观测断面及测点布设

5.3.1　路基(含过渡段)上布点

(1)路基变形监测主要包括路基面的沉降观测、基底沉降观测、路基坡脚位移观测和过渡段沉降观测。

(2)路基变形监测以路基面的沉降观测和基底沉降观测为主。应根据不同的结构部位、地形地质条件、基底处理方法、填方高度、堆载预压等具体情况,设置沉降变形观测断面,同时应根据施工过程中掌握的地质变化情况调整或增设观测断面。

(3)观测断面一般按以下原则设置,同时应满足设计文件的要求。

①根据不同地基条件、不同结构部位等具体情况，设置路基沉降观测断面。沿线路方向的间距一般不大于 50 m；对于地势平坦且地基条件均匀良好的路堑、填方高度小于 5 m 且地基条件均匀良好的路堤及路堑可放宽到 100 m。一个路基工点原则上应不少于 2 个观测断面。

②不同地形、地质条件和地基处理措施地段应分别设置观测断面，以确保能够反映真实差异沉降。

③路桥、路隧、路涵过渡段的沉降监测断面一般于距不同结构物起点 5 ~ 10 m、20 ~ 30 m、50 m 处各设一断面。路涵过渡段应于涵洞两侧 2 m 处设一观测断面。

(4)基底观测元器件一般采用沉降板、单点沉降计、沉降磁环等。路基面沉降观测元器件一般采用观测桩、沉降板等(堆载预压路基)。

(5)一般路基地段观测断面包括沉降观测桩和沉降板，每个断面设置 3 个沉降观测桩，布置于双线路基中心及左右线中心两侧各 2 m 处；沉降板、单点沉降计一般每个断面设置一个，布置于双线路基中心。为便于观测和数据分析，路基各部位观测点应设在同一横断面上。

(6)软土、松软土路堤地段变形观测除设置基底和路基面沉降观测标志外，还应设置位移观测桩，位于两侧坡脚外 2 m 和 10 m 处，并与基底和路基面观测标志位于同一断面上。

5.3.2　桥涵上布点

(1)桥梁变形观测包括桥梁承台、墩身和梁体徐变变形观测；涵洞变形观测除应进行自身的沉降观测外，尚应进行洞顶填土的沉降观测。

(2)为满足桥梁变形观测的需要，应在梁体、每个桥梁承台及墩身上设置观测标。

(3)承台观测标。

每个承台设置两个观测标，观测标 1 设置于底层承台左侧小里程角上，观测标 2 设置于底层承台右侧大里程角上。承台观测标为临时观测标，当墩身观测标正常使用后，承台观测标随基坑回填将不再使用，承台观测标设置如图 5—2 所示。当承台太深难以观测或施工墩身过程中需要掩埋时，可在承台上设置加高的钢筋混凝土立柱观测标，其设置如图 5—3 所示。

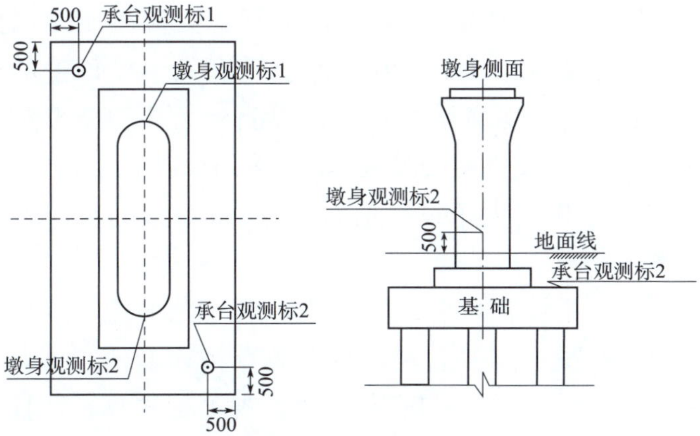

图 5—2　承台与墩身观测标设置示意(单位：mm)

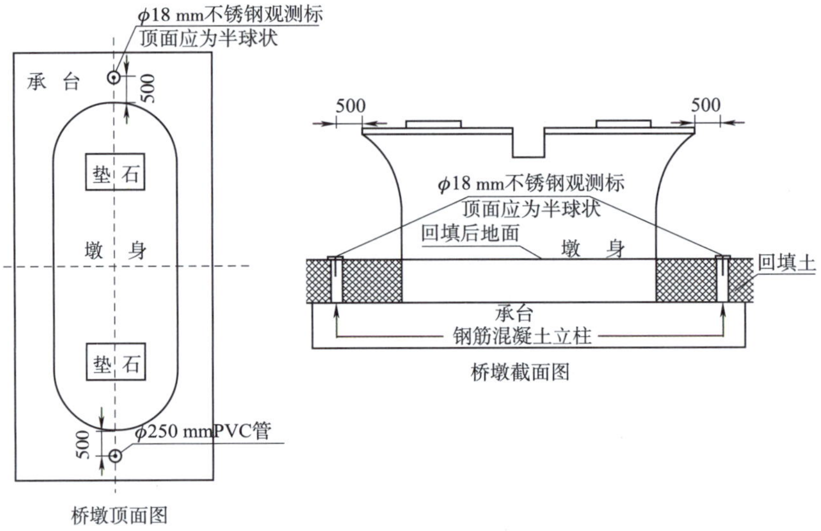

图 5—3 矮墩观测标设置示意(单位:mm)

(4)墩身观测标。

每个墩身左、右两侧各设一个观测标,一般设置在墩身底部高出地面或观测期间正常水位 0.5 m 左右的位置,如图 5—2 所示。

在墩身较矮或其他不便竖立水准尺观测的情况下,可设置加台观测标(图 5—3),并将钢筋混凝土立柱延伸至地面代替墩身观测标。

特殊情况可按照确保观测精度、方便观测、利于测点保护的原则,确定相应的观测标位置。

(5)桥台观测标。

桥台观测标原则上应设置在台顶(台帽及背墙顶),测点数量不少于 4 处,分别设在台帽两侧及背墙两侧(横桥向)。桥台观测标的设置位置如图 5—4 所示。

(6)梁体徐变观测标。

①对原材料变化不大、工艺稳定、批量生产的预应力混凝土预制梁,前 3 孔逐孔观测,以后每 30 孔选择 1 孔观测。对于实测弹性上拱度大于设计值的梁,该孔梁前后未观测的梁均应逐孔补充观测。现浇梁逐孔设置观测标。移动模架施工的梁,对前 6 孔进行重点观测,以验证支架预设拱度的精度,验证达到设计要求后,可每 10 孔选择 1 孔设置观测标,当实测弹性上拱度大于设计值时,前后未观测的梁应补充观测标,并进行逐孔观测。

②对于简支梁,每一孔梁设置 6 个观测标,分别位于两侧的支点及跨中处。在梁场观测及架梁后尚未开始铺设无砟轨道时,为准确观测梁体徐变值,观测标宜设在梁顶腹板处;无砟轨道施工前,为避免与施工相互干扰,要将观测标转移在防撞墙上距底部 10 cm 处,如图 5—5 所示。

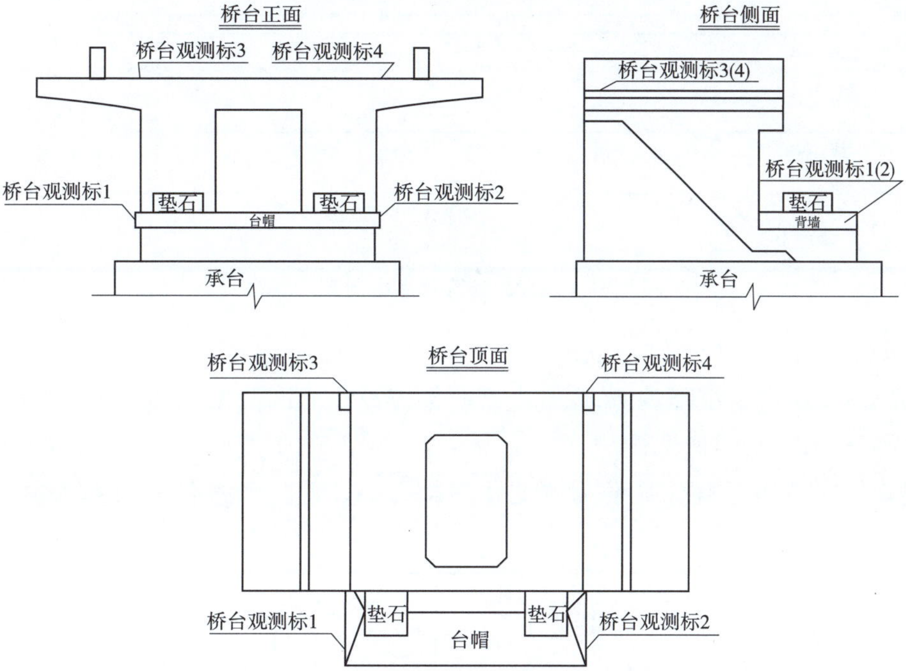

图 5—4 桥台观测标埋设位置示意

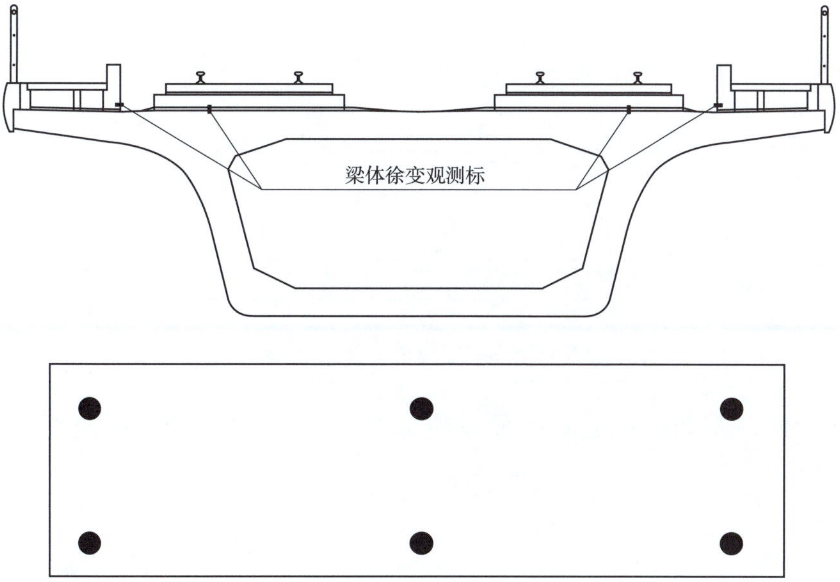

图 5—5 梁部测点顶面布置示意

③连续梁上的观测标应根据不同跨度，分别在支点截面、1/4 截面、跨中、3/4 截面处设置变形观测点，若单跨跨长较大，可在上述布置要求的基础上按长度内插增加观测点，其间距为 15 ~ 20 m，如图 5—6 所示。

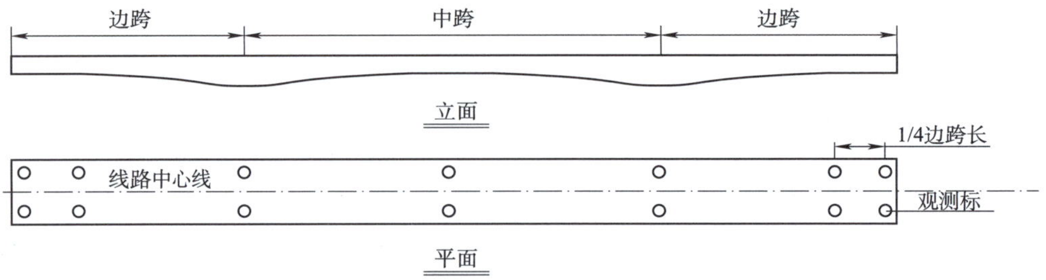

图 5—6　连续梁梁部测点纵向布置示意

(7)涵洞观测标。

每座涵洞均要进行沉降观测,原则上观测标应设在涵洞两侧的边墙上,在涵洞进出口及涵洞中心分别设置,每座涵洞测点数量为 6 个,如图 5—7 所示。为方便观测,后期应将测标从边墙位置转移至帽石顶部,涵洞进出口帽石各设置两个测点,位于帽石两端。

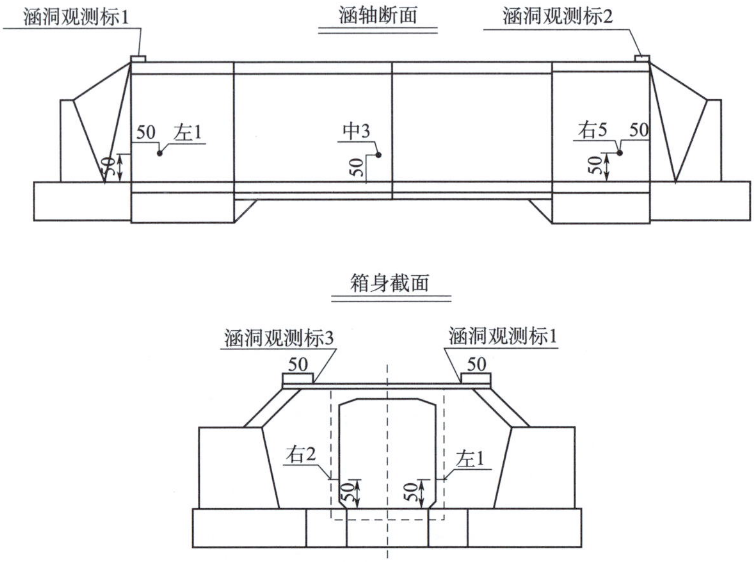

图 5—7　涵洞观测标埋设位置示意(单位:cm)

对于洞身较长(例如站场涵洞)、分节施工的涵洞,每节边墙每侧应至少设置 1 个观测标。

5.3.3　隧道内布点

(1)隧道工程沉降监测是指隧道基础(即隧道仰拱)的沉降观测,其他如洞顶地表沉降、拱顶下沉、断面收敛变形等不列入沉降观测的范围。

(2)隧道的进出口进行地基处理的地段,从洞口起每 20 m 布设 1 个观测断面。

(3)隧道内沉降观测断面的布设一般根据地质围岩级别确定,Ⅲ级围岩每 400 m、Ⅳ级围岩每 300 m、Ⅴ级围岩每 200 m 布设 1 个观测断面。当长度不足时,每段围岩或不同衬砌段应至少布设1个观测断面。

(4)明暗交界处、围岩级别、衬砌类型变化段及沉降变形缝位置应至少布设2个观测断面(前后各0.5 m处)。

(5)地应力较大、断层或隧底溶蚀破碎带等不良和复杂地质区段,特殊基础类型的隧道段落、隧底进行过换填、注浆或其他措施处理的复合地基段落应加密布设观测断面。段落长度大于20 m时,每20 m设置1个观测断面;小于或等于20 m时,至少设置2个观测断面。

(6)隧道洞口至分界里程范围内应至少布设1个观测断面。

(7)路隧分界点处,路、隧两侧分别至少布设1个观测断面。

(8)长度大于20 m的明洞,每20 m布设1个观测断面。

5.4 观测元器件及其埋设技术要求

5.4.1 路基(含过渡段)上观测元器件埋设

(1)沉降观测桩

沉降观测桩选用ϕ20 mm不锈钢棒或钢筋,顶部磨圆,底部焊接弯钩,埋设深度不小于0.3 m,桩周0.15 m范围内浇筑C15混凝土(或锚固砂浆)固定,如图5—8所示。观测桩稳定后测量桩顶高程作为初始读数。

(2)沉降板

沉降板一般由钢底板、金属测杆(ϕ40 mm镀锌铁管或不锈钢管,管壁厚度不小于3 mm)及保护套管(ϕ75 mm PVC管,管壁厚度不小于3 mm)组成,在填高大于3 m时保护套管采用钢管。钢板尺寸为50 cm×50 cm,厚度为1 cm。沉降板埋设如图5—9所示。

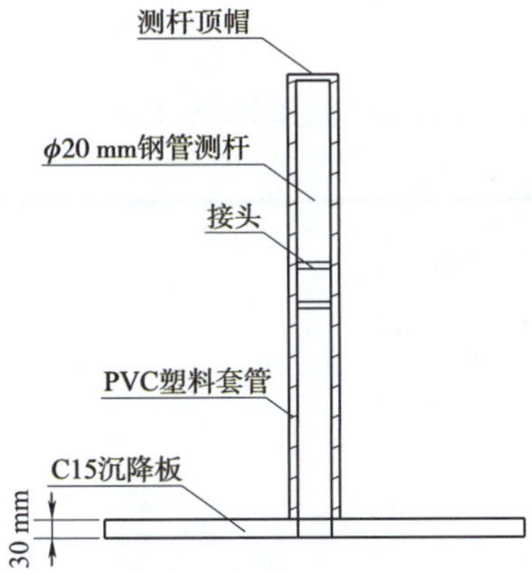

图5—8 路基沉降观测桩埋设布置

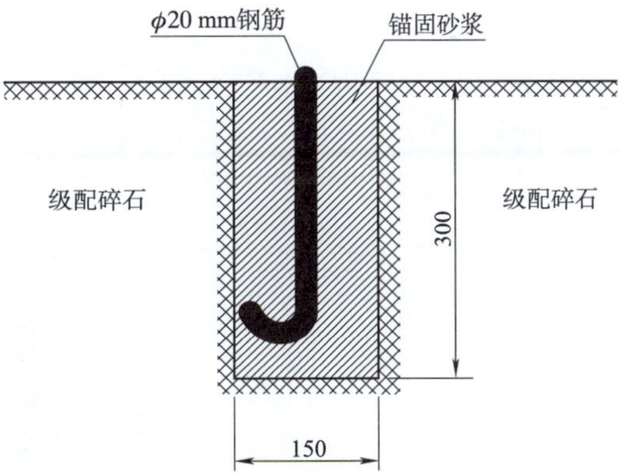

图5—9 路基沉降板埋设布置(单位:mm)

①对于路基基底铺设碎石垫层的地段,沉降板埋设于桩间土垫层顶面,基底设混凝土板区段置于板顶面;板底可采用10 cm厚砂垫层找平。

②在保持测杆垂直的情况下,回填一定厚度的垫层,再套上保护套管,保护套管略低

于沉降板测杆，上口加盖封住管口，测杆周围填筑填料以稳定保护套管，用小型机具夯实（避免碰撞测杆），完成沉降板的埋设工作。

③按要求测量杆顶高程作为初始读数。伴随路基填筑施工，逐渐接高沉降板测杆和保护套管，每次接长高度以 0.5 ~ 1 m 为宜。金属测杆用内接头螺丝套扣（丝扣长度不短于 5 cm）连接，保护套管用 PVC 管外接头连接。

④接长套管时应确保垂直，避免机械施工等因素导致套管倾斜。

⑤沉降板埋设后应采取保护措施（警示标志等），避免施工车辆碰撞破坏。

（3）位移边桩

采用 C15 钢筋混凝土预制，长度不小于 1.0 m，截面为 15 cm × 15 cm，并在桩顶预埋 ϕ20 mm 不锈钢棒，顶部磨圆，刻画十字线作为观测标。采取开挖埋设方式，埋设深度以观测标高出地面 5 mm 为宜。桩周上部 0.3 m 范围内浇筑混凝土固定。观测点稳定后采用全站仪测量边桩高程及平面坐标作为初始读数。

（4）单点沉降计

单点沉降计是一种埋入式电感调频类智能型位移传感器，由电测位移传感器、测杆、锚头、锚板、金属软管和塑料波纹管等组成。采用钻孔引孔方式埋设，钻孔保持垂直，孔深应达到硬质稳定层（最好为基岩），并与沉降仪总长一致，孔口应平整密实。安装前先在孔底灌浆，以便固定底端锚板，安装时锚杆朝下，法兰沉降板朝上，注意要用拉绳保护以防止元器件自行掉落，采用合适方法将底端锚板压至设计深度。每个观测断面埋设完成后，位移计引出导线用钢丝波纹管进行保护，并挖槽集中从一侧引出路基，引入坡脚观测箱内。一般埋设完成 3 ~ 5 天待缩孔完成后测试零点。

5.4.2 桥涵上观测元器件埋设

（1）承台观测标

承台观测标选用 ϕ20 mm 钢筋或不锈钢棒，顶部磨圆，埋置深度不小于 0.1 m，高出表面 3 mm，顶面做好防锈处理。承台观测标埋设如图 5—10 所示。

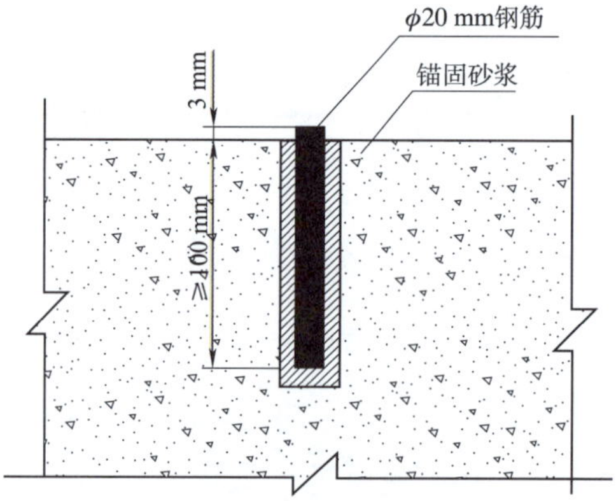

图 5—10 承台观测标设置

（2）墩身观测标

墩身观测标可采用 $\phi25$ mm 不锈钢螺栓观测标，如图 5—11 所示，不锈钢标牌如图 5—12 所示。

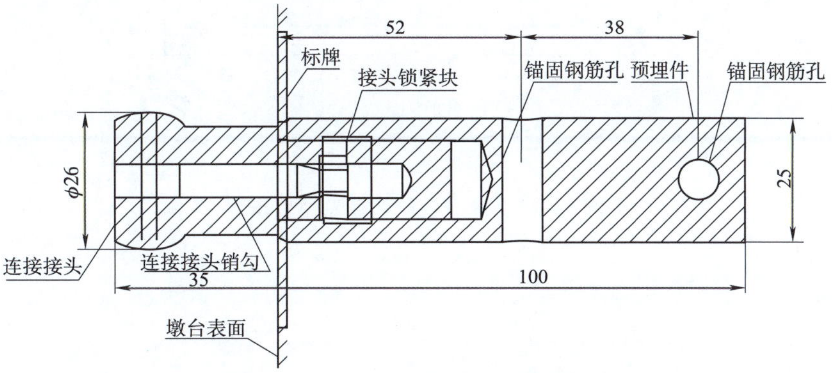

图 5—11 墩身观测标大样（单位：mm）

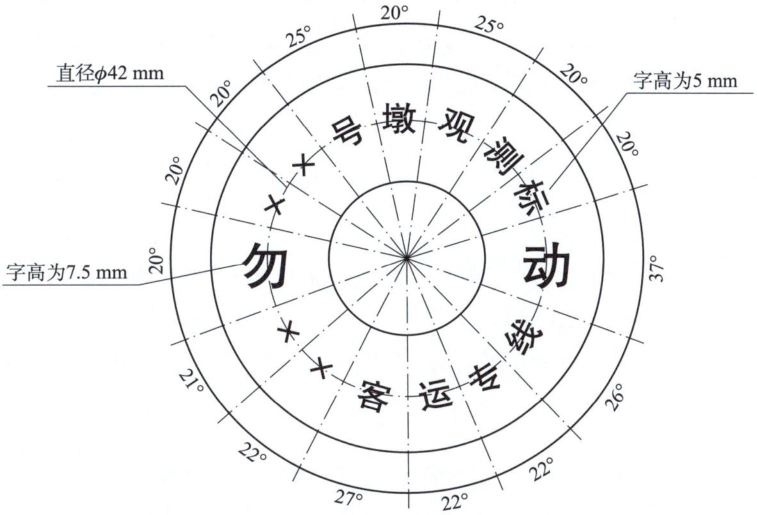

图 5—12 墩身观测标标牌大样

（3）桥台、梁体、涵洞帽石观测标

桥台、涵洞帽石沉降观测标和梁体徐变观测标设置可参考图 5—10。

5.4.3 隧道内观测元器件埋设

（1）临时观测标

隧底填充施工完成后，两侧水沟电缆槽未施工前，在仰拱填充层两端顶面布设临时观测点，每个观测断面设 2 个观测标，其规格可参考图 5—10。

（2）永久观测标

衬砌和水沟电缆槽完工后，在同一观测断面的两侧距盖板顶面 20 cm 的边墙上布设永久观测标，如图 5—13 所示，观测标规格与桥梁墩身观测标相同。为便于隧道内永久观测标的保护和使用，永久观测标周边粘贴反光材料。

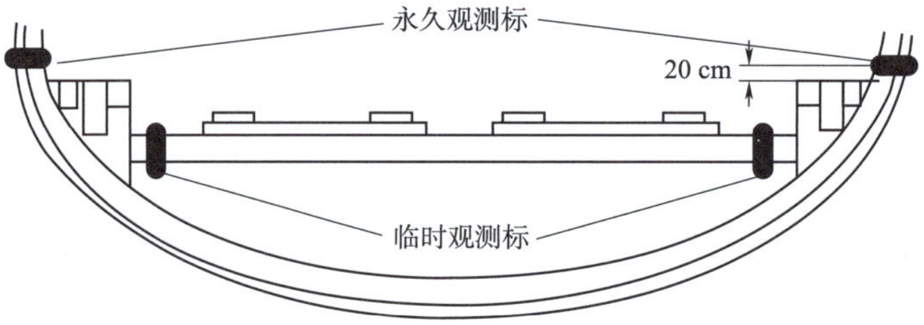

图 5—13　隧道观测标埋设位置示意

5.5　沉降观测技术要求

5.5.1　路基(含过渡段)的沉降观测

(1)路堤地段从路基填土开始进行沉降观测；路堑地段从级配碎石顶面施工完成开始观测。路基填筑完成或施加预压荷载后应有不少于 6 个月的观测和调整期。观测期不足或沉降评估指标不能满足设计要求时，应延长观测时间或采取必要的加速或控制沉降的措施，直至其沉降趋于稳定。

(2)沉降观测标志的埋设在施工过程中进行时，施工单位要做好路基填筑施工与埋设的协调工作，尽量互不干扰。

(3)路基填筑过程中应及时计算路堤中心沉降观测点的沉降与边桩的位移量，当变形速率或累计变形量超过设计允许值时，应及时停止填筑，分析其原因。

(4)路基沉降变形观测要形成附合水准路线，如图 5—14 所示。

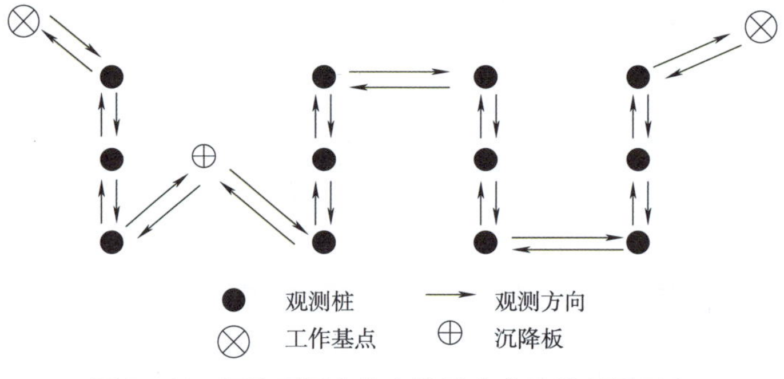

图 5—14　沉降观测点位布设及水准路线观测示意

(5)路基沉降观测方法。

①沉降板观测。采用水准仪测量方法，按测量精度和频次要求定期观测沉降板测杆顶面测点高程。沉降板观测时，应在测杆端头套一个专用的测量帽，测量帽下部尺寸以刚好套入测杆为宜，测量帽顶部为半球体，球体顶部作为水准尺底部接触点。在沉降板测杆接高时应同时测量接高前后的测杆高程。

②沉降观测桩观测。采用水准仪测量方法,按测量精度和频次要求定期观测沉降观测桩顶面测点高程。

③单点沉降计观测。使用配套的读数仪,按照仪器使用要求将线头连接,根据频次要求定期采集数据。

④位移边桩观测。一般使用全站仪按前方交会法测量位移边桩。

(6)观测精度要求。

路基沉降观测按表5—3中的三等要求施测,读数精确到0.1 mm(含单点沉降计)。位移边桩测距误差±3.0 mm、方向观测水平角误差为±2.5″。

(7)观测频次。

路基沉降观测的频次不低于表5—4的规定。

表5—4　路基沉降观测频次

观测阶段	观测频次	
填筑或堆载	一般	1次/天
	每天填筑超过3层时	1次/3层
	沉降量突变	2~3次/天
	两次填筑间隔时间较长	1次/3天
堆载预压或路基施工完毕	第1~3个月	1次/周
	第4个月~无砟轨道施工前	1次/2周
	无砟轨道施工期间	1次/天
无砟轨道铺设后	第1个月	1次/2周
	第2~3个月	1次/月
	3个月以后	1次/3月

注:①架桥机(运梁车)通过期间观测要求:前2次通过时在通过前后各测1次,共4次;其后每天1次,共2次;其后1次/3天,共3次;以后1次/周。

②位移边桩在路基填筑期间,每天测量1次。

③观测频率还应根据地基的沉降量和沉降速率确定。当相邻2次累计沉降增量大于4 mm时应加密观测频次;当出现沉降突变、地下水变化、集中降雨等外部环境变化时应增加观测频次。施工期间的观测应持续到工程交验,工程验收后应由相关部门继续观测。

5.5.2　桥梁的沉降观测

(1)承台施工完成后,进行首期沉降观测,承台观测标为临时观测标,当墩身观测标正常使用后,承台观测标随基坑回填将不再使用。随施工阶段的逐步推进,依次进行墩身、桥台、梁体的变形观测。

(2)沉降观测设备的埋设与现场施工做好协调,做到互不干扰。

(3)桥涵沉降观测按表5—3中的三等要求施测,读数精确到0.1 mm。

(4)对于山区相邻桥墩高差异大、水准仪观测困难,地形对水准观测精度影响大的情况下,墩身可预埋CPⅢ预埋件,按不量仪器高的三角高程测量方式进行沉降观测,每次测量应固定测站位置(优先考虑跨中位置),按频次采集相邻墩身观测高程差数据。

(5)对位于江河中的水中墩台或其他难以直接观测的墩台,根据现场条件设计专项方案。

(6)观测频次要求。

①墩台基础沉降观测一般按表5—5中要求的时间间隔进行。

表5—5 墩台基础沉降观测频次

<table>
<tr><th colspan="2" rowspan="2">观测阶段</th><th colspan="3">观测频次</th><th rowspan="2">备注</th></tr>
<tr><th colspan="2">观测期限</th><th>观测周期</th></tr>
<tr><td colspan="2">墩台基础施工完成</td><td colspan="2">—</td><td>—</td><td>设置测点进行首次观测</td></tr>
<tr><td colspan="2">墩台混凝土施工</td><td colspan="2">全程</td><td>荷载变化前后各1次,1次/周</td><td>承台回填前,测点转移至墩身</td></tr>
<tr><td rowspan="3">预制梁桥</td><td>架梁前</td><td colspan="2">全程</td><td>1次/周</td><td rowspan="3">—</td></tr>
<tr><td>预制梁架设</td><td colspan="2">全程</td><td>前后各1次</td></tr>
<tr><td>附属设施施工</td><td colspan="2">全程</td><td>荷载变化前后各1次,1次/周</td></tr>
<tr><td rowspan="3">桥位施工桥梁</td><td>制梁前</td><td colspan="2">全程</td><td>1次/周</td><td rowspan="3">—</td></tr>
<tr><td>上部结构施工中</td><td colspan="2">全程</td><td rowspan="2">荷载变化前后各1次,1次/周</td></tr>
<tr><td>附属设施施工</td><td colspan="2">全程</td></tr>
<tr><td colspan="2">架桥机(运梁车)通过</td><td colspan="2">全程</td><td>前2次通过时,前后各1次;其后1次/天,共2次;其后1次/3天,共3次;以后1次/周</td><td>至少进行2次通过前后的观测</td></tr>
<tr><td colspan="2">桥梁主体工程完工~无砟轨道铺设前</td><td colspan="2">≥6个月</td><td>1次/周</td><td>岩石地基的桥梁,一般不宜少于2个月</td></tr>
<tr><td colspan="2">无砟轨道铺设期间</td><td colspan="2">全程</td><td>1次/天</td><td></td></tr>
<tr><td colspan="2" rowspan="3">无砟轨道铺设完成后</td><td rowspan="3">24个月</td><td>0~3个月</td><td>1次/月</td><td rowspan="3">工后沉降长期观测</td></tr>
<tr><td>4~12个月</td><td>1次/3月</td></tr>
<tr><td>13~24个月</td><td>1次/6月</td></tr>
</table>

注:观测墩台沉降时,应同时记录结构荷载状态、环境温度及天气日照情况。架桥机(运梁车)通过时观测要求:第1次和第2次通过前后均需要观测,共4次;其后1次/天,共2次;其后1次/3天,共3次;以后1次/周。

②梁体徐变观测按表5—6要求的时间间隔进行。

表5—6 梁体徐变变形观测

<table>
<tr><th>观测阶段</th><th>观测周期</th><th>备注</th></tr>
<tr><td>预应力终张拉</td><td>张拉前后各1次</td><td>测试梁体弹性变形</td></tr>
<tr><td rowspan="4">预应力张拉完成~无砟轨道铺设前</td><td>张拉完成后第1天</td><td>—</td></tr>
<tr><td>张拉完成后第3天</td><td>—</td></tr>
<tr><td>张拉完成后第5天</td><td>—</td></tr>
<tr><td>张拉完成后1~3月,1次/周</td><td>—</td></tr>
<tr><td>桥梁附属设施安装</td><td>1次/周,要求安装前后必须各有1次</td><td>—</td></tr>
<tr><td>无砟轨道铺设期间</td><td>1次/天</td><td>—</td></tr>
<tr><td rowspan="2">无砟轨道铺设完成后</td><td>第0~3个月,每1次/月</td><td rowspan="2">残余徐变长期监测</td></tr>
<tr><td>第4~24个月,每1次/3月</td></tr>
</table>

③涵洞沉降观测按表5—7要求的频次进行，涵洞顶填土的沉降观测应与路基沉降观测同步进行。

表5—7　涵洞沉降观测频次

观测阶段	观测频次			备注
	观测期限		观测周期	
涵洞基础施工完成	—		—	设置观测点
涵洞主体施工完成	全程		荷载变化前后各1次，1次/周	测试点移至边墙两侧
洞顶填土施工	全程		荷载变化前后各1次，1次/周	—
架桥机（运梁车）通过	全程		前2次通过时，前后各1次；其后1次/天，共2次；其后1次/3天，共3次；以后1次/周	至少进行2次通过前后的观测
涵洞完工～无砟轨道铺设前	≥6个月		1次/周	岩石地基的桥梁，一般不宜少于2个月
无砟轨道铺设期间	全程		1次/天	—
无砟轨道铺设完成后	24个月	0～3月	1次/月	工后沉降长期观测
		4～12月	1次/3个月	
		13～24月	1次/6个月	

注：观测涵洞沉降时，应同时记录结构荷载状态、环境温度及天气日照情况。

5.5.3　隧道的沉降观测

（1）隧道沉降观测从仰拱施工结束后立即进行，观测时间不得少于3个月。当观测数据不足或沉降评估不能满足设计要求时，应适当延长观测期。

（2）隧道沉降观测按表5—3中的三等要求施测，读数精确到0.1 mm。

（3）隧道沉降观测频次按表5—8的要求进行。

表5—8　隧道沉降观测频次

观测阶段	观测频次		
	观测期限		观测周期
隧底工程完成后	不少于3个月		1次/周
无砟轨道铺设期间	全程		1次/天
无砟轨道铺设完成后	3个月	0～1个月	1次/周
		1～3个月	1次/2周

（4）隧道沉降观测点测量按二等水准测量精度要求形成附合水准路线，观测路线示意如图5—15所示。

（5）隧道沉降观测基准点应埋设在洞外稳定区域，每个洞口不少于2个。当洞身较长时，可布设在斜井口，确保观测形成附合路线。长大隧道贯通前的观测可直接利用同一洞口的2个基准点形成附合路线。

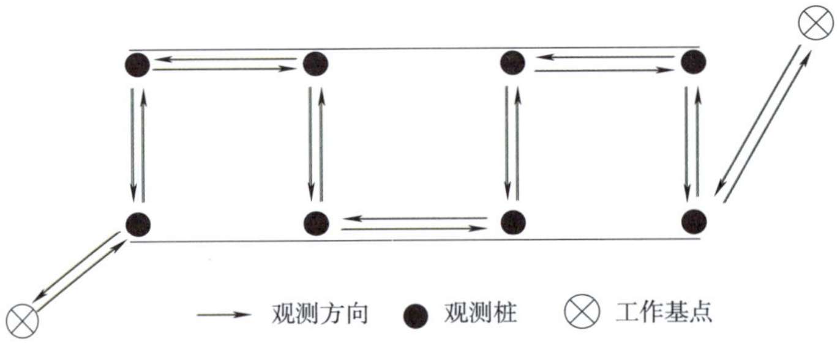

图 5—15　隧道沉降观测水准路线

5.6　监理单位的平行观测

(1)为确保观测数据真实可靠,监理单位应对沉降变形观测过程进行全程旁站,同时派专业技术人员进行平行观测,并与施工单位观测结果进行比对。

(2)平行观测数量要求:一般地段为施工单位总测点数的 10% ,山区、地质复杂、沉降变化大以及过渡段等重点区段为施工单位总测点数的 20% 。

(3)平行观测应集中选择关键地段进行,避免太过分散。平行观测应获取某测段完整的沉降观测资料,并与施工单位同测段的观测资料进行对比。路基和过渡段应作为平行观测重点。

(4)如平行观测结果与施工单位观测结果存在较大差异时,应及时查找原因。

5.7　沉降观测资料管理

每个区段的沉降观测正式评估前,施工、监理单位要整理相关资料提交建设单位。

5.7.1　施工单位应提交的资料

施工单位应提交《线下工程沉降变形观测工作报告》(或自评报告)和下述电子资料。

(1)观测网基准点变形观测点平面布置图。

(2)测量仪器鉴定证书、测绘单位资质、测量人员资格证书的彩色扫描件。

(3)位移监测桩观测数据。

(4)单点沉降计观测数据。

(5)工作基点台账。

(6)工作基点点之记。

(7)工作基点点位照片。

(8)沉降观测资料(含原始数据、观测手簿、平差文件等)。

(9)沉降观测数据记录表。

(10)观测断面与观测点工程属性表。

(11)管理软件导出的沉降数据。

(12)基准网复测资料。

(13)梁部徐变观测文件(含原始数据、观测手簿、平差文件等)。

(14)梁部徐变观测数据录入表。

(15)所有测点的时间—累计沉降曲线图。

(16)沉降变形观测评估申请报告。

5.7.2 监理单位应提交的资料

监理单位应提交《线下工程沉降变形观测监理工作报告》、《线下工程沉降变形平行观测监理工作报告》和平行观测资料。

5.8 观测数据分析及评估

沉降观测数据分析与评估应遵循下述一般规定。

(1)无砟轨道施工前,应对线下工程沉降作系统评估。

(2)结合线下工程不同结构物和不同地质条件下的沉降观测情况,总结沉降变形特点,选择合适的预测方法。

(3)评估时对原始资料存在疑问或发现异常时,应进行必要的检查。

(4)采用曲线拟合的单个测点各项评估参数应满足规范要求,同时线路纵向相邻断面差异沉降(限值 5 mm)和由差异沉降引起的纵向折角(限值 1‰)也不应超过设计限值。

5.8.1 路基工程沉降评估

(1)判定标准

①根据路基填筑完成或堆载预压后不少于 6 个月的实际观测数据作多种曲线的回归分析,确定其沉降变形的发展趋势。

②无砟轨道路基工后沉降值不应大于 15 mm。

③沉降预测的可靠性应经过验证,间隔不少于 3 个月的 2 次预测最终沉降的差值不应大于 8 mm。

④无砟轨道铺设前最终的沉降预测应符合其预测准确性的基本要求,即从路基填筑完成或堆载预压后,最终的沉降预测时间 t 应满足式(5—1)的要求。沉降值和时间以路基填筑完成或堆载预压结束为起始点。

$$\frac{S(t)}{S(t=\infty)} \geqslant 75\% \tag{5—1}$$

式中 $S(t)$——预测时的沉降观测值,mm;

$S(t=\infty)$——预测的最终沉降值,mm。

⑤设计预测总沉降量与通过实测资料预测的总沉降量差值不宜大于 10 mm。

(2)评估方法

常用的评估方法有双曲线法、修正双曲线法、固结度对数配合法(三点法)和指数曲线法等。

(3)相应措施

当实际观测资料预测的总沉降量与设计预测总沉降量相差超过20%时,应及时向设计单位反馈,分析原因,并采取相应措施。

5.8.2 桥涵工程沉降评估

(1)判定标准

①根据桥涵实际荷载情况及观测数据,应作多个阶段的回归分析及预测,综合确定沉降变形的发展趋势。首次回归分析,观测期不少于完成架梁后3个月,对于岩石地基等良好地质的桥涵不应少于1个月。

②墩台基础的沉降量应按恒载计算,其工后沉降量不应超过允许值:桥面铺设有砟轨道的桥梁,其墩台均匀沉降量小于30 mm;桥面铺设无砟轨道的桥梁,其墩台均匀沉降量小于20 mm。

③对于静定结构的桥梁,桥面铺设有砟轨道的,其相邻墩台沉降量之差应小于15 mm;桥面铺设无砟轨道的,其相邻墩台沉降量之差应小于5 mm。对于超静定结构的桥梁,其相邻墩台沉降量之差除应满足上述规定外,还应根据沉降差对结构产生的附加应力影响确定。

④框构、旅客地道及涵洞在铺设有砟轨道时,其工后沉降量不应大于50 mm;铺设无砟轨道时,其工后沉降量不应大于15 mm。

⑤处于岩石地基等良好地质的桥梁,当墩台沉降值趋于稳定且设计及实测沉降总量不大于5 mm时,可判定沉降满足无砟轨道铺设条件。

⑥设计预测的总沉降量与通过实测资料预测的总沉降量之差不宜大于10 mm。

⑦利用两次回归结果预测的最终沉降量的差值不应大于8 mm;两次预测的时间间隔一般不少于3个月,对于岩石地基等良好地质的桥涵不应少于1个月。

⑧桥梁主体结构完工至无砟轨道铺设前,沉降预测的时间应满足式(5—1)的要求。

⑨预应力混凝土桥梁上部结构的变形应符合以下规定:

a. 终张拉完成时,梁体跨中弹性变形不宜大于设计值的1.05倍。

b. 扣除各项弹性变形、终张拉60天后,$L \leqslant 50$ m的梁体跨中徐变变形实测值不应大于7 mm;$L > 50$ m的梁体跨中徐变变形实测值不应大于$L/7\,000$或14 mm。

c. 不能满足上述要求时,应根据梁体变形的实测结果,确定梁体的实际弹性变形及徐变系数,并按式(5—2)估算无砟轨道的最早铺设时间t:

$$\left[\phi(\infty) - \phi(t)\right] \times \Delta_{弹性} \leqslant \Delta_{允许} \tag{5—2}$$

式中 $\phi(\infty)$——根据实测结果确定的混凝土徐变系数终极值;

$\phi(t)$——根据实测结果确定的铺设无砟轨道时混凝土徐变系数;

$\Delta_{弹性}$——实测梁体终张拉后的弹性变形;

$\Delta_{允许}$——允许值,$L \leqslant 50$ m时,$\Delta_{允许}$为10 mm;$L > 50$ m时,$\Delta_{允许}$为$L/5\,000$或20 mm。

(2)评估方法

①对于一座桥梁,不仅要进行单个墩台的沉降分析,同时还要对全桥作综合评估,控制相邻桥墩的不均匀沉降。

②桥涵沉降预测采用的曲线回归法参照路基工程沉降评估方法执行。

③当桥长很大时,可根据地质情况和施工进度划分评估区段。

5.8.3 隧道工程沉降评估

(1)判定标准

①当地质条件较好、沉降趋于稳定且设计及实测沉降总量不大于 5 mm 时,可判基底稳定性满足无砟轨道铺设条件。

②预测的隧道基础工后沉降值不应大于 15 mm。

(2)评估方法

隧道基础的沉降预测评估方法参照路基工程沉降评估方法执行。

5.8.4 过渡段工程沉降评估

(1)过渡段工后沉降分析评估应根据线路纵向各观测断面和不同结构物之间的关系综合进行。

(2)对线路不同下部基础结构物、不同地基条件、不同地基处理方法之间形成的过渡段,应重点分析评估其差异沉降。

(3)判定标准。过渡段不同结构物间的预测差异沉降不应大于 5 mm,预测沉降引起的线路纵向折角不应大于 1/1 000。

(4)评估方法。过渡段工程的沉降预测评估方法参照路基工程沉降评估方法执行。

5.9 沉降观测标的保护

(1)施工单位应高度重视观测标的保护工作,要安排专门人员负责观测标的保护,确保沉降观测标长期保持完好无损。

(2)埋设观测标时,要有专业技术人员负责现场指导。单点沉降计、沉降磁环等电子元器件要选用质量优良的产品。现场埋设时要有生产厂家技术人员负责指导,确保埋设质量和元器件正常使用。

(3)测量标志附近应采取防护措施,设置警示标志,防止施工破坏。

(4)负责观测标保护的人员要做到每天巡查一次管段内观测标,做好巡查记录,对破坏的观测点要当天通知重埋,及时补测,尽量使沉降观测数据连续可靠。

(5)施工单位要制定观测标保护制度,必要时采取奖惩措施,奖优罚劣,以确保现场测量正常有序开展。

6　CPⅢ的测设及评估

CRTS Ⅱ型板式无砟轨道基准控制网(简称“CP Ⅲ”)是高速铁路系统的重要组成部分之一,其作业采用全站仪自由设站精密三维测量方法,为无砟轨道施工提供精确控制基准。

6.1　CPⅢ测设及评估流程

CPⅢ测设和评估流程如图6—1所示。

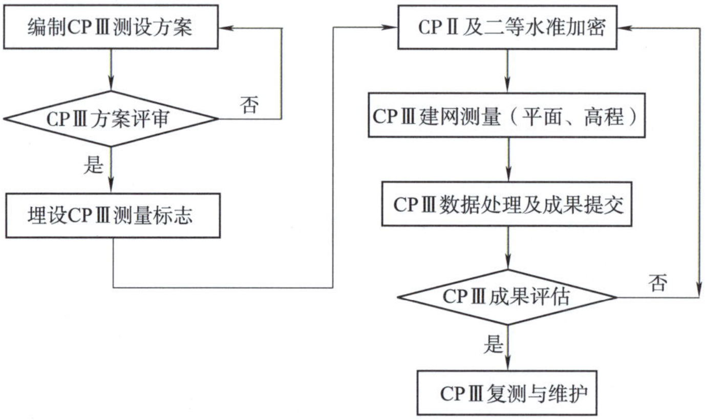

图6—1　CPⅢ测设及评估流程

6.2　CPⅢ测量作业准备

6.2.1　CPⅢ测设的前提条件

(1)线下工程通过沉降变形评估。

(2)CPⅢ建网前,建设单位组织完成全线CP0、CPⅠ、CPⅡ和线路水准基点复测并通过评估。

(3)线下工程通过贯通测量。

(4)路基接触网立柱扩大基础、桥面防护墙、隧道二衬等工程施工完毕。

6.2.2　CPⅢ测设的内业准备

(1)CPⅢ测量软件应是通过主管部门评审的软件,硬件设备精度指标须满足相关规范要求,且在有效鉴定期内。

(2)CPⅢ测量所需基础资料齐全、精度可靠且满足相关要求。

(3)测量作业人员经专业培训,且考核合格。

6.3　CPⅢ测设方案编制及审批

(1)CPⅢ测设前,应依据工程实际编制切实可行的CPⅢ测设技术方案,CPⅢ测设技术方案通常包含测区概况、技术依据、组织机构及人员配置、控制基准选取、布网方案设计、测量标志选型及埋设、拟投入的仪器设备、数据管理方案、质量控制措施等内容。

(2)CPⅢ测设技术方案应通过建设单位审批后实施。

6.4　埋设测量标志

在路基接触网立柱扩大基础、桥面防护墙、隧道二衬等工程施工完毕后,可依据审批的CPⅢ测设技术方案,开展线上测量标志的埋设工作,包括CPⅢ、线上加密CPⅡ和水准基点等。

6.4.1　测量标志元器件要求

测量标志应耐腐蚀,便于埋设、保护和使用。标志的元器件通常要求用不锈钢制造,标志连接件的加工误差不应大于0.05 mm。

6.4.2　测量标志种类及埋设方法

高速铁路上采用的测量标志通常有4种:通用型强制对中标志、单轴CPⅢ测量标志、三轴CPⅢ测量标志、普通圆头“十”字标志。

(1)通用型强制对中标志

①通用型强制对中标志的组成。通用型强制对中标志由预埋件、转接头、转接盘和转接杆等4部分组成,如图6—2所示。其中,预埋件是永久埋设部分,每个测点埋设1个;其他元器件随仪器配置,每套仪器配1套(转接盘1个,转接头2个,转接杆13个)。

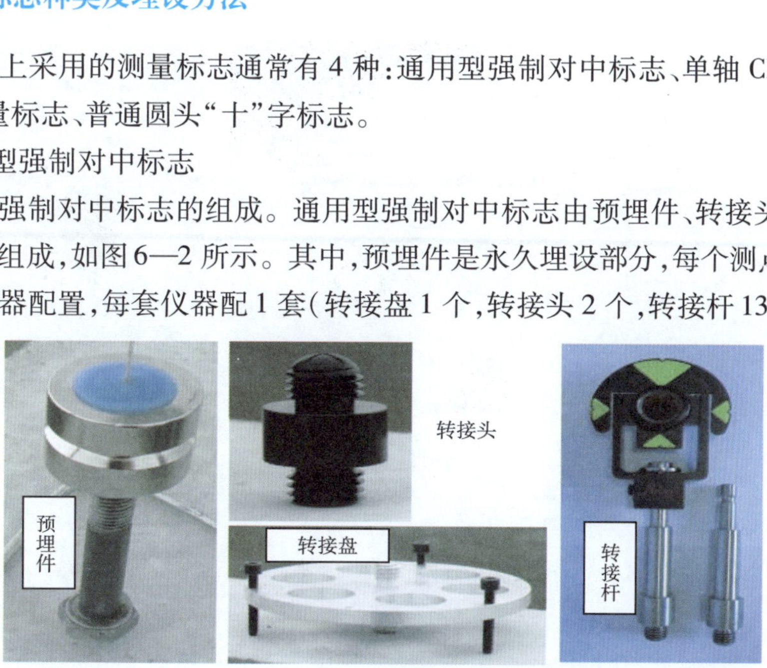

图6—2　通用型强制对中标志

②通用型强制对中标志的使用。如图6—3所示，通用型强制对中标志具备强制对中功能，可用于线下CP0、CPⅠ、CPⅡ、线上加密CPⅡ、CPⅢ点。通过转接头，可以直接连接GPS或仪器基座，对中精度优于0.1 mm；通过转接盘，可以直接连接精密测量仪器，转接盘上的3颗调节螺丝，能确保仪器连接稳固，对中精度优于0.05 mm；通过转接杆，可以连接CPⅢ棱镜，棱镜中心的重复安装精度优于0.3 mm。

图6—3　通用型强制对中标志的主要用途

③通用型强制对中标志的埋设。作为CPⅢ标志时，预埋件大致垂直埋设即可；作为线上CPⅡ时，预埋件必须精确垂直；可按图6—4所示方法埋设预埋件。

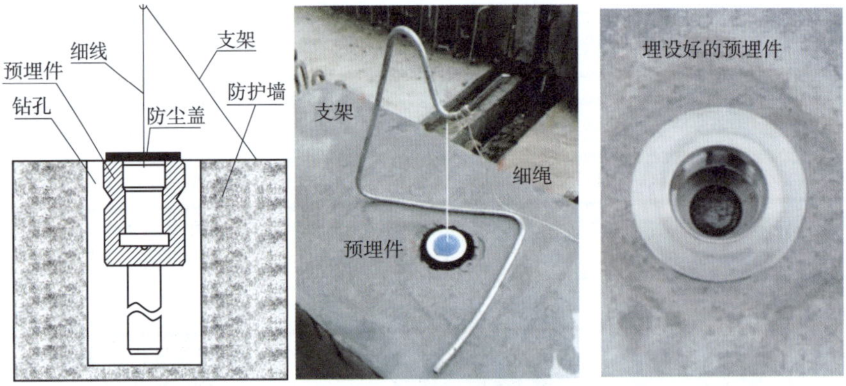

图6—4　预埋件垂直埋设方法

④通用型强制对中标志埋设作业步骤。

a. 在埋设测量标志处（如桥梁防护墙顶面）竖直钻孔，孔径4 cm、深约12 cm，钻孔大体垂直；

b. 用橡皮气吹等器具清理干净孔内石砟、灰尘，并浇水润湿洞孔；

c. 利用细线将所要埋设的预埋件悬吊在钻孔内，并使其顶面比孔口高1～2 cm；

d. 将搅拌好的桥梁支座砂浆或速凝水泥砂浆缓缓注入钻孔内，使浆液顶面比钻孔口低1～2 cm；

e. 缓缓下放细线至预埋件顶面与孔口平齐，且使孔内浆液被少量挤出时，固定细线；

f. 30 min后浆液凝固，可拆除支架。如果采用常规钻孔，用植筋胶埋设预埋件，应保证预埋件垂直，植筋胶和孔壁应密贴。

⑤通用型强制对中标志埋设作业控制要点。

a. 选用优质植筋胶或速凝水泥浆；

b. 钻孔内植筋胶要压实，不能有空洞；

c. 预埋件刚压入孔内时，应在植筋胶或速凝水泥浆凝固前，采用圆水准气泡调整预埋件至垂直状态；

d. 路基观测墩CPⅡ点，可在施工观测墩的同时，采用圆水准气泡调整预埋件至垂直状态直接埋设。

（2）单轴CPⅢ测量标志

①单轴CPⅢ测量标志的组成。单轴CPⅢ测量标志由预埋套筒、水准测量杆和棱镜测量杆等3部分组成，如图6—5所示。其中，预埋套筒是永久埋设部分，每个测点埋设1个；其他器件随仪器配置，每套仪器配1套（水准测量杆2个，棱镜测量杆13个）。

②单轴CPⅢ测量标志的使用。单轴CPⅢ测量标志仅能用于CPⅢ控制点，重复安装精度约0.3 mm，其预埋套筒宜埋设在桥梁防护墙的顶面或CPⅢ辅助立柱的侧面。如图6—6所示，埋设时预埋套筒应向上倾斜，确保棱镜杆位置稳定性、唯一性。

图6—5　单轴CPⅢ测量标志

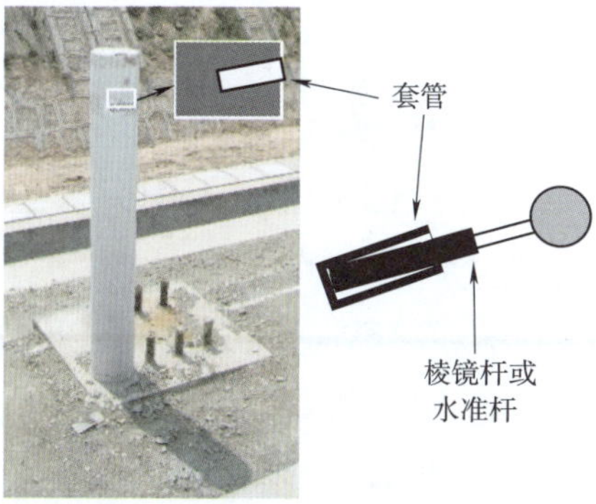

图6—6　单轴CPⅢ测量标志埋设及使用示意

③单轴CPⅢ测量标志的埋设。单轴CPⅢ测量标志的埋设方法及步骤参见"通用型强制对中标志的埋设和作业步骤"。

（3）三轴CPⅢ测量标志

①三轴CPⅢ测量标志的组成。三轴CPⅢ测量标志由预埋套筒、水平插杆和垂直插杆等3部分组成，如图6—7所示。其中，预埋套筒是永久埋设部分，每个测点埋设1个；其他

器件随仪器配置,每套仪器配1套(水平插杆13个,垂直插杆13个)。

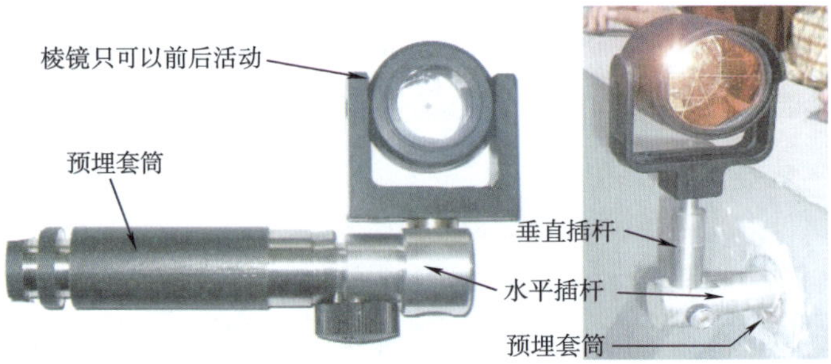

图6—7　三轴CPⅢ测量标志埋设及使用示意

②三轴CPⅢ测量标志的使用。三轴CPⅢ测量标志仅能用于CPⅢ控制点,点位重复设置精度约0.3 mm。其预埋套筒埋设时,必须借助专用工具,确保埋设后的套筒严格水平。

③三轴CPⅢ测量标志的埋设。三轴CPⅢ测量标志的埋设方法及步骤参见“通用型强制对中标志的埋设和作业步骤”。

(4)普通圆头“十”字标志

普通圆头“十”字测量标志如图6—8所示,该标志仅用于普通测量,可作为高速铁路线下CP0、CPⅠ、CPⅡ和二等水准基点的标志。

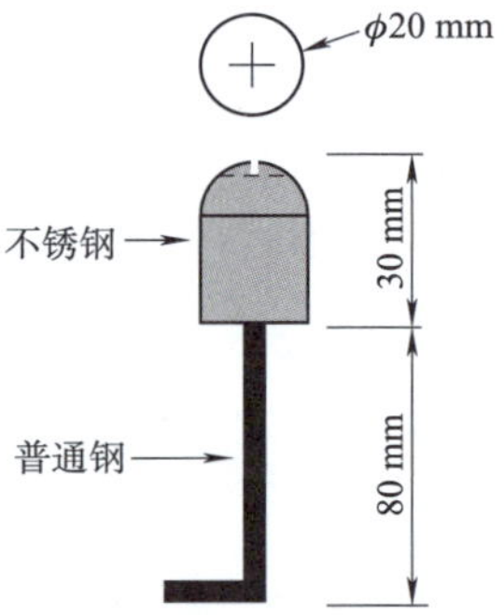

图6—8　普通圆头“十”字测量标志

6.4.3　埋设线上加密CPⅡ观测点

(1)标志选用

采用通用型强制对中标志,且必须垂直埋设。

(2)布点间距

沿线路纵向600 m(400~800 m)左右,布设一个线上加密CPⅡ点。对于长度大于2 km的隧道,同一断面应埋设一对CPⅡ点,且点对间距应控制在300~600 m。

(3)埋设位置

CPⅡ观测点埋设要考虑通视条件,其中桥梁和路基段的CPⅡ观测点,还要考虑满足GPS观测条件(如要求对空通视,200 m范围内无高压线或无线电发射塔,附近无大面积水域或易发生镜面反射的建筑物等)。

①桥梁段:埋设于桥梁固定支座端(纵横向均固定)防撞墙顶面。

②路基段:应位于征地界之内,宜沿线路纵向左右交替埋设。

③隧道段:洞内CPⅡ观测点宜埋设于隧道边墙上;隧道口附近的CPⅡ观测点,应顾及GPS观测条件,并兼顾与洞内CPⅡ点的联测。

④站场范围内一般不埋设加密CPⅡ观测点。

(4)加密 CPⅡ观测点编号

CPⅡ观测点编号采用 8 位编号形式,如“0512JM21”,其中,前 4 位为连续里程的公里数;第 5、6、7 位代表线上加密 CPⅡ观测点;第 8 位为流水号,通常为 1 ~6,由小里程向大里程顺次编号。

(5)铭牌方案

加密 CPⅡ铭牌方案如图 6—9 所示。

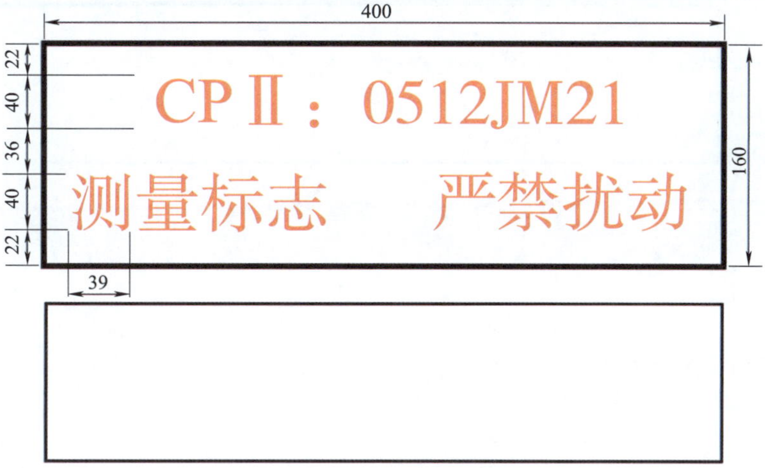

图 6—9 加密 CPⅡ铭牌(单位:mm)

6.4.4 埋设线上水准点

(1)标志选用

标志可采用普通圆头“十”字测量标志。

(2)布点间距

布点间距沿线路纵向 1 ~2 km。

(3)埋设位置

埋设位置应选取便于立尺和水准联测的稳定区域。

(4)加密水准基点编号

加密水准点采用 8 位编号,如“0512JMH2”,其中,前 4 位为连续里程的公里数;第 5、6、7 位代表加密二等水准基点;第 8 位为流水号,通常为 1 ~2。

(5)铭牌方案

水准点铭牌方案如图 6—10 所示。

6.4.5 埋设 CPⅢ观测点

(1)标志选用

测量标志可采用通用型强制对中标志、单轴 CPⅢ测量标志或三轴 CPⅢ测量标志。

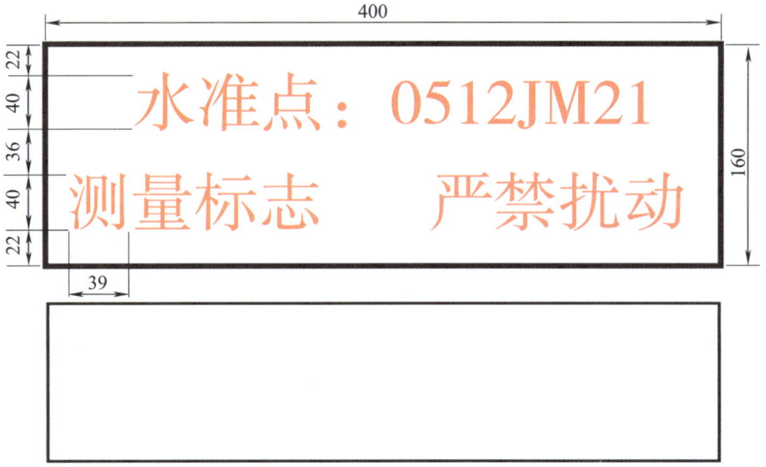

图6—10　水准点铭牌(单位:mm)

(2)布点间距

CPⅢ观测点沿线路走向成对且对称布置,点对间距约60 m,相邻点大致等高,点位设置高度应高于设计轨面30 cm。

(3)埋设位置

①桥梁段:埋设于桥梁固定支座和横向活动支座对应的防护墙顶面,如图6—11所示。

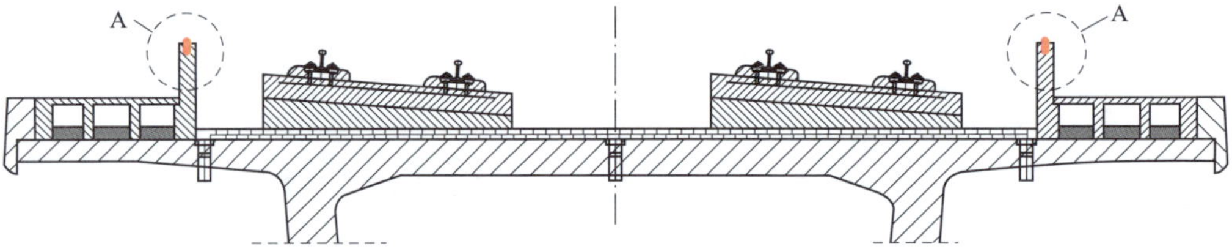

图6—11　桥梁段CPⅢ点位布置示意

②路基段:埋设于接触网扩大基础的辅助立柱侧面,如图6—12所示。

图6—12　路基段CPⅢ观测墩

③隧道段:埋设于隧道边墙上,或水沟电缆槽的顶面,高出电缆槽顶面30 cm,如图6—13所示。

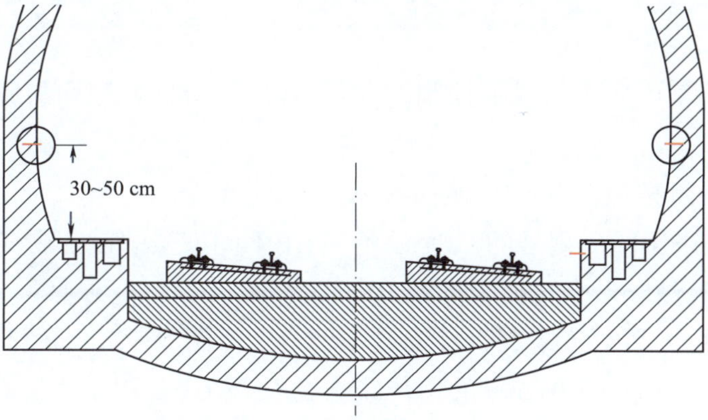

图 6—13 隧道段 CPⅢ点位布置示意

(4)CPⅢ观测点编号

CPⅢ观测点编号采用7 位编号,如“0512318”,其中:前4 位为连续里程的公里数,第5位“3”,代表 CPⅢ;第6、7 位为流水号,通常为01 ~40,由小里程向大里程方向顺次编号;沿线路里程增大的方向,位于线路左侧的 CPⅢ点,编号为奇数,位于线路右侧的 CPⅢ点,编号为偶数。

(5)铭牌方案

CPⅢ铭牌方案如图 6—14 所示。

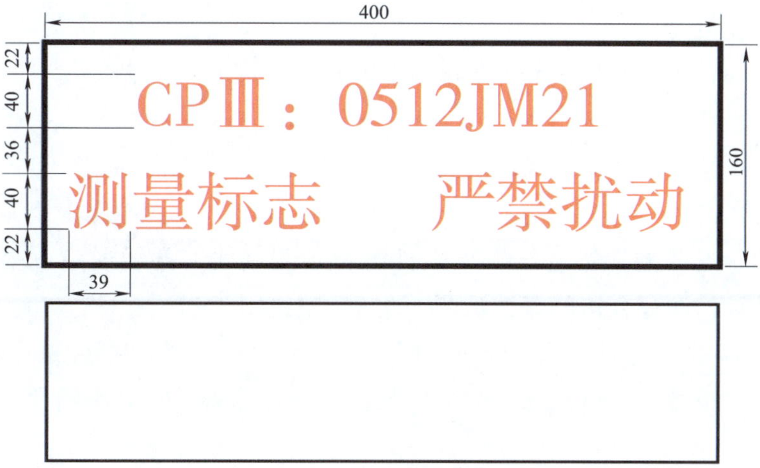

图 6—14 CPⅢ铭牌(单位:mm)

6.5 CPⅡ加密测量

考虑到既有 CPⅠ和 CPⅡ的情况,应优先采用 GPS 进行 CPⅡ的加密工作;隧道地段采用洞内导线测量方法加密。

6.5.1 GPS加密CPⅡ网

CPⅡ加密网的精度要求与线下控制网一致，观测和数据处理均与原测CPⅡ相同。

(1)GPS观测

①CPⅡ加密测量按照三等GPS测量技术要求施测。

②GPS观测宜采用同一型号的GPS设备，采用不同型号的设备观测时，点编号和天线高应在现场输入，观测成果应转换为标准RINEX格式。

③外业测量时，可利用转接头直接安装GPS天线(图6—15)，无需对中和整平，也不用测量天线高(天线高输入“0”)。采用传统方法架设GPS，测量时要认真对中和整平仪器，并精确量取天线高。

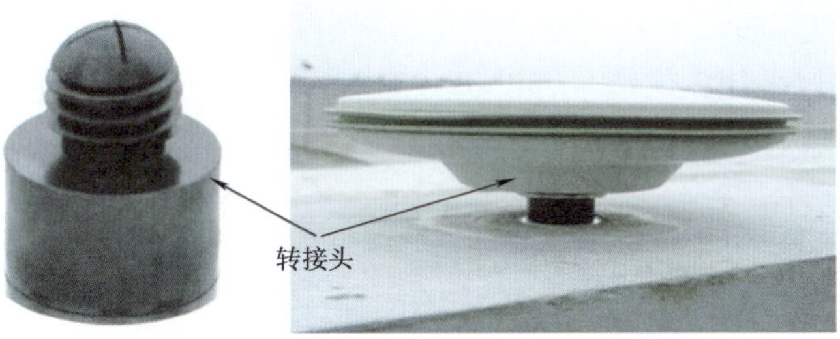

图6—15 利用转接头连接GPS天线

(2)GPS数据处理

①采用可靠的GPS基线解算软件和网平差软件处理GPS数据。

②作业步骤。

a. 检查并纠正仪器自动记录的点号和天线高度，确认无误后，将GPS原始观测成果保存为RINEX格式。

b. 利用GPS设备的随机基线解算软件解算观测基线。基线通过重复基线、同步环、异步环检验合格后，保存合格的基线成果，供网平差使用。

c. 在WGS84坐标系中，对GPS网进行三维无约束平差，判定由所有基线组成的GPS网的内附合精度，进行必要的粗差剔除，保存合格的GPS网无约束三维平差成果。

d. 利用合格的GPS基线和联测的CPⅠ、CPⅡ观测点成果，对GPS网进行整网拟稳平差，判定网中原CPⅠ、CPⅡ点的兼容性和稳定性，剔除不满足精度要求的原CPⅠ和CPⅡ点。

e. 选取稳定点作为起算点，进行GPS网二维约束平差，求得CPⅡ加密点的平面坐标。

6.5.2　导线加密 CPⅡ网

大于500 m 的隧道段，应采用精密导线加密洞内 CPⅡ观测点。当导线附合长度小于2 km时，采用单导线；大于2 km 时，采用导线网。测量采用测角精度不低于1″，测距精度不低于1 mm＋2 ppm 的全站仪施测。

（1）导线观测

①依据加密网长度，设计网形，制定观测技术方案。

②观测水平角、斜距和天顶距，内业采用斜距和天顶距计算平距。

③相邻点间距控制在300～600 m。

④使用电子手簿记录和整理导线测量数据，观测视线应离开障碍物1 m 以上。

（2）导线平差

导线的外业测量结束后，应及时整理和检查外业电子记录数据。距离经高程和高斯投影改化后，进行平差计算。起算数据为洞外 CPⅠ或 CPⅡ观测点初始数据，平差采用可靠的专业平差软件计算。

6.5.3　相邻 CPⅡ加密网的搭接

（1）GPS 测量 CPⅡ加密网存在段落搭接时，搭接段应重叠至少2个稳定的 CPⅠ或 CPⅡ观测点，将相邻段已加密 CPⅡ观测点作为已知点进行约束，并确保相邻 CPⅡ加密网接头处起算点一致，确保 CPⅡ加密网平顺搭接。

（2）当段落搭接是导线与 GPS 网搭接时，为了保证导线与 GPS 网的顺接，应在两段落接头附近设置1个连接点，此连接点要与洞内 CPⅡ、洞外 CPⅠ/CPⅡ均相互通视。

6.6　线上水准基点加密测量

6.6.1　加密水准网布设

线路上加密水准基点的点间距为1 000～2 000 m，网形布置如图6—16所示。

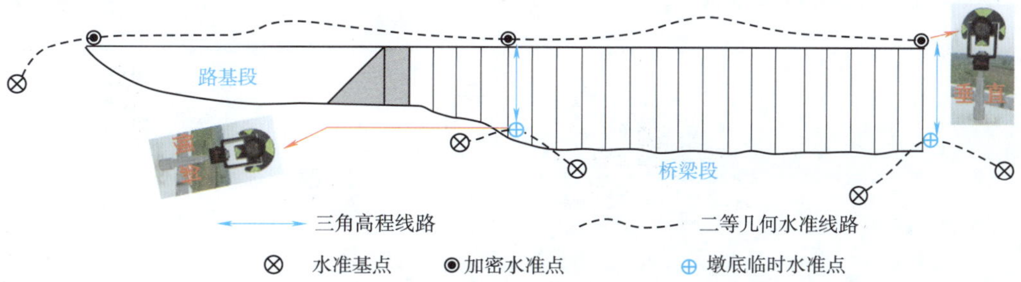

图6—16　加密线路水准点布网示意

6.6.2　加密水准网测量要求

(1)加密水准网按二等水准测量的技术要求执行,水准尺须采用辅助支撑进行加固,测量转点应安置尺垫,尺垫宜选择坚实的地方并踩实,以防下沉。

(2)对于沉降区水准线路,必须联测到线路两端各 2 个以上线路水准基点上,以检验联测水准点是否发生显著沉降;对于非沉降区水准路线,必须联测 3 个以上线路水准基点或深埋水准点。

(3)水准线路采用往返观测,并沿同一路线进行。每一测段均采用偶数站结束,往返观测安排在每天的上午和下午进行。

6.6.3　路基和隧道段水准测量

路基和隧道段水准测量按照二等水准几何要求进行施测,如图 6—16 所示。用二等水准几何从线下水准基点引测至高速铁路沿线的加密线路水准点上。每段附合线路应往返观测,往返观测较差、附合线路的闭合差须满足二等水准的限差要求。

6.6.4　桥梁段水准测量

(1)桥梁段水准测量

因桥梁地段桥面与地面高差较大,线路水准基点高程直接传递到桥面 CPⅢ观测点上有困难时,可通过不量仪器高和棱镜高的中间设站三角高程测量法传递。

(2)作业步骤

①采用与 CPⅢ网相同的标志埋设墩底临时水准点,如图 6—16 所示,标志须向上倾斜,以方便插入水准测量杆或棱镜测量杆。

②用二等水准几何从线下水准基点引测至桥墩底部埋设的临时水准点上。测量时,需要利用图 6—17 所示的水准测量杆,立水准尺时,应注意轻拿轻放,以免水准测量杆挠曲而影响精度。

③利用不量仪器高和棱镜高的中间设站三角高程测量,将桥墩底临时水准点的高程引测至桥上的加密线路水准点上。测量方法如图 6—18 所示。

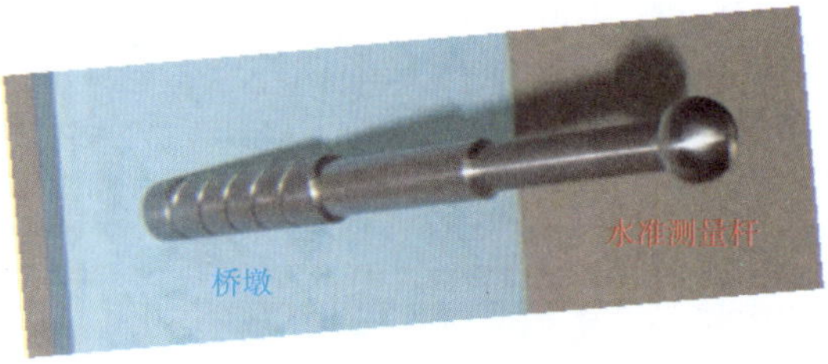

图 6—17　墩底临时水准点测量装置

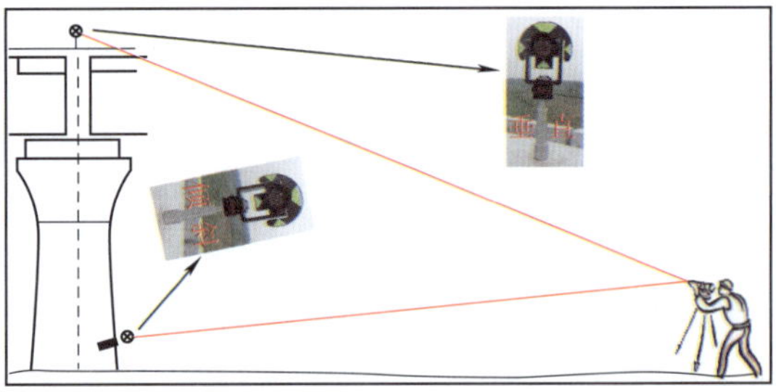

图 6—18　二等水准上桥

④桥上加密水准基点二等水准贯通测量，即利用二等水准几何往返观测，联测桥上加密线路水准点。

(3)测量作业要求

①采取不同位置设站观测2遍，每站观测4个测回。

②仪器与棱镜的距离不宜大于100 m，最大不应超过150 m，且上、下视距应尽量相等，距离差值不宜超过5 m。

③观测时，要准确测量温度和气压值，以便进行边长改正。

④2次独立观测的三角高程满足限差要求后，取其平均值作为三角高程的线路高差。

6.6.5 数据处理

(1)由二等水准几何、三角高程观测数据组成的整体水准网，通过严密平差，求得加密线路水准点的高程。

(2)数据处理步骤。

①对整个水准网进行拟稳平差，评定网中联测水准基点的兼容性，并剔除个别高程偏差较大的水准基点。

②选取稳定点作为水准网约束平差的起算数据，进行整网严密平差，求得加密线路水准点的高程。

图6—18所示的三角高程是上、下棱镜中心的高差，该高差等于上、下水准测量杆的球顶面之间的高差。

6.7 CPⅢ平面网测量

CPⅢ观测点采用强制对中装置和配套的精密棱镜为测量标志，棱镜的反射中心就是CPⅢ控制点三维中心。外业按照自由设站边角交会法，并用高精度智能型全站仪进行自动化测量。

6.7.1 CPⅢ构网形式

CPⅢ平面网是一种带状规则的控制网，控制点成对且对称布置，点间距为9～12 m，点对间距约60 m。

(1)通常按照间隔2对点设站的形式向前推进，构建CPⅢ平面网，如图6—19所示。按照这种网形，自由测站间距约为120 m。在同一测站，要观测全站仪前、后方各3对，共12个CPⅢ观测点。自由测站到CPⅢ观测点的最大距离通常小于180 m；每个CPⅢ观测点至少被3个自由测站观测。

(2)遇施工干扰或观测条件不佳时，CPⅢ平面网可采用图6—20所示的构网形式。测量时，按照间隔1对点设站的形式向前推进，自由设站间距约60 m，每个CPⅢ观测点被

4 个测站观测。

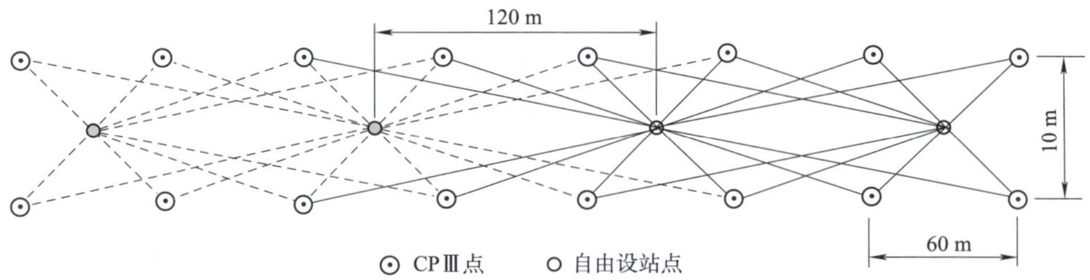

图 6—19　间隔 2 对点设站的 CPⅢ控制网示意

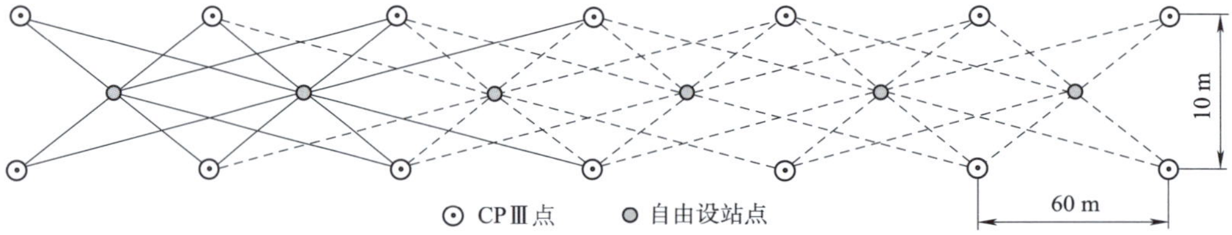

图 6—20　间隔 1 对点设站的 CPⅢ控制网示意

6.7.2　CPⅢ平面网观测

(1)CPⅢ平面网观测采用边角交会自由设站模式,向前、后各 3 对(设站间隔为 1 对点时,测前、后 2 对点)CPⅢ观测点上的棱镜进行全圆法方向、斜距和天顶距的全自动化观测,每个测站至少测量 3 个测回。

(2)CPⅢ平面网应与 CPⅠ或 CPⅡ控制点进行联测。

①当采用自由设站上观测 CPⅠ、CPⅡ控制点时,至少应在 2 个连续的自由设站上对同一个 CPⅠ或 CPⅡ控制点进行观测,自由设站至 CPⅠ或 CPⅡ控制点的距离不宜大于 300 m,联测方法如图 6—21 所示。

②当采用在 CPⅠ、CPⅡ控制点置镜观测 CPⅢ控制点时,应在 CPⅠ、CPⅡ控制点置镜观测 3 个以上 CPⅢ控制点,其观测如图 6—22 所示。

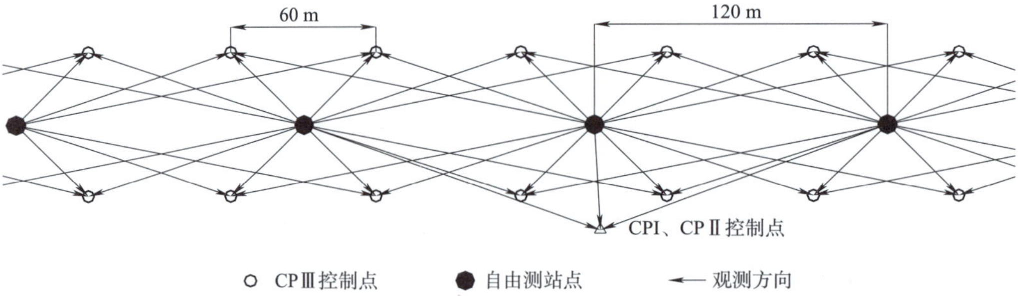

图 6—21　在自由设站置镜观测 CPⅠ、CPⅡ控制点的观测网

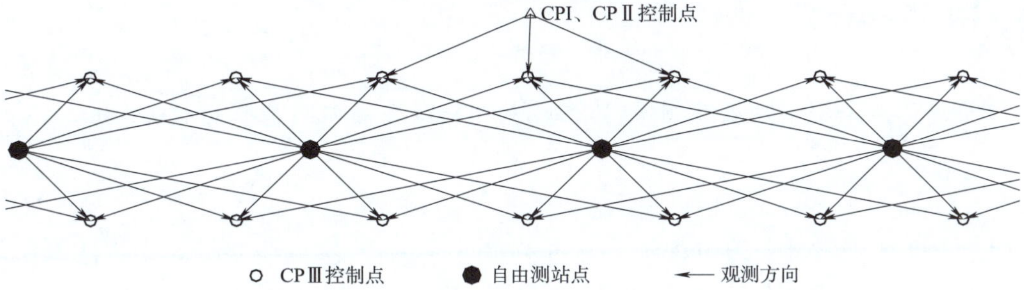

图 6—22 在 CPⅠ、CPⅡ控制点置镜观测 CPⅢ点的观测网

(3)CPⅢ平面网测量作业控制要点。

①CPⅢ平面网的观测对测量环境要求较高，通常宜选在夜间或阴天，气象条件稳定时进行测量。

②温度读数精确至 0.2 ℃，气压读数精确至 0.5 kPa，并及时输入全站仪。

③每天观测前，都应对全站仪进行检验和校正，尤其要注意仪器 ATR 自动照准功能的校正。

④每天检查仪器的参数设置，确保测量过程中仪器自动正确记录水平方向、天顶距和斜距。

6.7.3 CPⅢ平面网测量数据处理

(1)CPⅢ平面网外业测量完毕后，应及时处理平面网观测数据。数据处理时，利用斜距和天顶距计算平距，边长需进行高程及高斯投影改化。

(2)作业步骤。

①逐测站检查所测点号及网形的正确性，确保原始数据准确无误。一旦原始数据存在点号错误，将导致 CPⅢ平面网的概算和平差无法进行，而在整体网中寻找错误是极其困难的。

②CPⅢ平面网的自由网平差，通过平差后的各项精度指标检核 CPⅢ平面网的内附合精度。

③以联测的 CPⅠ、CPⅡ控制点的平面坐标成果为起算，进行 CPⅢ平面网拟稳平差，评定 CPⅡ加密点的兼容性，剔除不兼容的 CPⅡ加密点。

④利用稳定可靠的 CPⅠ、CPⅡ控制点平面坐标成果，进行 CPⅢ平面网二维约束平差，获取 CPⅢ点平面坐标成果。

需注意的是测段两端的 6 对 CPⅢ点为预留搭接点，不能用于施工控制，待完成与相邻段落搭接后使用。

6.8 CPⅢ高程网测量

CPⅢ高程网采用精密水准测量要求施测，相邻点高程中误差不大于0.5 mm。

6.8.1 CPⅢ高程测量方法

(1)CPⅢ高程测量采用单程精密水准测量方法进行，施测线路分为中视法和矩形法两种。在我国通常采用矩形法，其网形如图6—23所示，沿前后两对CPⅢ控制点，按顺时针施测水准，形成规则的水准环。每个小的水准环应环环相连，形成规则的水准环网。

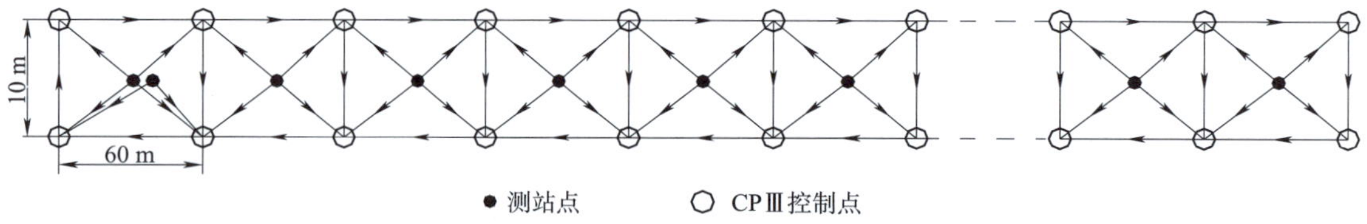

图6—23 矩形法CPⅢ水准测量原理示意

(2)测量时，左边第一个闭合环的4个高差应由2个测站完成。其他闭合环由相邻环的公共高差和本环的3个独立高差组成，施测时，按照后—前—前—后或前—后—后—前的顺序进行单程观测。单程观测所形成的闭合环如图6—24所示。

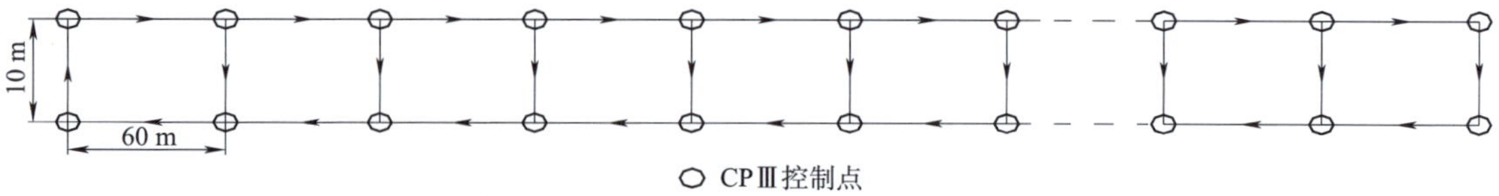

图6—24 CPⅢ水准网单程观测形成的闭合环示意

(3)CPⅢ精密水准测量作业要点。

①水准尺立在与CPⅢ标志配套的高程转接杆上，确保测量结果准确转换到CPⅢ棱镜中心。

②采用精密数字水准仪施测，方便CPⅢ控制点名的自动录入，减小劳动强度。

③测量中宜选用1 m或2 m长的铟瓦水准尺，并配备专用尺撑，提高作业效率。

6.8.2 CPⅢ高程数据质量检查

CPⅢ高程网外业观测数据的质量评定与检核的内容包括测站数据检核和水准路线数据检核。当CPⅢ水准网的环数超过20个时，还应进行每千米水准测量的高差全中误差的计算。

6.8.3 CPⅢ高程测量平差

(1)CPⅢ高程网分段方式与CPⅢ平面网分段方式一致,每段长度不宜小于4 km,并应尽量保持同步。

(2)CPⅢ高程网内业平差计算和起算点的选用,应满足以下原则。

①CPⅢ高程网水准测量的外业观测数据全部合格后,方可进行内业平差计算。

②CPⅢ高程网采用联测的、稳定的加密线路水准点作为起算数据,进行约束平差。

(3)平差作业步骤。

①区段CPⅢ高程网拟稳平差,评定加密线路水准点的兼容性。

②选取稳定的线路水准点成果作起算点,进行CPⅢ高程网严密平差,获取CPⅢ点的高程成果。

上述平差成果的高程是水准测量杆的球顶高程,需减去10 mm才是CPⅢ棱镜中心的高程。

6.8.4 利用三角高程替代几何水准测量

依据现行《高速铁路工程测量规范》(TB 10601—2009),可以利用全站仪测量的斜距和天顶距,构建三角高程网,获得CPⅢ高程,数据平差处理须采用通过主管部门评审的专业软件。

6.9 CPⅢ网区段的划分与搭接

6.9.1 区段之间的划分与搭接

(1)可根据施工需要分区段测量,区段划分应提前规划,统筹安排。区段长度不宜小于4 km(CPⅢ高程网应与平面网保持同步测量)。区段接头不应位于车站(车站范围是指车站进出站信号机外300 m内的区域)或连续梁范围内。相邻两个投影带间存在搭接时,应尽量保证CPⅢ平面网的区段在相邻两个投影带的长度大致相等。

(2)相邻区段CPⅢ网搭接长度不短于300 m(6对CPⅢ控制点)。

①相邻区段CPⅢ平面网的搭接:前后区段独立平差重叠点坐标差值应≤±3 mm。满足该条件后,后一区段CPⅢ网平差应采用本区段联测的CPⅠ、CPⅡ控制点及重叠段前一区段连续的1~3对CPⅢ控制点作为约束点进行平差计算,保证相邻区段CPⅢ平面网的平顺搭接。

②相邻区段CPⅢ高程网的搭接:前后区段独立平差重叠点高程差值应≤±3 mm。满足该条件后,后一区段CPⅢ网平差应采用本区段联测的线路水准基点及重叠段前一区段连续1~2对CPⅢ控制点高程成果进行约束平差。

6.9.2　相邻投影带之间 CPⅢ控制网的衔接

在相邻投影带处，应分别采用 CPⅠ或 CPⅡ的两套坐标，对 CPⅢ控制网进行约束平差。平差完成后，分别提交相邻投影带的两套 CPⅢ平面网坐标成果。提供两套坐标的区段长度应大于 800 m，如图 6—25 所示。

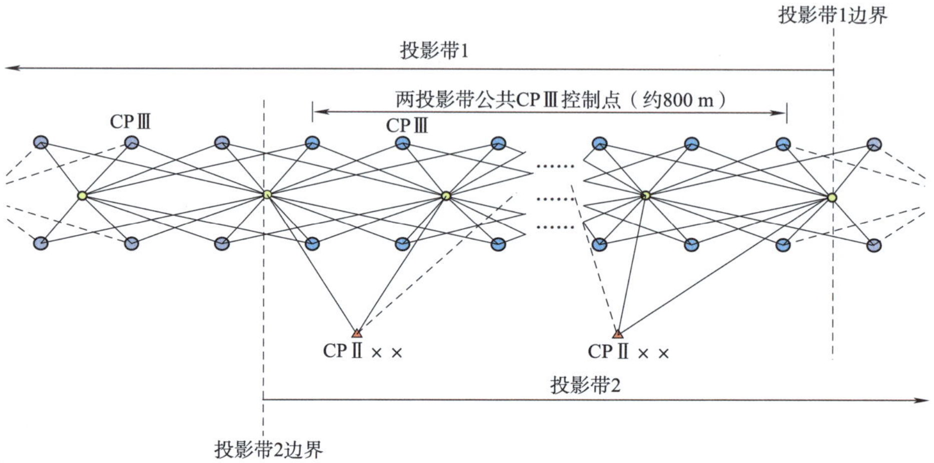

图 6—25　相邻投影带之间 CPⅢ控制网的衔接

6.10　大跨度连续梁段 CPⅢ网的测量

在大跨度连续梁段，无法保证每个 CPⅢ控制点均位于桥梁固定支座端，梁体变形会影响点位稳定，可采取以下措施确保 CPⅢ控制网的精度。

(1)布点

结合梁跨结构形式、跨度、材料的不同，按 CPⅢ控制点布设要求和间距进行布点，可适当增大相邻点对间距，但最长不超过 80 m。

(2)测量方法

除严格执行 CPⅢ网的有关测量要求外，还应注意以下测量作业要点。

①整个段落的测量工作要在较短的同一段时间、同一温度环境下测量。

②CPⅢ的测量环境温度不应相差过大，控制网测量成果的使用应尽量与测量时的环境一致，环境发生较大变化时需重新复测。

③加大复测周期，在施工的一个工序开始时要进行一次复测，根据变形情况进行分析，符合变形规律时，及时使用更新成果。

6.11　CPⅢ控制网测量评估

(1)建设单位应委托具有甲级测量资质的单位负责 CPⅢ控制网测量的评估工作。

(2)评估单位依据建设单位制定的《CPⅢ测设和评估实施细则》,组织并开展评估工作。

(3)评估单位应检查提交成果资料的完整性,采用不同的数据处理软件,对提交的CPⅢ原始测量成果独立计算,通过精度统计和成果比较分析,检验CPⅢ成果的可靠性,并出具CPⅢ成果评估报告。

6.12 CPⅢ控制网的复测与维护

6.12.1 CPⅢ控制网的复测

高速铁路工程建设期间,应加强CPⅢ控制网的复测工作,复测的技术要求和作业方法与建网测量一致。

(1)CRTSⅡ型板式无砟轨道施工前,完成CPⅢ控制网的建网并应通过测量评估,轨道板精调前可视具体情况(CPⅢ控制网设站精度和距建网测量的时间长短)决定是否复测和评估。

(2)轨道精调前,要进行CPⅢ控制网复测和评估;工程静态验收前,建设单位应组织全线CP0、CPⅠ、CPⅡ、CPⅢ和线路水准基点的复测,形成完整的工程复测维护网。

(3)在特殊地区(软土、区域沉降、湿陷性黄土、冻土、长大连续梁等)或施工期间出现异常情况(大面积集中降雨、极度干旱、地震等易造成点位变化的情况)时,应适当增加CPⅢ控制网的复测次数。

6.12.2 CPⅢ控制网的维护

(1)观测点保护

由于CPⅢ控制网布设于桥梁防撞墙、隧道边墙和辅助立柱上,会受线下工程的稳定性、施工碰撞等因素的干扰。因此,必须根据实际情况,制定观测点保护措施,加强测量标志的保护工作。安装接触网立柱时,应作好对CPⅢ控制桩立柱的防护工作,严禁吊装作业时碰动立柱。

(2)补设CPⅢ控制点标志

对施工或运营过程中丢失和破坏的控制点标志,需在原标志位置重新补设,通过同精度扩展方法获取补设点测量成果。

(3)成果使用

在使用CPⅢ控制点成果进行后续轨道安装测量时,要与相邻点成果进行校核,以便及时发现和处理问题;在投影换带区域,应使用相邻投影带成果分别对线路中线进行实地检核。

6.13　CPⅢ控制网成果的提交及数据管理

6.13.1　CPⅢ控制网成果提交

CPⅢ控制网测设完成后，一般应编制和提交以下资料。

(1)技术方案设计书。

(2)CPⅢ控制网测量技术总结报告，总结报告应包括以下主要内容：

①CPⅢ观测点信息表(电子文本，纸质文档)；

②平面控制网联测示意图(电子文本)；

③平面外业观测原始数据(电子文本)、测站信息表(电子文本，纸质文档)；

④平面控制网平差计算报告(电子文本，纸质文档)；

⑤水准路线示意图(电子文本)；

⑥水准外业观测的原始数据文件(电子文本)；

⑦高程控制网平差计算报告(电子文本，纸质文档)；

⑧CPⅢ控制网成果表(CPⅢ点平面与高程成果表；电子文本，纸质文档)；

⑨人员证书和仪器检定证书(扫描件)。

(3)CPⅢ标志检查记录(电子文本，纸质文档)。

(4)加密 CPⅡ控制网和加密线路水准基点总结报告，应包括以下主要内容：

①加密 CPⅡ控制网和加密线路水准基点成果表(电子文本，纸质文档)；

②网形示意图(电子文本)；

③点之记(电子文本)；

④原始观测数据(电子文本)；

⑤平差计算报告(电子文本)；

其中，《CPⅢ控制网成果表》是最重要的技术资料，按照表 6—1 的格式提交。

表 6—1　×××段 CPⅢ控制网成果

2000 国家大地坐标系　中央子午线经度：115°30′							
投影面大地高程：753 m　高程异常：0 m　X_0 = 0 km；Y_0 = 500 km							
1985 国家高程基准							
序号	点号	平面坐标		水准杆顶高程 H(m)	棱镜中心高程 HZ(m)	线路里程	备注
		X(m)	Y(m)				

计算：　　　　复核：　　　　审批：　　　　日期：

6.13.2 CPⅢ观测数据的管理

CPⅢ控制网的观测数据量大，必须认真做好数据资料管理工作。通常按照图6—26所示的目录分级方式，管理CPⅢ观测数据资料的电子文档。目录共分5级，其中第2级以各测量段落的里程数命名（注意各段的衔接处，此处里程为本段落所提交数据的有效里程，不包括衔接段未提交数据的里程）。

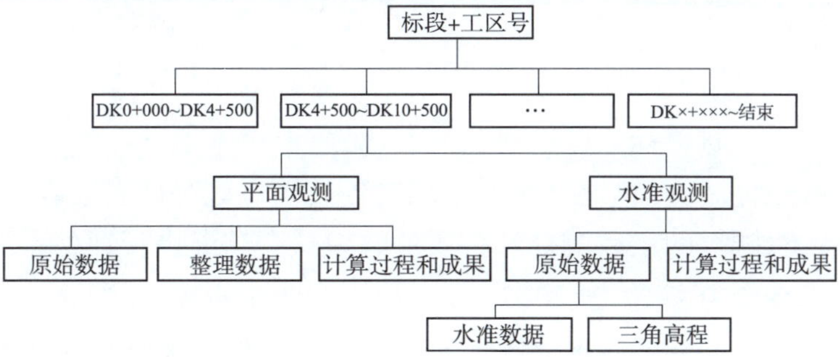

图6—26 CPⅢ电子文档目录分级示意

6.14 人员及设备配置

以能独立完成CPⅢ控制网测设工作的测量班为单位，每个测量班的人员配置见表6—2，仪器设备的配置见表6—3。

表6—2 CPⅢ测量班人员配置

序号	工作内容	人数	备注
1	CPⅢ平面测量	8	分成2个测量小组，每组观测1人、棱镜安装2人、协调1人
2	二等水准、CPⅢ高程、GPS测量	8	水准测量分成2个测量小组
3	数据处理	2	1人计算，1人复核、对算
4	后勤保障	3	

表6—3 CPⅢ测量班仪器设备配置

序号	施工测量项目	仪器设备
1	CPⅢ平面测量	优于1″级全站仪1台，CPⅢ精密棱镜13个，平面连接杆13个，干湿球温度计1个，空盒气压计1个，精密三角架1套，精密三脚架配合光学对中基座/强制对中基座1套，备用电池1套
2	二等水准加密测量及CPⅢ精密水准测量	不低于DS1水准仪1台，配套的数字铟瓦水准尺1副，重量为5 kg的尺垫2个，铟瓦水准尺支架2套，高程连接杆2个
3	CPⅡ平面加密测量	标称精度不低于5 mm + 1 ppm × D的双频GPS不少于4台，测角精度不小于1″、测距精度1 mm + 2 ppm全站仪1台，精密棱镜2个，精密强制对中基座3个/光学对中器3个，精密脚架5个
4	数据处理及辅助工作	电脑2台，CPⅢ、GPS、导线及水准数据处理软件各1套，强光手电筒8个，对讲机8个，测量伞2把，皮卡车1辆

7　CRTS Ⅱ型无砟轨道施工工艺及流程

7.1　一般规定

(1)CRTS Ⅱ型无砟轨道开始施工前,必须满足以下技术条件。

①对线下工程主体、无砟轨道与线下工程的各类接口进行检查验收,达到全部合格。

②对路基、桥梁、隧道的工后沉降和桥梁的收缩徐变情况进行评估,需满足《无砟轨道铺设条件评估技术指南》(铁建设〔2006〕158 号)和设计的要求。

③复测 CP Ⅰ、CP Ⅱ控制点并布设测量加密桩控制点,布设测量 CP Ⅲ控制网并评估通过。

(2)轨道板场内生产制造和场内储存符合相关规定。

(3)桥上的防水层与滑动层、支承层或底座板和端刺施工已完成并经过验收合格。

(4)梁面二次防水、接口工程、排水工程等其他相关工程,可根据轨道板铺设进度选择不相互干扰的时期进行交叉或同步施工。

7.2　主要施工工序

CRTS Ⅱ型板式无砟轨道的施工有以下主要工序。

(1)轨道板粗铺

根据设计的布板数据,加密轨道基标点测量放样及测设,平差达标后,开始轨道板粗铺作业,将轨道板铺设在混凝土底座板或支撑层上的相应位置,并用精调爪支撑轨道板。

(2)轨道板精调

依据加密基标点,采用专用精调测量设备,对轨道板的纵横向位置和高程进行精调,并采用专用的压紧装置对精调后的轨道板进行压紧、固定。压紧时,扳手扭力不能过大或过小,一般宜采用带有扭力矩显示的扳手拧紧压紧装置螺栓,并以 15 ~ 20 N·m 扭力矩为宜。

(3)水泥乳化沥青砂浆充填层灌注

宜在轨道板精调作业后 24 h 内进行水泥乳化沥青砂浆充填层灌注作业,并进行保湿养护。

(4)轨道板纵连

砂浆充填层灌注完成后,应适时在合适的温度(最佳温度为 25 ℃)下进行轨道板纵连。

(5)轨道板剪切连接

按照设计要求,在梁缝处、端刺区、过渡段、小半径曲线、轨道板纵连临时中断处等位置对轨道板进行抗剪连接。

(6)长钢轨铺设

轨道板纵连和抗剪连接施工完成后,开始长钢轨铺设作业。

(7)侧向挡块安装

长钢轨铺设完成后,安装侧向挡块。

(8)轨道精调

长钢轨锁定后,开展轨道精调作业。

7.3 施工工艺流程

CRTSⅡ型板式无砟轨道施工工艺流程如图7—1所示。

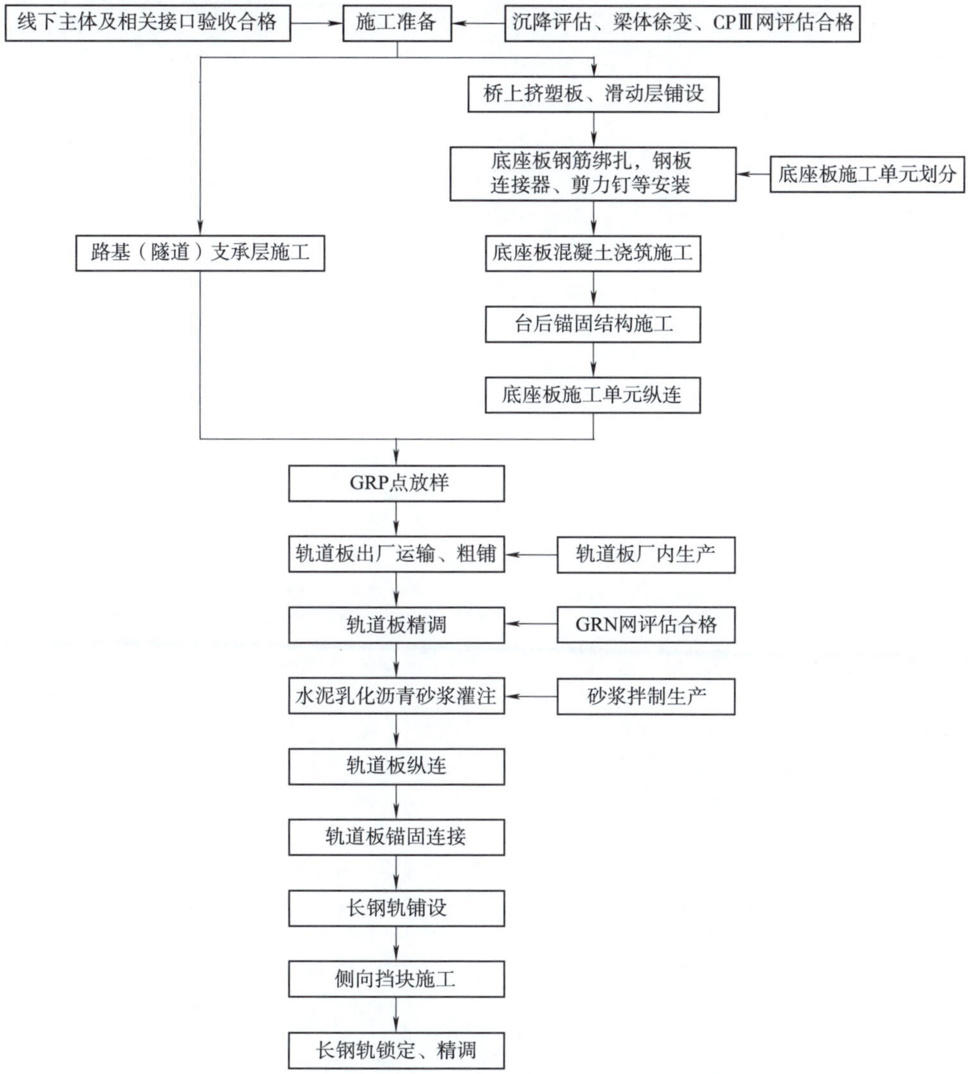

图7—1 CRTSⅡ型板式无砟轨道施工工艺流程

7.4 主要工装设备

CRTSⅡ型板式无砟轨道施工主要工装设备有混凝土搅拌站、水泥乳化沥青砂浆加料站、混凝土运输车、混凝土泵车、混凝土输送车、滑膜摊铺机、钢筋加工设备、轨道板运输车、悬臂龙门吊、轨道板精调装置、水泥乳化沥青砂浆搅拌车及灌注设备、检测测量仪器、长钢轨铺设机等。

8 轨道板的制造、运输和存放

8.1 轨道板制造

CRTS Ⅱ型板式无砟轨道用轨道板是预制预应力混凝土轨道板，需在标准化的轨道板制造场（以下简称“板场”）制造。

8.1.1 板场建设

（1）建场选址

轨道板场选址应遵循以下几方面原则。

①场址尽量选择所供应正线铺板里程的中间位置，以节省轨道板的运输距离。

②场址尽量选择地势平坦、排水便利、承载力较好、临近交通主干道或正线的位置，以方便轨道板运输。

③场址附近尽量有较充足的水、电资源。

④尽量结合可利用的永久性设施选作场址，减少大临投入；科学规划，减少用地。

（2）场内规划

根据轨道板生产规模及施工组织设计，确定板场建设规模。板场主要包含八大功能区：轨道板预制区、钢筋加工绑扎区、砂石料存放及混凝土拌和区、毛坯板存放区、轨道板打磨装配区、成品板存放区、办公生活区、辅助生产区等。板场总体布局要根据场地条件总体考虑，要确保各功能区衔接流畅、物流畅通。

典型板场的规划与平面布置可参考图8—1。

（3）场区建设

根据轨道板生产规模化、程序化、标准化的特点，建设CRTS Ⅱ型轨道板场。板场建设规模主要根据生产总量和生产计划确定，一般按照日产81块轨道板进行建设。各功能区设置要求如下所述。

①轨道板预制区。采用封闭式钢结构厂房，厂房内净空要满足生产线上大型龙门吊等机具的通行要求，并预留一定的富余空间，满足材料和机具的物流要求。一般配备1～2条生产线，每条生产线设3个轨道板预制台，每个预制台配备27个轨道板生产模具。

②钢筋加工绑扎区。紧邻轨道板预制区设置钢筋加工绑扎区，便于钢筋网片的吊运，钢筋加工绑扎区规模应与轨道板生产规模相匹配；按钢筋制作流程，钢筋加工绑扎区又划分为钢筋堆放区、钢筋加工作业区、成品钢筋堆放区、轨道板钢筋网片绑扎区和钢筋网片存放区。

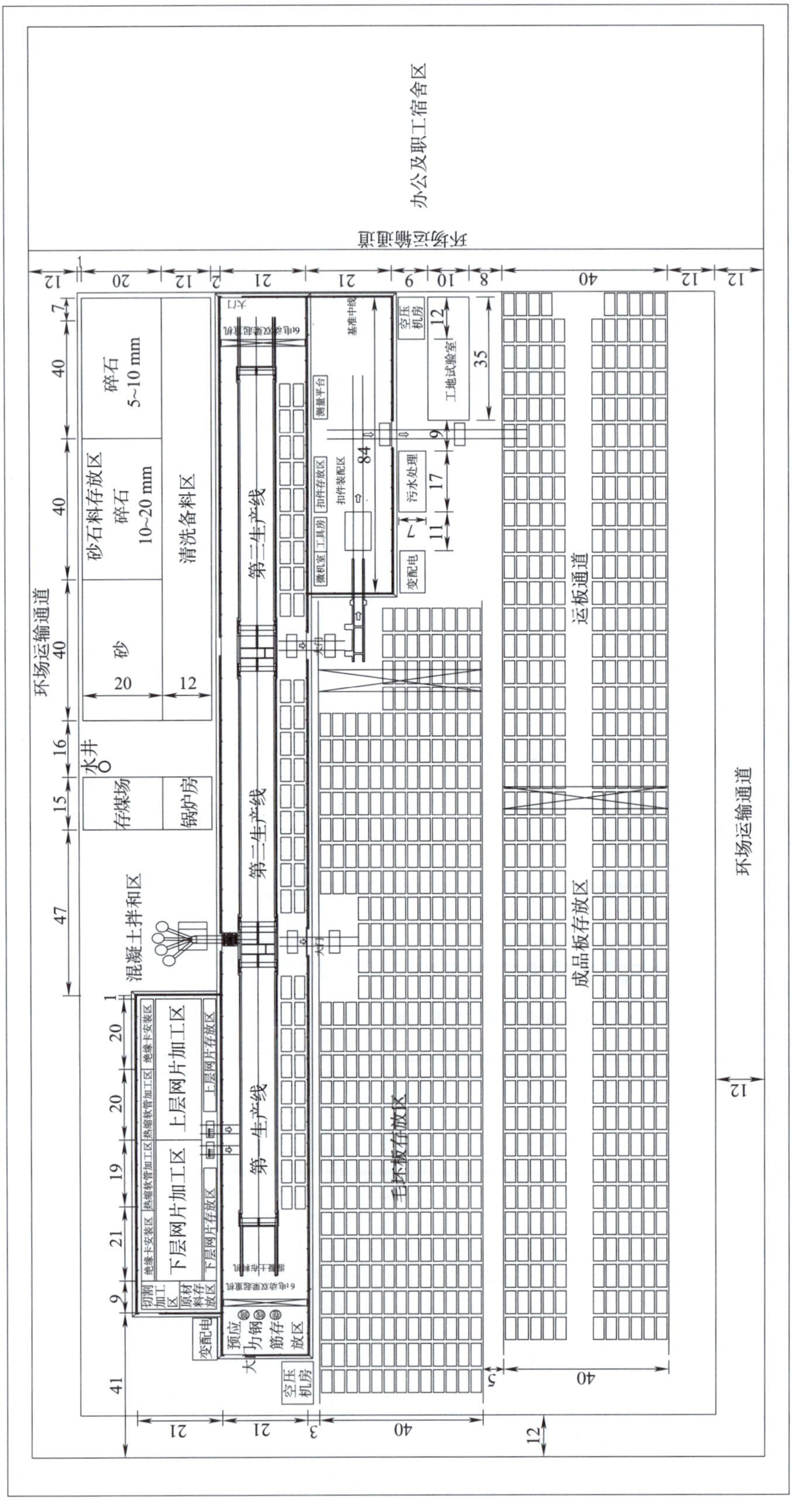

图 8—1 典型板场规划与平面布置（单位：m）

③砂石料存放及混凝土拌和区。在轨道板预制区附近设置砂石料存放及混凝土拌和区,按混凝土拌制流程分为砂石料存放区、混凝土拌和区、混凝土输送通道等。砂石料存放区应具备一定的保温功能,混凝土拌和站应与轨道板生产能力相适应。

④毛坯板存放区。毛坯板采用露天存放,毛坯板存放区设在紧邻轨道板预制区厂房外,存放区的基础应进行专项设计,存放区要考虑物流便利,存放量要根据无砟轨道施工组织计划安排确定。

⑤轨道板打磨装配区。毛坯轨道板打磨区是生产线的核心区域,打磨机的打磨速度决定了板场的轨道板生产能力。打磨机的打磨速度一般为 10 ~ 15 min/块,应根据打磨机的打磨速度和其他配合设备的工效(如存板区起重机运输毛坯板和翻转机翻转作业时间、预应力钢筋余头切割速度时间、每块板加注防锈油脂和扣件安装时间、成品板绝缘检测和电瓶车外运及返回时间等)配置其他配合设备。

⑥成品板存放区。一般紧邻毛坯板存放区设置成品板存放区,其基础也需进行专项设计,成品板存放区要考虑轨道板出场道路的建设,以满足轨道板装车运输要求。

⑦办公生活区。办公生活区是板场生产和管理人员的办公和生活场所,主要包括办公、住宿、娱乐、饮食等功能区,其建设规模根据场内人数而定。

⑧辅助生产区。辅助生产区主要包括暖气供应、物资存放、废品废料堆放、车辆停放等辅助生产而设置的一些功能区,可根据场区总体布局和现场情况而定。

8.1.2 生产工艺

(1)主要生产工序

CRTS Ⅱ型轨道板的生产制造主要采用长线台座法依次完成轨道板的预制、毛坯板存放、轨道板打磨、成品板存放、成品板外运等工作。

流水作业的主要生产工序依次为:钢制模板清理→铺设钢筋网片及预应力钢筋→安装预埋套管→张拉预应力筋→混凝土浇筑→表面拉毛→覆盖蒸汽养护→预应力筋切断→脱模→毛坯板静置存放→轨道板翻转→轨道板打磨→扣件安装→绝缘检测→成品板存放与外运。

长线台座法一般由 3 个生产单元组成,每个生产单元一般由 27 套钢制模具组成。钢筋网片和预应力钢筋在模具中安设完成后,对同一个单元的预应力钢筋进行张拉,张拉完成后浇筑 C55 高性能混凝土,由布料机按 2 次分层进行混凝土浇筑,通过振动装置将混凝土边浇边振捣密实;待混凝土初凝后,进行表面拉毛处理,用膜覆盖表面并在膜下通入水蒸汽进行养护;待混凝土达到出模强度(48 MPa)后结束养护,由真空吊具将养护好的毛坯板吊出模具,并对毛坯板进行初步整修;然后将毛坯板运至毛坯板存放区,静置 1 个月后,由翻转机将毛坯板翻转并运送至打磨区,用数控磨床打磨;打磨时先对毛坯板承轨台进行扫描,按照设计提供的每块板的打磨参数进行打磨成型,并刻录轨道板板号;然后安装扣件并经绝缘检测合格后,运至成品板区存放或直接外运出场。

(2)生产工艺流程

CRTS Ⅱ 型轨道板生产工艺流程如图 8—2 所示。

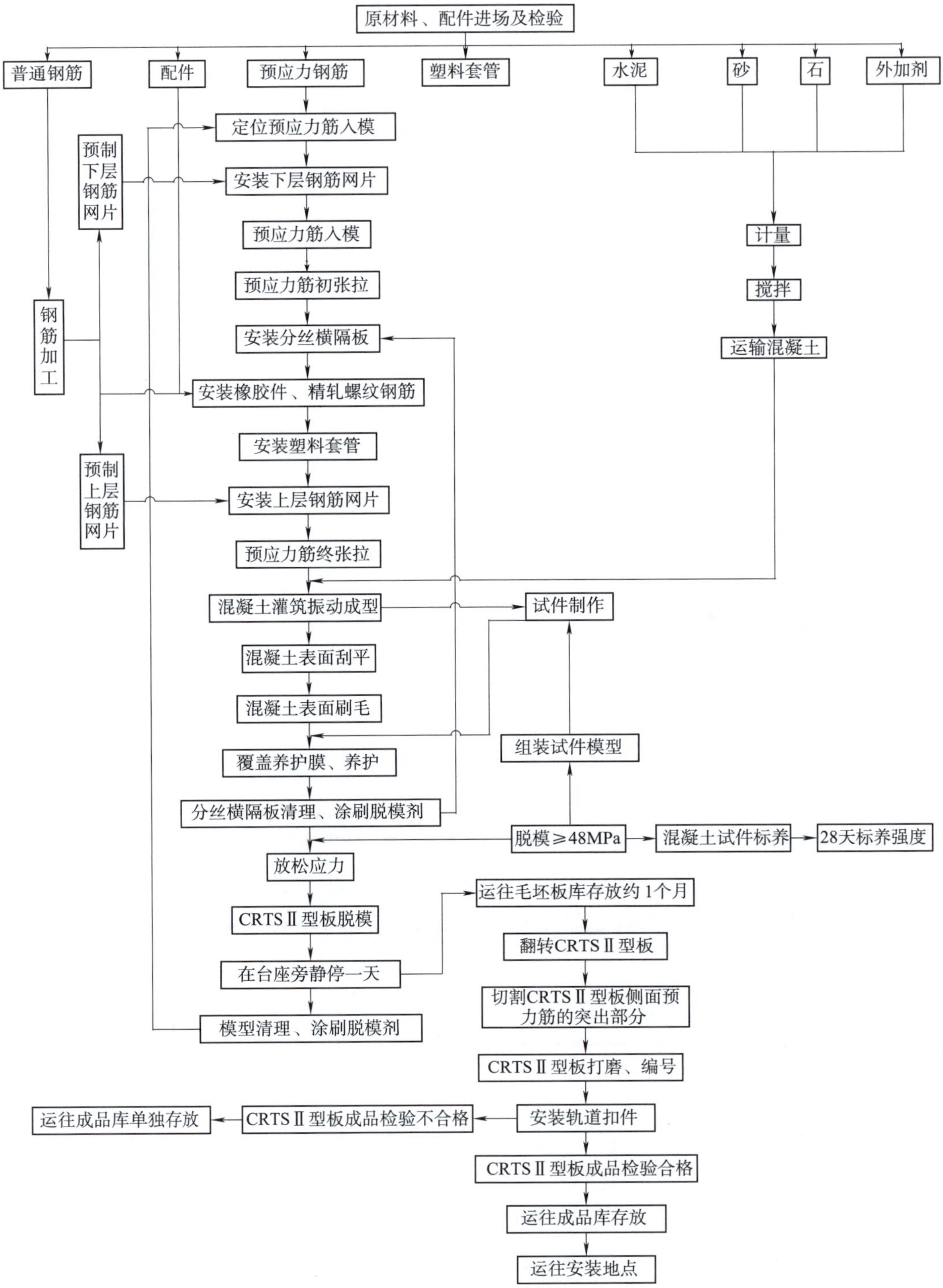

图 8—2 CRTS Ⅱ 型轨道板生产工艺流程

8.1.3 生产技术

(1)毛坯板预制及存放

①模具安装

轨道板模具定位及结构尺寸应满足表8—1要求。

表8—1 模具定位及结构尺寸检验方法与技术要求

项目		允许偏差	检验方法	使用工具
框架	四边翘曲(mm)	±0.5	水准仪测量	DNA03型数字水准仪
	四边旁弯(mm)	±1.0	拉线	白线
	整体扭曲(mm)	±1.0	测对角线长度	卷尺
底板	定位孔之间距离(mm)	±0.1	全站仪测量	TCA1800型全站仪
	平整度(mm)	±2.0	水准仪测量	DNA03型数字水准仪
	承轨槽的平整度(mm)	纵向±0.3 横向±0.15	水准仪测量	DNA03型数字水准仪
承轨槽	钳口距离(mm)	+0.1,-0.5	全站仪测量	TCA1800型全站仪
	承轨面与钳口面夹角(°)	±0.5	全站仪测量	万能角度尺
	承轨面坡度	1:37~1:43	全站仪测量	TCA1800型全站仪
	套管定位孔距离(mm)	±0.1	全站仪测量	TCA1800型全站仪
组装后一套模板	宽度(mm)	±5.0	卷尺量测	卷尺
	长度(mm)	±5.0	卷尺量测	卷尺
	厚度(mm)	+5.0,0	卡尺量测	300 mm数显卡尺
	预埋套管直线度(mm)	±1.0	全站仪测量	TCA1800型全站仪
	承轨台承轨槽平整度(一列,mm)	±0.3	水准仪测量	DNA03型数字水准仪
	承轨槽直线度(mm)	±0.3	全站仪测量	TCA1800型全站仪
	承轨槽间外钳口距离(mm)	±0.3	全站仪测量	TCA1800型全站仪
	精轧螺纹筋定位孔间的距离(mm)	±3.0	卷尺量测	卷尺

模具采用预成型的钢部件制成,选用钢材的规格和质量必须具有足够的强度和耐久性,满足长期使用的要求。为减少脱模阻力,尽量提高模具内表面的光洁度。

模具清理主要是清理模具内表面的混凝土残渣等附着物,对于模具中承轨台、塑料套管定位件、预裂缝处和端梁等内表面结构复杂的部位,需启动通用托盘上的工业吸尘器,将浮渣清除干净。检查承轨台与底板间、底板、侧模及预制V形槽的钢条间以及模具端部等结构复杂部位的缝隙是否密封完好,如有损坏处,需重新做密封处理。最后在模具内表面上喷涂脱模剂。

在开始生产前和每使用一定次数后,均应对模具进行检验,如不符合要求,应及时修复。在修复完成前,不得使用该模具。可通过打磨机床上显示的轨道板几何尺寸数据,复核模具的几何尺寸和几何形状,以验证模具是否有变形情况;也可用高精度数显水准仪、全站仪直接对毛坯板进行检测,以间接检验模具的几何尺寸和几何形状是否正常。

②钢筋安装及预应力张拉

轨道板内钢筋间纵横节点处需通过涂层材料、绝缘卡或热收缩套管进行绝缘。

在钢筋加工区内加工制作钢筋网片，按照设计进行绝缘处理和接地装置的安装，经绝缘检测合格后方能使用。为保证良好的钢筋间节点绝缘，应注意以下几点。

a. 手工将热收缩套管套在螺纹钢筋上，并大致调整到设计位置。喷火加热收缩时，枪口与热缩管保持 10 ~ 15 cm 距离，防止热力过于集中，使绝缘性能降低或消失。

b. 手工将相应环氧涂层钢筋按设计位置安装，使其在钢筋网上。将安装好环氧涂层钢筋的纵向长钢筋放入钢筋网组装胎具的定位槽口中。

c. 钢筋网片组装完成后，应及时采用万用表检测其绝缘性能，逐根检测横向钢筋与纵向钢筋之间的电阻值，读数在 1 010 ~ 1 012 Ω 时，即合格。如绝缘电阻值读数小于1 010 Ω，应逐个对绝缘交叉点进行检测，找出不合格点后，更换环氧涂层钢筋。

根据每槽模具的长度加工预应力钢丝，人工安装，将预应力钢丝放入定位槽口，并在两端安装锚具。

钢筋及钢筋网片入模安装顺序：定位预应力钢丝入槽→下层钢筋网片安放→预应力钢丝入模→初张拉（20%）→纵向隔模安装→终张拉（100%）→上层钢筋网片安放。

③混凝土浇筑

对每个生产单元依次逐板浇筑混凝土，每块板分两次浇筑。第一次浇筑每块板设计方量的 75% ~ 80%，启动模具下附着式振动器，对混凝土进行振捣，至密实为止；第二次浇筑剩余的 20% ~ 25%，启动整平板振捣器，对整块轨道板进行振捣密实与平整。

在浇筑最后一块轨道板的混凝土时，制作两组混凝土立方体试件。

④表面拉毛

待该生产单元内混凝土浇筑完成并开始初凝时，采用自行式拉毛机对轨道板底面（浇筑混凝土的表面）进行拉毛作业，拉毛机行驶速度控制在 15 ~ 30 m/min，拉毛深度控制在 1 ~ 2 mm。

拉毛后应及时按照设计要求安装精调定位钢板。

⑤养护

在浇筑完毕后，应及时在混凝土表面覆盖保湿膜和帆布进行覆盖养护，并根据环境气温决定是否采用蒸汽养护。养护过程中要跟踪观测混凝土芯部温度，保证不超过55 ℃，内外温差不超过 15 ℃。同时，将制作的混凝土试件放置在由数控温控装置控制的、与轨道板混凝土温度能同步变化的水池中养护。

在混凝土浇筑 1.5 ~ 2 h 后，取出每块轨道板间的挡板。在混凝土浇筑后 16 h，混凝土试件强度达到 48 MPa 以上时，即可停止覆盖养护，撤掉覆盖在混凝土表面的帆布，进行预应力放张和切断轨道板横向预应力筋作业。预应力筋采用整体放张方式，在放张过程中要保证 4 台千斤顶同步动作。预应力筋放张完成后，先切断在张拉台座 1/2 处模板间的预应力筋，再切断在张拉台座 1/4 和 3/4 处模板间的预应力筋，最后切断其余模板间的预应力筋。不允许在带有应力的情况下切断。

⑥脱模

脱模时保证轨道板表面与周围环境温差不大于 20 ℃。采用真空吸盘吊具(采用六点真空吸盘为宜)将毛坯轨道板从模具中脱出,脱模后的毛坯板放置到临时存板台上,每垛 3 层,层间用 4 块方木 4 点支撑,支撑的位置在毛坯板的第 2 和第 8 个预留 V 形槽两端。视情况及时覆盖帆布静放 24 h,以保温或防止轨道板因与环境温差太大而产生裂缝。毛坯板存放 24 h 后运至毛坯板存放区自然养护,注意轨道板出场房时的表面温度与室外环境温度的温差不超过 15 ℃。

⑦毛坯板存放

可根据毛坯板存放区地质情况,一般选用桩基础或扩大基础结合条形基础的形式作为支承轨道板的基础,正式存放前要对基础表面进行平整度测量,并进行试存放和沉降观测,确保毛坯板存放过程中不发生变形和开裂。毛坯板每垛最多存放 12 层,每层间采用 4 块垫木(长 20 cm,宽 20 cm,高 16 ~ 20 cm)三点支撑的形式,支撑点为第 2、第 8 个预留 V 形槽处,如图 8—3 所示。

图 8—3　三点支撑示意(单位:mm)

⑧模具检查及保养

轨道板生产期间应对模具进行日常检查和定期检查。日常检查应在每次作业前进行,按照整个台座内所有模具的 20% 进行抽检，包括模具内表面(尤其是承轨台位置)的外观、预留 V 形槽的钢条、密封条、分丝隔板、套管定位装置等，检查结果应记录在《轨道板模具日常检查和维修记录》中，严禁不合格模具在生产线上使用。模具日常检验方法和技术要求见表 8—2。

表 8—2　模具日常检验方法和技术要求

项　目	检 验 方 法	技 术 要 求
承轨台外观	目　测	有无锈斑
预裂缝钢条	目　测	有无缝隙
密 封 条	目　测	有无缝隙
分丝隔板	目　测	有无缝隙

为确保轨道板质量满足相关标准和设计要求，在正式生产后，每生产 30 次进行一次定期检查，由专职质量检验人员对模具平整度、直线度等关键项目进行检测并做记录，发现问题及时修正。定期检查项目应包括长度、宽度、厚度、平整度及模板间高度偏差等几何尺寸。

(2)轨道板打磨及成品存放

毛坯轨道板经自然养护后，需进行打磨才能成为成品轨道板。轨道板打磨实现流水线作业，主要包括轨道板翻转、侧边预应力筋切割、数控磨床打磨和扣件装配等工序，打磨时，在翻转机、切割锯、磨床、装配轨道扣件台位及横向运输车等工作面之间的移动全部通过辊筒运输线来完成。

①轨道板翻转与切割

毛坯轨道板存放时是正面朝下倒放的，在打磨前需要通过翻转机将轨道板旋转 180°，正面向上放置在辊筒运输线架上，然后将轨道板运送到钢筋切割工位，由盘锯对其两侧外露预应力筋进行切割，使轨道板两侧平齐，切割完成后继续前行至打磨室进料口外，等待打磨作业。

②轨道板打磨

轨道板打磨由数控磨床完成，每块轨道板打磨时间约 15 min，主要工作程序如下所述。

a. 数据输入。将设计单位提交的线路设计数据输入"AV"机(生产计划系统)，通过生产计划系统将这些数据导入到数据库。生产计划系统软件主要有 5 个界面，分别是初步计划界面、任务界面、数据管理界面、数据界面和质量界面。生产计划系统管理员按照现场进度及铺板顺序制定轨道板打磨生产计划。将近期计划打磨的轨道板数据存放在生产计划系统软件的任务界面，根据打磨完成情况适时转入数据管理界面，将要打磨的轨道板数据通过网络自动传至打磨机的控制电脑，打磨机根据这些数据进行打磨。打磨完成后自动将更新的打磨数据传回计划系统，并记录全部打磨数据和质量数据。

b. 轨道板进入。打磨轨道板时，开启进料口，提起限位挡块并启动辊筒运输线，将等待在打磨室进料口外的毛坯板，通过辊筒运输线滚轮系统自动运至限位挡块处，即打磨机下的固定位置，并落下限位挡块。

c. 固定轨道板。辊筒运输线将轨道板运送到打磨工位后，首先通过设置在轨道板下的 6 个油缸将毛坯板顶起并调平(压力调节)，此时系统会自动调节各个点上不同的荷载分配；

压力调平后，接着支撑油缸顶升并锁紧油缸；最后，侧面6个夹紧油缸分两组先后伸出，将轨道板夹紧。此时，完成了轨道板的固定工作，即可开始对毛坯板进行测量和磨削加工。

d. 生成子程序。通过磨床内激光测量系统（或探针测量系统）测量轨道板承轨台的各个关键点，并依据线路设计数据计算出各个承轨台需要加工的量，自动生成加工该块板的数控打磨子程序，这些全部由磨床自动完成。

e. 打磨轨道板。根据打磨子程序给出的打磨次数和打磨量，打磨机的两个磨轮对轨道板（承轨台）进行自动打磨。

f. 质量检验。打磨完成后，测量系统将自动测量轨道板上所有承轨台的相关数据，并与给定数据进行对比判断其是否合格，如果合格，系统将自动存储终端数据；否则将修改一些设置，重新生成打磨程序再进行打磨，直至打磨后的测量结果符合设计要求，轨道板打磨完成。

g. 雕刻编号。一种是设定程序由数控磨床自动打磨，轨道板打磨完成后，自动生成雕刻程序将轨道板的布板编号雕刻在轨道板上；另一种是人工打磨雕刻出轨道板编号。

h. 清洗出板。轨道板编号雕刻完成后，机床上的冲洗装置自动冲洗轨道板。冲洗的过程中，松开夹紧油缸，将轨道板放到滚轮托架线上，打开打磨室的进出料口，启动滚轮控制按钮，将打磨好的轨道板运出，下一块毛坯板进入打磨室。在运出轨道板的过程中，打开出料口的吹气阀，对打磨好的成品轨道板进行一次吹干，然后一直运往扣件安装工位。

③扣件安装

成品轨道板运至扣件安装工位后，首先用吸尘器对存满水和杂质的螺栓孔进行清洁并吹干，再用注油机定量（21 g）注入扣件专用油脂，人工摆放扣件和插入螺栓，最后使用气动扳手用固定力矩（30～50 N·m）拧紧每个螺栓。

装配完成后继续由辊筒运输线运输前移至横向运输位置，用横移小车将轨道板运至成品板出厂线存放台，用成品板运输电瓶车沿成品板出厂线运输轨道板，经绝缘检测工位对成品板进行整体绝缘性能检测后，将其运至成品板存放区的临时存放台，由龙门吊机将轨道板吊至计划的存放位置。

④成品板绝缘检测

检测仪器为ZL5-LCR智能测量仪。将已安装扣件的轨道板通过横向运输车运至测量架正下方，将铁轨降至紧贴承轨台，最后将小车断电准备绝缘检测。

将两个V形测量夹具拆开分别夹在从安装好的测量轨道引出的两个测量端子上，每次夹的位置应保持一致。分别测量电阻值R和电感值L，共测两组数据并记录在表格实测栏中，同时将轨道板号、生产日期也同时记录在表格的相应位置。根据公式（8—1）和式（8—2）计算实测值：

$$R_{\text{实测值}} = 14.432 \times \left[1 + \left(\frac{R - R_0}{R_0}\right)\right] \tag{8—1}$$

$$L_{\text{实测值}} = 12.762 \times \left[1 + \left(\frac{L - L_0}{L_0}\right)\right] \tag{8—2}$$

将实测值与理论值比较，若满足$R_{实测值} \leqslant 16.50\ m\Omega$和$12.75\ \mu H \leqslant L_{实测值} \leqslant 13.75\ \mu H$的要求，则轨道板绝缘性能合格。

⑤成品板存储

在轨道板打磨完成后入库前，由专职检验人员依据轨道板设计图以及《客运专线铁路CRTSⅡ型板式无砟轨道混凝土轨道板（有挡肩）暂行技术条件》进行检查验收，并填写《轨道板成品板检查验收记录表》，经检验合格后运至成品板存放区。

根据线上铺板进度计划，制定合理的轨道板存放计划，绘制存放图，并组织落实。在成品板区内，每垛存放9层，每层间采用4个垫木3点支撑。存放期间，随时巡查、每周检查一次成品板存放情况，主要检查垫块和混凝土基座变形，发现问题及时反馈并处理解决。

⑥成品板出场

依据各铺设工作面进度安排，制定合理的轨道板运输计划，并组织落实。建立《成品板进出台账》，出场前对轨道板进行验收。在成品库内，按照事先排好的顺序，用龙门吊将轨道板装上载重汽车，运往工地。

8.1.4 板场人员机具配置

（1）人员配置

按81块/日的生产能力，板场的人员配置见表8—3。

表8—3 板场人员配置

类别	序号	工种	人数	作业内容
管理人员	1	场长	1	负责全面施工组织协调工作
	2	副场长	2	辅助场长施工组织协调工作
	3	技术负责人	1	负责场内所有技术管理工作
	4	技术人员	4	负责现场相关技术及搜集整理现场施工资料
	5	安全质量人员	4	负责现场安全质量控制工作
	6	物资设备人员	5	负责场内物资设备的采购管理
	7	计划财务人员	4	负责场内财务计价等工作
	8	综合办公室	3	负责日常行政管理工作
	9	试验人员	4	负责现场试验工作
作业人员	10	钢筋工班	70	负责钢筋的下料加工、网片的绑扎
	11	轨道板预制工班	80	负责轨道板的预制工作
	12	磨床调运工班	70	负责轨道板的倒运、打磨工作
	13	混凝土拌制工班	8	混凝土生产
	14	后勤保障工班	25	电工、维修工、锅炉工等
	15	轨道板运输出场	30	轨道板出场、运输、装卸等
合计			311	—

(2)机具配置

按81块/日的生产能力,板场主要设备见表8—4。

表8—4 板场主要设备

区 域	设备名称	设备型号	用 途	单位	数量
骨料二次筛分区	地 磅	3×16-100T	砂石料进场称量	台	1
	振 动 筛	3YLA1237	砂石料筛分、洗石	台	1
	胶 带 机	宽650 mm	砂石料的输送	套	3
	装 载 机	ZL50C	砂石料仓供料	台	1
混凝土搅和区	搅 拌 站	HZS180/3 m^3	搅拌轨道板生产用混凝土	台	1
	卷 扬 机	3 t	为运料小车提供行走动力	台	1
	混凝土运输车		运输混凝土运输罐	台	1
	混凝土运输斗		将混凝土运至布料机处	台	2
钢筋加工区	单梁起重机	LD5t－20－7	钢筋加工区配套	台	2
	钢筋网片托盘		存放钢筋网片	台	8
	上层钢筋绑扎胎具		绑扎钢筋网片	台	6
	下层钢筋绑扎胎具		绑扎钢筋网片	台	4
	钢筋网片吊具		取吊钢筋网片	台	4
	钢筋网片运输车		运输钢筋网片	台	2
	钢筋绝缘检测仪器	METRISO5000A	钢筋网片绝缘检测	台	1
轨道板预制区	模 具		轨道板生产钢模	套	81
	桥机起重机	LH8＋8－20－7	吊运混凝土运输料斗、钢筋网片及其他重物	台	2
	桥式起重机	QD16/3.2－20－7	主厂房配套、真空吊具及其他重物	台	2
	工业吸尘机	GS110	轨道板脱模后清理模具残留物	台	1
	脱模剂喷涂机	SF27	将脱模油均匀喷涂在模具表面	台	1
	预应力定长钢筋切断机		ϕ5 mm、ϕ10 mm预应力钢筋定尺切断	台	1
	张拉系统		均匀同步对预应力钢筋的张拉和缓慢放张	套	3
	布 料 机		用于将混凝土定量浇入模具	台	1
	多功能车		运输工业吸尘机、钢筋托盘等	台	1
	刷 毛 机		对混凝土表面沿轨道板纵向进行可控制而均匀的横向拉毛	台	1
	覆 膜 机		生产线养护膜覆盖和收起	台	3
	温度控制系统		提高生产线模具下部环境温度及轨道板模具内混凝土及试块养护	套	3
	高压冲洗设备	HD250	清洗混凝土设备	台	2
	预应力切割小车		切割相邻模具之间的预应力钢筋	台	1
	真空吊具	GDB－VG－25T/14	将半成品轨道板从模具里提出来并放置在临时存板台座	台	1
	静止台座		轨道板脱模后临时存放	处	27
	轨道板运输车		将轨道板运输到存板区	台	4

续上表

区　域	设备名称	设备型号	用　途	单位	数量
毛坯板打磨区	数控自动打磨机		打磨半成品轨道板以达到轨道板的使用要求	台	1
	翻 转 机		将轨道板翻转并平稳放置在滚轮架上	台	1
	辊筒运输线		用于打磨生产线自动传送轨道板	套	1
	钢筋余头切割机		用于切除预应力钢筋突出部分	台	2
	油脂定量加注机		用于将油脂定量加注入塑料套管内	台	1
	污水处理系统	28 t/h	用于打磨水循环使用	套	1
	成品板运输车		将成品轨道板运输至成品板存	台	1
	打磨机稳压电源	600KVA	为打磨机提供稳定电压	台	1
	智能电桥测试仪	ZL50	成品轨道板绝缘性能检测	台	1
轨道板存放区	龙 门 吊	MH16t－34－5－7	用于毛坯板存放	台	2
	龙 门 吊	MH16t－23－6	用于成品板存板	台	2

8.1.5　轨道板制造控制要点及保证措施

(1)建场规模和生产能力

建场规模和生产能力要满足轨道板供应能力、现场需求能力、铺板进度计划等,否则会影响工程总进度。

(2)原材料

CRTS Ⅱ型轨道板是预制预应力钢筋混凝土制品,采用高标号、高性能混凝土浇筑,要求采用清洁度较高、级配合理的砂石料;钢筋和预应力筋的型号、性能指标必须符合设计和相关规范要求;钢筋节点或钢筋网片间的绝缘必须经过检测合格方可使用;各种原材料的进场和检验必须严格按现行有关铁路规范和标准进行,不合格者严禁进场。

(3)预制过程

混凝土浇筑后应振捣密实,避免漏振、少振和过振;选择合适的时间和拉毛工具对板底进行拉毛,确保拉毛整齐、深度合理,禁止漏刷、深度不够;严格控制轨道板厚度,禁止厚度不够或超厚严重,一般控制轨道板厚度大于设计板厚3~5 mm为宜;严格控制轨道板预制过程中各流水工序间隔时间,以避免轨道板实体质量受损。

(4)养护

采用蒸汽养护时,升降温速率要适宜,避免轨道板骤冷骤热,以免混凝土发生开裂;养护期间,建立轨道板芯部温度监控措施,确保混凝土芯部温度不超过55 ℃;轨道板出模和静止养护期间要轻起轻放,避免轨道板受冲击开裂。

(5)外观质量

轨道板外观质量取决于新拌混凝土性能、模具、后期整修、切割等方面,预制过程中要做到混凝土性能优良、模具清洁、整修美观、切割整齐。

（6）预埋件

定位块埋设位置和深度要准确，否则会对轨道板精调产生很大影响。定位块埋设后，要确保其爪部凸起不高于板面；接地端子埋设位置要准确，预埋孔不堵塞；精轧螺纹钢露出长度满足设计要求，并涂刷润滑脂加胶带纸进行防锈；承轨台预埋套筒要安装准确，管体垂直于台面。

（7）存放

轨道板存放采用 4 块垫块 3 点支撑模式，存放过程中，要确保存板基础顶面高差不超过 2 mm，上下层垫块要位于轨道板规定支撑的预裂缝位置，且所有不同层次的垫块位于一条竖线上，前期存板基础存板过程中，定期观测基础沉降，及时打磨消除存板基础顶面高差，确保轨道板存放期间不翘曲变形。

（8）整修

如果轨道板板面或侧面等部位存在可修复的掉块、缺损、划痕时，可采用专用的与轨道板体强度相同的修补砂浆对破损或缺陷处进行修补，修补颜色要与板体一致，修补材料与板体要有足够的粘结强度，修补要由专人负责。当承轨台破损时，视情况决定是否报废处理，具体参考《客运专线铁路 CRTS Ⅱ 型板式无砟轨道混凝土轨道板（有挡肩）暂行技术条件》（科技基〔2008〕173 号）。

8.1.6　质量验收标准

CRTS Ⅱ 型轨道板的外形尺寸和外观质量主要验收标准分别见表 8—5 和表 8—6。

表 8—5　轨道板外形尺寸主要验收标准

<table>
<tr><th>序　号</th><th colspan="2">项　　目</th><th>标 准 值</th><th>允许偏差</th></tr>
<tr><td>1</td><td colspan="2">长　度（mm）</td><td>6 450</td><td>±5</td></tr>
<tr><td>2</td><td colspan="2">宽　度（mm）</td><td>2 550</td><td>±5</td></tr>
<tr><td>3</td><td colspan="2">厚　度（mm）</td><td>200</td><td>0，+5</td></tr>
<tr><td>4</td><td colspan="2">精轧螺纹钢筋外露长度（mm）</td><td>95</td><td>±5</td></tr>
<tr><td>5</td><td colspan="2">预应力筋位置（mm）</td><td>—</td><td>±3</td></tr>
<tr><td rowspan="6">6</td><td rowspan="6">成品板
承轨台</td><td>1～20 个承轨台拱高实际高差与标准高差的偏差（10 个承轨台测量基础上，测量长度为 5.85 m；mm）</td><td>0</td><td>±1</td></tr>
<tr><td>1～20 个承轨台拱高实际高差与标准高差的偏差（3 个承轨台测量基础上，测量长度为 1.3 m；mm）</td><td>0</td><td>±0.5</td></tr>
<tr><td>单个承轨台钳口间距（mm）</td><td>375.6</td><td>±0.5</td></tr>
<tr><td>承轨面与钳口面夹角（°）</td><td>110</td><td>±1</td></tr>
<tr><td>轨底坡（°）</td><td>1.432</td><td>±0.1</td></tr>
<tr><td>承轨台之间钳口间距（mm）</td><td>1 889.6</td><td>±1</td></tr>
<tr><td>7</td><td colspan="2">其他预埋件位置及垂直歪斜（mm）</td><td>—</td><td>1.0</td></tr>
</table>

表 8—6　轨道板外观质量主要验收标准

序号	检查项目	技术要求		
		合格品	返修品	废品
1	肉眼可见裂纹	不允许(预裂缝处允许有裂纹)	—	—
2	承轨部位的表面缺陷	气孔、粘皮、麻面等缺陷的深度≤2 mm、长度≤20 mm	—	气孔、粘皮、麻面等缺陷的深度大于5 mm 且不能通过打磨修复
3	上边缘的破损或混凝土掉角	深度≤5 mm 面积≤50 cm^2	深度＞5 mm 面积＞50 cm^2	断裂、较大孔洞、磕损严重等不能满足使用要求
4	底面边缘破损或混凝土掉角	长度≤15 mm	深度＞5 mm	
5	可见范围内的泌水深度	深度≤5 mm	深度＞5 mm	—
6	预埋套管内混凝土淤块	不允许	有	—
7	轨道板外观	表面颜色一致,无油污	表面颜色不一致,有油污	—
8	精轧螺纹钢筋端部	完整	端部受损	—
9	调高、接地预埋件及预埋套管	齐全,预埋深度及位置正确	—	缺少
10	轨道板编号	齐全	—	缺少

轨道板原材料性能要求及其他性能要满足设计要求和《《客运专线铁路 CRTSⅡ型板式无砟轨道混凝土轨道板(有挡肩)暂行技术条件》(科技基〔2008〕173 号)的规定。

8.2　轨道板场外管理

8.2.1　轨道板验收交接

(1)初验

驻场人员提前 3 天对打磨的轨道板进行外观质量的初验,由板场出具轨道板的《技术制造证明书》,各分部驻场人员依据《技术制造证明书》对轨道板的打磨数量、进度和质量进行初步了解。初验要确保运板车辆到板场后,有足够的轨道板装运;如果发现问题,要尽快修补,如果不能修补则对板号进行记录或报废处理。

轨道板初验时,要检查轨台是否存在有裂纹,检查方法:采用棉球蘸酒精擦拭承轨台表面,观察酒精挥发过程,如有一条线状挥发较慢,则判定存在裂纹。对承轨台存在裂纹的轨道板进行报废处理。

(2)正式验收

轨道板装车出场时,由各分部驻场人员与板场人员共同验收,填写《轨道板出场检验表》,对轨道板的质量状况进行描述,由板场和见证监理签字后,分部驻场验收人员签字验收,最后由项目部指定人员负责签字认可。此验收单同样作为运板队伍的运板质量依据。

轨道板质量验收中发现的问题,按照相关规范要求评判,如果是不合格板,则直接告诉板场不用装车,同时驻场人员也要对相应的板号和质量问题进行记录;如果质量问题是相关规范所允许的,则填表说明情况(位置、大小、深度),并用照相机对问题进行影像保留。

8.2.2 轨道板吊装与运输

(1)轨道板吊装

板场采用龙门吊吊装,现场由起吊能力不小于16 t汽车吊采用轨道板专用吊具或吊带卸车,并有专人指挥。严格遵守汽车吊吊装规则,吊装轨道板过程中,严禁吊装板下站立人员或人员通行。吊装要做到轻起轻放,避免轨道板受冲击开裂。

(2)轨道板运输

采用平板汽车运输,每车一般不超过2层,长板车一般装4块(图8—4);较短板车一般装2块(图8—5)。

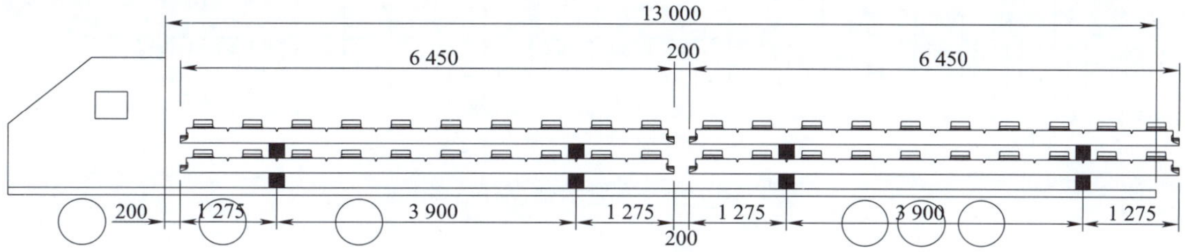

图8—4 长板汽车运输轨道板(单位:mm)

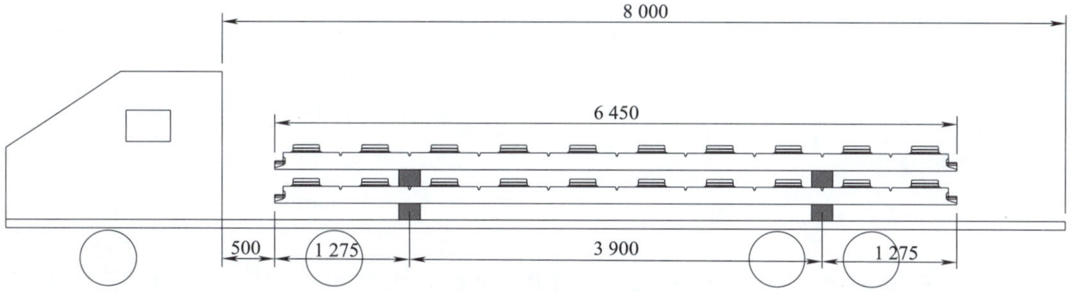

图8—5 短板汽车运输轨道板(单位:mm)

将方木固定在板车上,第一层每块板下面放2根长2.6 m、截面0.2 m×0.2 m的方木;第二层板下面放2根长0.5 m、截面0.2 m×0.2 m,1根长0.7 m、截面0.2 m×0.2 m的方木。采用软带将轨道板固定在汽车平板上,四周可选用高强度泡沫防止轨道板运输过程中与车头碰撞,具体布置如图8—6所示。

8.2.3 轨道板的现场存放

施工现场存放轨道板有两种方式:集中存放和沿线存放。

存板方式和存板地点的选择要遵循的原则:便于运输吊装作业,尽量减少二次倒运量;尽量选择地基承载力较好区域;充分利用桥下空间、梁场、钢筋加工场、弃土场等既有场地;就近存放,尽量节约用地,方便铺板。

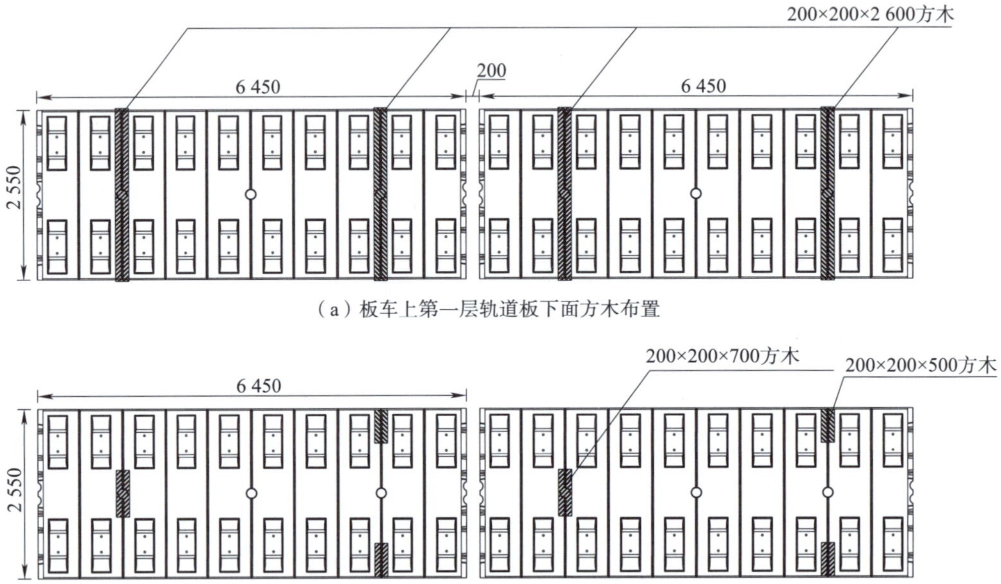

（a）板车上第一层轨道板下面方木布置

（b）板车上第二层轨道板下面方木布置

图 8—6　垫块布置示意(单位:mm)

(1)集中存放

不满足沿线存板条件的段落,采用集中存放的方式存放轨道板。可选择停用的梁场、钢筋加工场、混凝土拌和站、弃土场或离线路较近的平坦开阔场地作为临时存板场地集中存放轨道板。

集中存放场地要统一规划(图 8—7),存放参照板场内存板区要求设置,存放台座基础应进行检算设计。

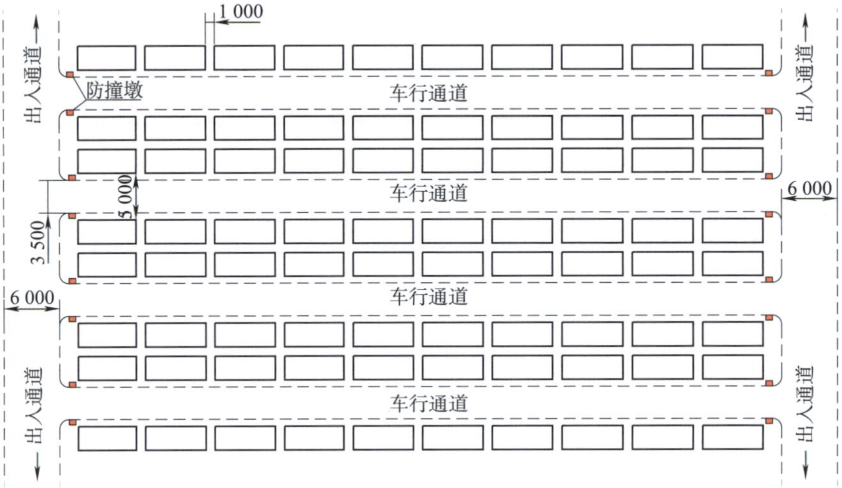

图 8—7　集中存板场地布置示意(单位:mm)

在集中存板区，轨道板吊装采用起吊能力不小于 16 t 汽车吊专用吊具吊卸，两条车行通道之间放置轨道板 2 列，轨道板长边放置走向与车行通道方向一致，以方便轨道板的吊装，场地存板规划根据场地的具体情况，详细规划。

（2）沿线存放

沿线存放需要铁路沿线有足够的存板区域，一般桥梁地段均采用此方法，在桥下沿便道设置轨道板存放区。

①在桥梁地段有便道的一侧，桥下沿桥梁走向分段存板，按照每 36 块板（相当于 3.5 孔梁长度）建一处存板场地，每处场地建 6 个存板单元，每个单元存板 6 层，每处存板场地边缘至相邻的存板场地边缘距离宜不小于 45.5 m。

②存板场地尽量设置于铺设中间位置，减少铺板龙门吊走行距离，提高工作效率。

③不存板区域可作为遮板、钢筋笼、板混凝土等施工的物流通道。

④轨道板宜按连续编号存放，提高铺设效率。

⑤施工便道应加强维修保养，满足使用要求。桥下存放区设置如图 8—8 所示。

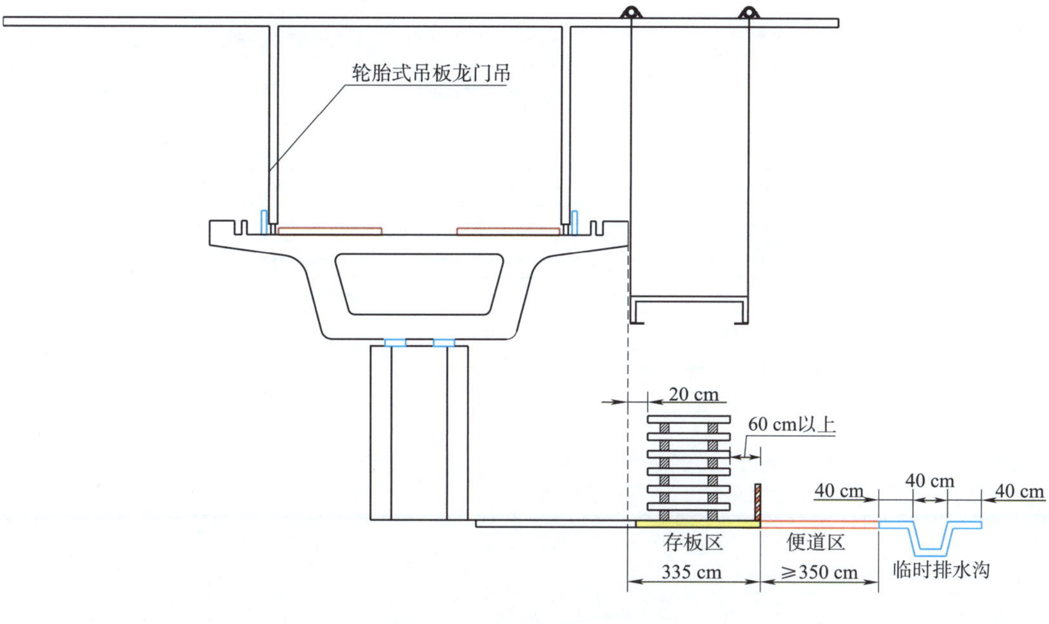

图 8—8 桥下存放区设置

⑥用于轨道板下的木质垫块高度允许偏差 ±2 mm，承载面要平行，误差控制在 2 mm 以内。每层 4 个垫块，各层垫块位置要求保持在同一竖直线上。

⑦应加强对轨道板存放期基础沉降变形监测，若出现不均匀沉降，则及时卸除轨道板，并对基础进行加固处理和顶面平整处理。

⑧存板区与施工便道行车区边缘要间隔 60 cm 以上，以免车辆行驶时刮碰轨道板。

（3）存板基础

施工现场临时存板每垛存放不超过 6 层，存板基础有两种基本形式：“品”字形素混凝土基础和条形钢筋混凝土基础。

①"品"字形素混凝土基础。"品"字形素混凝土基础适用于地质较好、承载力较好的场地，根据3点支撑的方式设置3个素混凝土（C20）方形基础（图8—9）。基础的尺寸需要根据地基承载力和基础承重进行验算，以确定每个品字形基础的结构尺寸。"品"字形基础尺寸计算示意如图8—10所示。

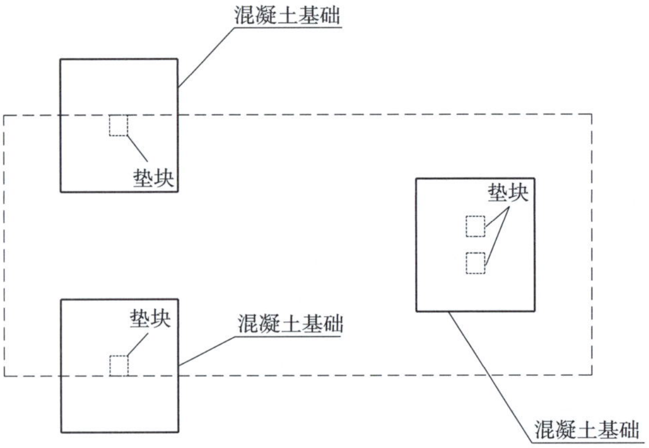

图8—9 "品"字形基础示意

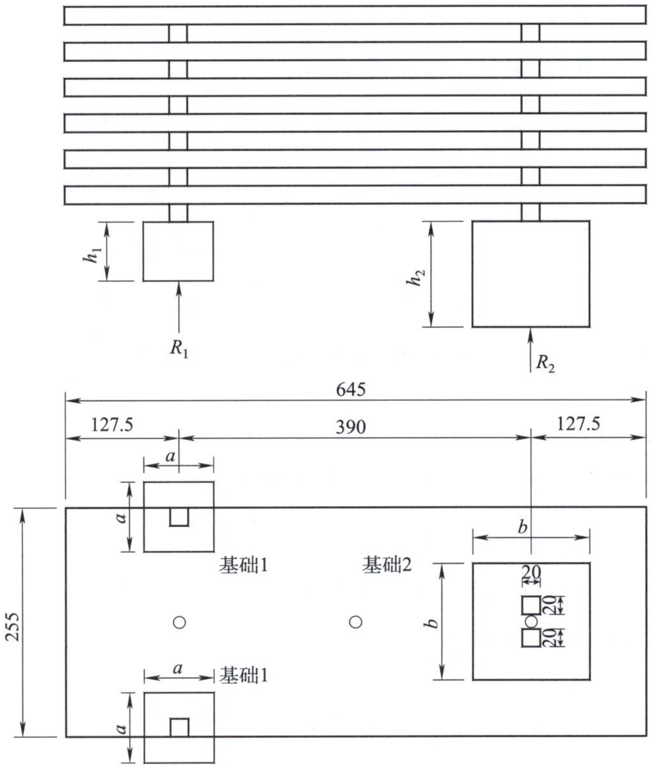

图8—10 "品"字形基础尺寸计算示意（单位：cm）

不同地基承载力计算所得基础尺寸取值见表 8—7。

表 8—7　不同地基承载力计算所得基础尺寸（按 6 层计算）

地基容许承载力（kPa）	基础①		基础②	
	边长 a(m)	厚度 h_1(m)	边长 b(m)	厚度 h_2(m)
$[\sigma]$	$a=\sqrt{\frac{193}{[\sigma]}}$	$h_1=(a-0.2)/2$	$b=\sqrt{\frac{355}{[\sigma]}}$	$h_2=(b-0.2)/2$
150	1.20	0.50	1.60	0.70
160	1.10	0.45	1.50	0.65
200	1.00	0.40	1.40	0.60
240	0.90	0.35	1.30	0.55
310	0.80	0.30	1.10	0.45
360	0.80	0.30	1.00	0.40
400	0.70	0.25	1.00	0.40

如果集中存放场地已经硬化（如有足够厚度的混凝土垫层），且承载力能够满足存板要求，可以对场地高程进行找平，直接存板。

②条形钢筋混凝土基础。地基承载力较差，容易发生不均匀沉降的地段，建议采用条形基础存板。条形基础采用钢筋混凝土结构，结构尺寸和配筋根据地基承载力和存板荷载计算决定。条形基础存板方式和结构形式如图 8—11 和图 8—12 所示。

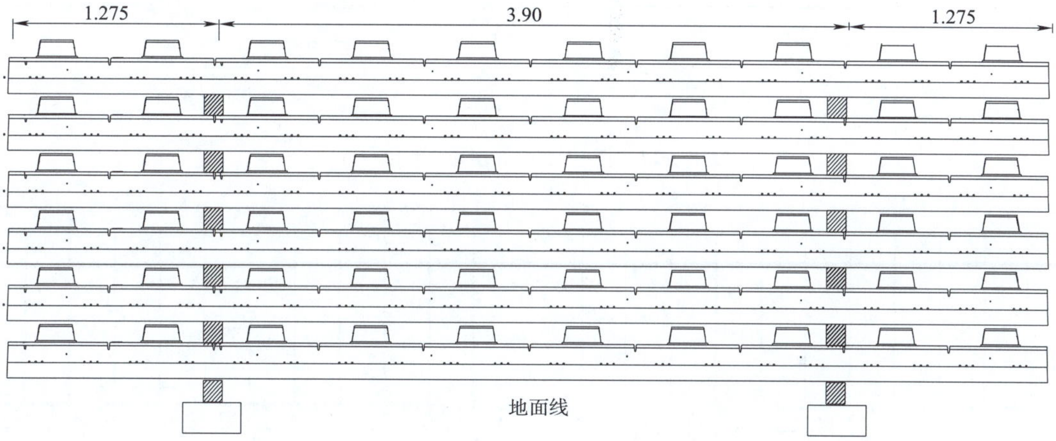

图 8—11　条形基础支撑示意（单位：m）

③基础施工要点。临时存板基础施工完成并经高程测量后，对顶面不平整的基础要进行打磨处理，高程误差控制在 2 mm 以内。

（4）轨道板保护

沿便道临时存放轨道板时，如果便道边缘距离所存放轨道板较近（小于等于 60 cm），则需要对轨道板采取防撞保护措施。

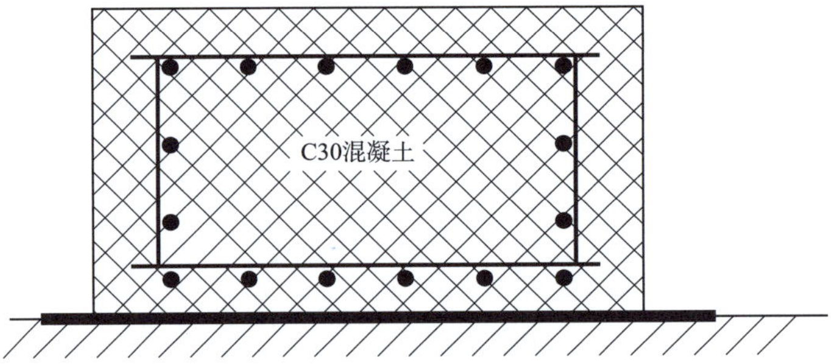

图 8—12　条形基础结构形式示意

①混凝土防护柱。采用 ϕ100 mmPVC 管灌筑混凝土，长度 100 cm，埋深 50 cm。防护柱与轨道板之间采用装土的编织袋叠放，以保护轨道板，如图 8—13 和图 8—14 所示。

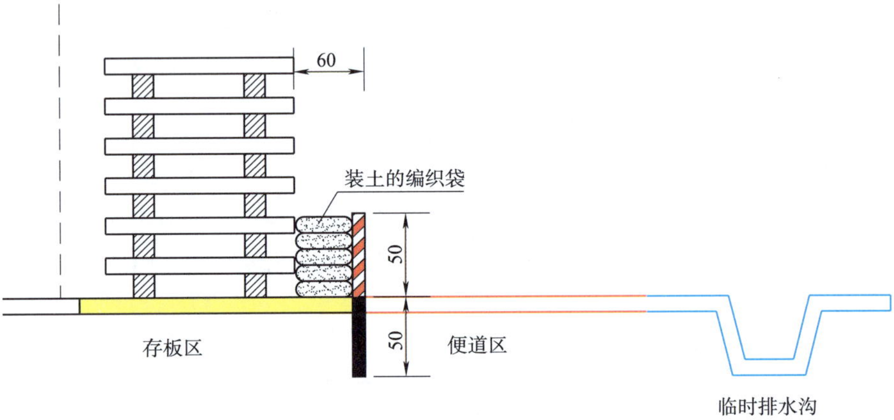

图 8—13　防护柱布置示意(单位:cm)

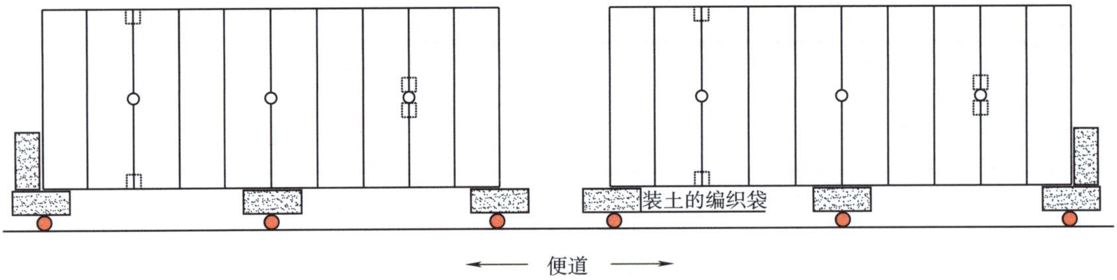

图 8—14　防护柱平面布置示意

②混凝土防撞墩。混凝土防撞墩在临时存放的轨道板外 60 cm 处设置，采用的防撞墩型式如图 8—15 ~ 图 8—17 所示。

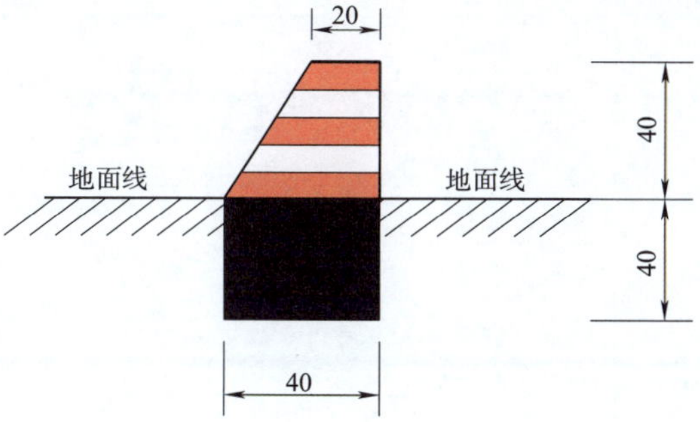

图 8—15 防撞墩型式及尺寸设计(单位:cm)

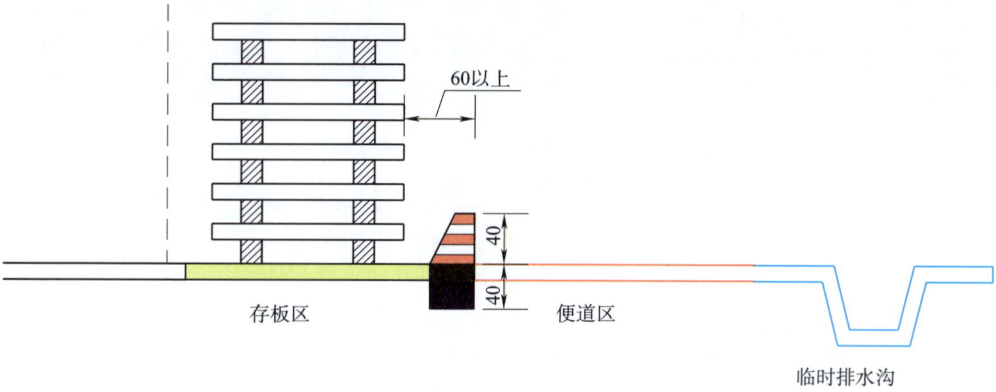

图 8—16 防撞墩横断面示意(单位:cm)

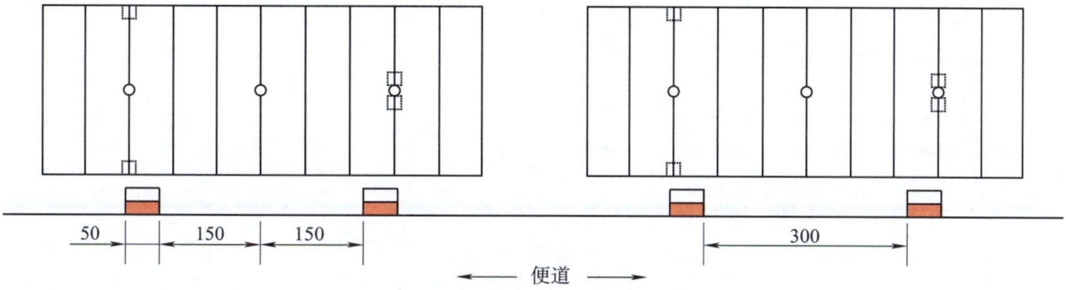

图 8—17 防撞墩平面布置示意(单位:cm)

8.2.4 轨道板吊装、运输和现场存放施工人员与机具配置

(1)人员配置

轨道板吊装、运输和存放的人员配置与轨道板运距和每天运输数量有直接关系,按照每天运输 80 块轨道板的需要,可按表 8—8 配置人员。

(2)设备工机具配置

根据每天运输 80 块轨道板,可按表 8—9 配置机具。

表 8—8　轨道板吊运及存放人员配置

序号	工　种	数量(人)	备　注
1	管理人员	3	负责总体管理协调及办理出场和交接手续
2	吊车司机	2	现场卸车吊板
3	龙门吊司机	2	板场内配置
4	汽车司机	6	运板车专用
5	运板车配合人员	6	配合运板车
6	现场卸板配合人员	8	与吊车配合卸板
7	现场存板基础施工人员		根据现场情况而定

表 8—9　轨道板吊运及存放机具设备配置

序号	设　备	数　量	型　号	备　注
1	吊　　车	2 台	16 t 或 25 t	现场卸板
2	龙 门 吊	2 台		板场内配置
3	轨道板运输车	6 台	载重 30 t	长板运输车
4	吊　　具	2 套		轨道板专用吊具

8.2.5　质量控制要点及保证措施

(1)吊装与运输质量控制要点及措施

①运输时,首先要做好车辆的防护标志,尤其是夜间行车防护。车辆运输时速不能超过 80 km/h;车辆定期检查保养;严禁高速转弯,不突然加速减速;严禁疲劳驾驶,宜采用 5 年以上驾龄司机;车辆各种证件或行驶手续必须齐全;轨道板运输时,板的四周要有竖立的栏杆对轨道板进行固定。

②防止板场内吊装与车辆碰撞措施。做好车辆的停位,采用驾龄较长、对车辆操作熟练的司机,并由专人与龙门吊司机进行配合、指挥。

③防止车辆运输过程中碰撞措施。对轨道板进行固定,在板的四周设置竖立的金属杆。车辆行驶过程中避免超车;在转弯半径较小的路段,要有专人查看,避免转弯时与障碍物发生碰撞;选择路面较平整的运输路线,避免颠簸造成轨道板开裂;对便道及时维修保养,保证便道一定的宽度,确保车辆通行;与其他车辆错车时,一定保持两车距离 1 m 以上;严禁超速行驶,禁止紧急刹车、突然加速。

④成品板装载运输措施。运输前考察好运输路线,尽量选择等级较高的公路,运输路线确定后,与运输单位签订协议,没有特殊情况不允许改变运输路线;选择载重在 30 t 以上汽车运输;轨道板运输时,将最下层垫块固定在载重汽车上,最下层垫块要摆放在载重汽车底盘大梁上,每层板间垫块要上下对齐,支点位置和数量应符合设计要求;车辆四周设置立柱,放置轨道板滑动。

⑤防止轨道板卸车碰撞措施。采用专用吊具或吊带,避免对轨道板造成损伤;吊装过

程中必须有专人指挥，避免吊装时与桥梁发生碰撞；吊具与轨道板接触位置采用橡胶垫支撑，避免轨道板与吊具刚性接触，导致轨道板边缘掉块。

(2)现场存放质量控制要点及措施

①无砟轨道施工单位应建立轨道板质量保证组织体系，由铺板专业队队长总体负责，并按照一定的存板区域划定责任范围。轨道板现场存放期间，对存板区域划段，安排专人负责看护。

②板场内部应严格按照轨道板验收规范进行验收，合格产品方能装车运输，废板、需返修的轨道板杜绝上车。轨道板外观质量验收要满足《客运专线铁路 CRTS Ⅱ 型板式无砟轨道混凝土轨道板(有挡肩)暂行技术条件》(科技基〔2008〕173 号)。

③轨道板按照铺板施工顺序和规划好的存板区间进行存放，并对存板区进行标示。

④现场轨道板存放基础采用 C20 混凝土基础，基础放置木垫块位置要保证 3 个基础中心在同一水平面上，如果不在同一水平面上，则对基础顶面按照高差进行打磨。

⑤垫块采用硬质松木，采用 4 块 3 点支撑方式，垫块高度尺寸一致，保证上下层垫块在同一竖直线上；支撑点位于轨道板第 2、第 8 个预裂缝位置，且要使得垫块中心位于预裂缝的正下方。

⑥轨道板存放要距离行车便道 60 cm 以上，以免车辆碰撞轨道板。否则在距离轨道板 60 cm 的位置设置防撞墩，用红白漆粉刷，并用反光标示提醒夜间行车车辆。存放的轨道板用警示标志标示“禁止攀爬”、“铁路专用物资”。

⑦对存放的轨道板进行定期检测。检测方法：每个存板单元存完板以后，在最下面一块板的 3 个支承基础位置上标记并测量记录其高程数据，同时定期进行测量，分析每个存板单元基础变化情况，如发现同一个存板单元的基础不均匀沉降，则及时卸除轨道板，并对基础进行加固处理，以免轨道板发生翘曲变形。轨道板存放的前 2 天每天观测一次；如果没有太大的沉降变形，则以后每周监测一次，连续 4 周；然后每 2 周监测一次，发现沉降变形及时处理。

⑧覆盖防护。为了防止桥面掉渣或风沙、雨水等对轨道板的污染和破坏，现场存放轨道板采用彩条布进行覆盖保护，如图 8—18 所示。

图 8—18　轨道板现场存放保护

9 线外工艺性试验

CRTS Ⅱ型板式无砟轨道施工前，需要进行线外工艺性试验，确定在不同施工环境因素影响下的无砟轨道施工各技术参数，熟练施工工艺，掌握机具与设备的性能参数，优化资源配置。

CRTS Ⅱ型板式无砟轨道线外试验段应完成底座混凝土浇筑，水泥乳化沥青理论配合比的验证，基本配合比的形成，砂浆充填层施工质量的确认，轨道板粗铺，精调与砂浆灌注等过程控制能力的形成，以及线上 CPⅢ控制网测量的模拟等相关工作。

9.1 工艺性试验的工艺流程

线外试验段工艺流程如图 9—1 所示。

9.2 线外试验段建设

9.2.1 线外试验段地址选定

(1)施工单位自主选定无砟轨道线外试验段地点，每个施工单位根据标段长度、作业区划分以及施工机械、劳动队伍配置情况选定 1 ~2 处场地作为线外工艺性试验地点，开展线外试验段工作，对其指导和覆盖无砟轨道施工段落的各种复杂条件下 CRTS Ⅱ型板式无砟轨道施工工况进行施工模拟。

(2)线外试验段地址选择的总体要求。

①环境要求。试验段宜设置在轨道板场、梁场或线路附近，气候条件与线路类似，并远离热源、污染源以及化学腐蚀等区域。

②地质要求。试验段地基需进行硬化，确保进行工艺性试验时地基稳定。

③技术要求。试验段长度不小于 54 m(铺设 8 块轨道板的长度)，分别模拟桥梁、路基、直线平坡、曲线平坡、直线纵坡、曲线纵坡等各种工况，每种工况至少模拟 1 块轨道板，并按最大纵坡、最大曲线超高设置。若施工单位承担的施工段内无纵坡或无曲线段，其长度可相应减少。

(3)施工单位选定线外试验段地点后，需报监理单位、沉降观测评估单位现场确认，其中，监理单位确认环境和线路条件是否符合技术要求，沉降观测评估单位确认地质是否符合要求。

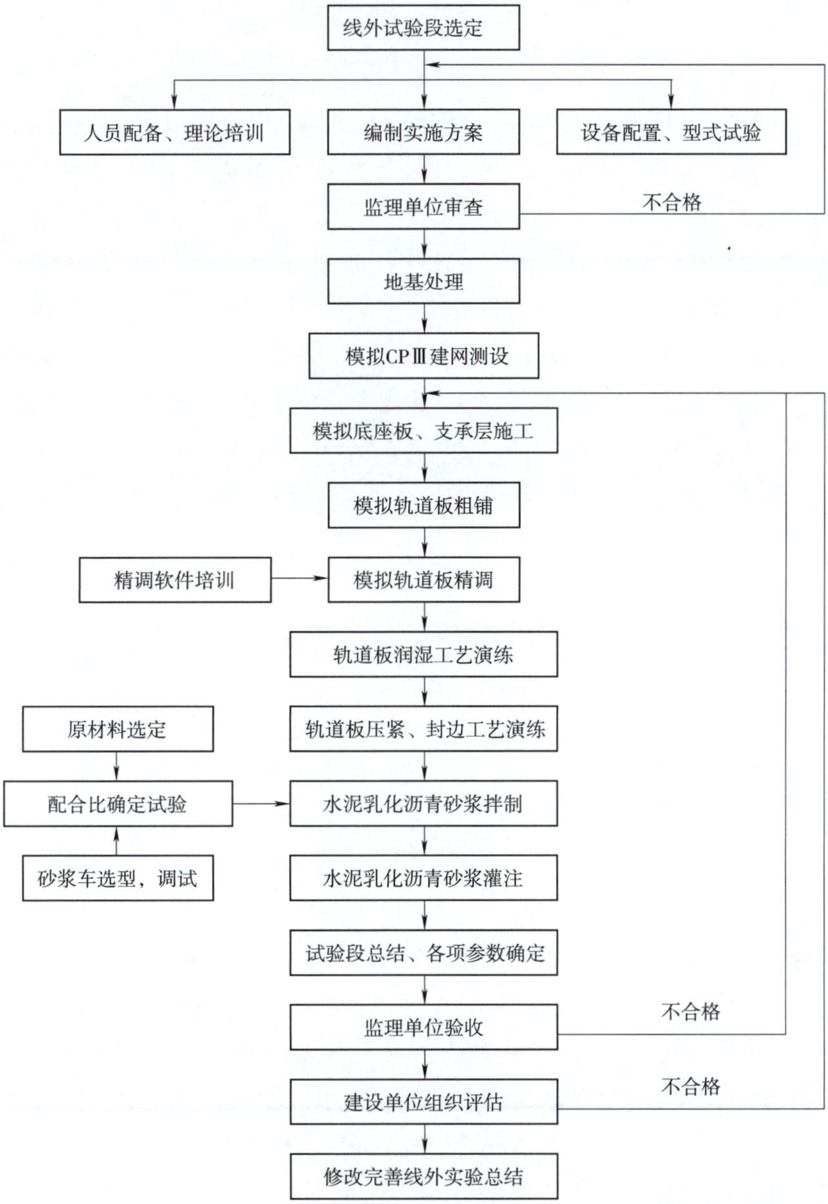

图 9—1　线外试验段工艺流程

9.2.2　线外试验段施工准备

线外试验段地点选定后，需进行以下施工准备工作。

(1)编制无砟轨道试验段施工方案并经监理审批，已编制的 CRTSⅡ型板式无砟轨道施工的各专项作业指导书也经监理审批通过。

(2)施工单位应按照原铁道部工程管理中心颁布的相关文件，建立各种试验检测设备配置齐全、具备无砟轨道相关试验检测能力的Ⅲ级试验室，申请并通过Ⅱ级试验室验收合格。

(3)乳化沥青、干粉料、外加剂等各种原材料进场，并在水泥乳化沥青砂浆技术咨询服务单位的指导下，按照《客运专线 CRTS Ⅱ 型板式无砟轨道用水泥乳化沥青砂浆暂行技术条件》(〔科技基 2008〕74 号)的规定，对各种原材料进行检验，验收合格方可接受和使用。

(4)施工单位的Ⅲ级试验室根据水泥乳化沥青砂浆技术咨询服务单位提高的理论配合比，进行水泥乳化沥青砂浆的试拌，并按照《客运专线 CRTS Ⅱ 型板式无砟轨道用水泥乳化沥青砂浆暂行技术条件》(〔科技基 2008〕74 号)的规定，检测水泥乳化沥青砂浆的各项性能。通过反复试拌与性能检测，确定水泥乳化沥青砂浆的试验配合比，并报监理审查。

(5)各施工机具进场，并进行和通过进场检测，确定其性能指标合格，其中水泥乳化沥青砂浆搅拌车、起重设备、精调设备等关键设备需经过相关专业检测部门认证。

(6)对管理、技术及施工作业人员进行培训，并组织考试，考试合格方为通过相关技术培训。

(7)制定测量和精调方案，并通过评估单位的评估。

(8)试验用轨道板已运抵工艺性试验段场地。

(9)按照初步制定的 CRTS Ⅱ 型板式无砟轨道施工作业指导书，制定线外工艺性试验的试验方案，其内容应包括试验目的、试验内容、试验步骤和试验总结等。其中试验内容应包含施工作业的各个环节和各道工序。

9.2.3 线外工艺性试验

按照制定的试验方案进行线外工艺性试验，主要内容包括建网模拟 CPⅢ控制点测量作业、底座混凝土浇筑工艺、轨道板初铺工艺和精调、水泥乳化沥青砂浆充填层灌注工艺和轨道板高程复测等。其中，水泥乳化沥青砂浆充填层灌注工艺包括轨道板限位压，底座板表面润湿、封边，水泥乳化沥青砂浆拌制与现场检测，砂浆充填层灌注、封边与压紧装置拆除，精调爪拆除与孔回填，砂浆充填层养护等。施工单位需通过反复试验摸索和总结施工工艺，培训作业人员，优化水泥乳化沥青基本配合比；监理单位对试验段施工全过程进行监理，完成对相关监理人员的现场培训，并总结修改、完善监理工作细则等。

9.2.4 线外试验段评估

施工单位经过反复试验摸索和总结后，建设单位组织对线外工艺性试验取得的底座板和支承层施工工艺、水泥乳化沥青砂浆拌制及灌注工艺、CPⅢ测量和精调工艺以及线外试验段总结报告进行评估，评估通过后用于指导线上无砟轨道施工。线外试验段揭板验证效果如图 9—2 所示。

图 9—2 线外试验段揭板验证效果

10　桥面防水层施工

为提高高速铁路桥梁耐久性，使其服役寿命在100年以上，根据设计要求，在桥上CRTSⅡ型板式无砟轨道施工前，需进行桥梁表面的防水层施工。施工防水层时，梁面平整度应达到设计要求，以保证无砟轨道结构的平顺性。一般按照"梁场生产控制为主，现场打磨为辅"的原则，控制和整修梁面平整度，当预制箱梁或现浇连续梁表面平整度不能满足要求时，需按照"高磨低补、多磨少补"的原则对梁面进行处理。

10.1　梁面打磨及修补施工

10.1.1　施工工艺流程

梁面处理施工工艺流程如图10—1所示。

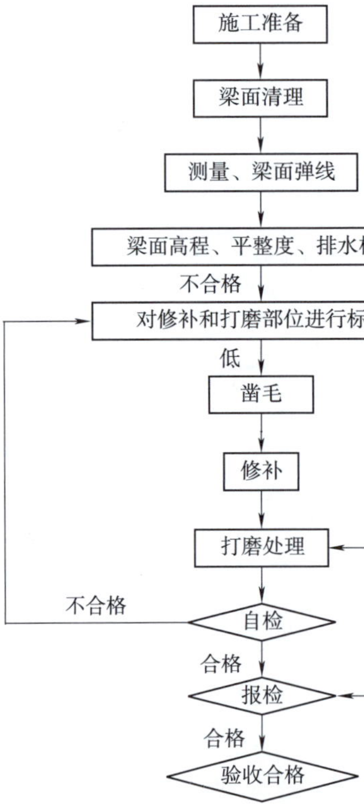

图10—1　梁面处理施工工艺流程

10.1.2　施工技术

（1）施工准备

①对技术人员和现场作业人员进行培训、学习和考核，使参建人员掌握施工技术和验收标准。

②初步选定修补材料，经过室内试验比对，综合考虑早期强度、28 d 强度、粘结强度，最终选定修补材料。

（2）梁面清理

梁面打磨修补前，清理梁面的杂物和黏附物，检查梁面各种预埋件和凹凸不平状况。

（3）梁面测量与网格划分

严格按照相关要求，以 CPⅡ加密点（或 CPⅢ点）为测量基准点，确定线路中心线，通过线路中心线分别绘出左、右两条 CRTSⅡ型板式无砟轨道线路的中心线，再绘出距左或右线中心两侧各 0.5 m 的控制线和 2.95 m 底座板边缘控制线，共 11 条；以箱梁跨中为基准，沿纵向每 2 m 划一道横向控制线，梁端 1.45 m 处 2 条分界线。由此将梁面划分为若干网格化区域，如图 10—2 所示，再对每个网格区域进行梁面相对高程测量。

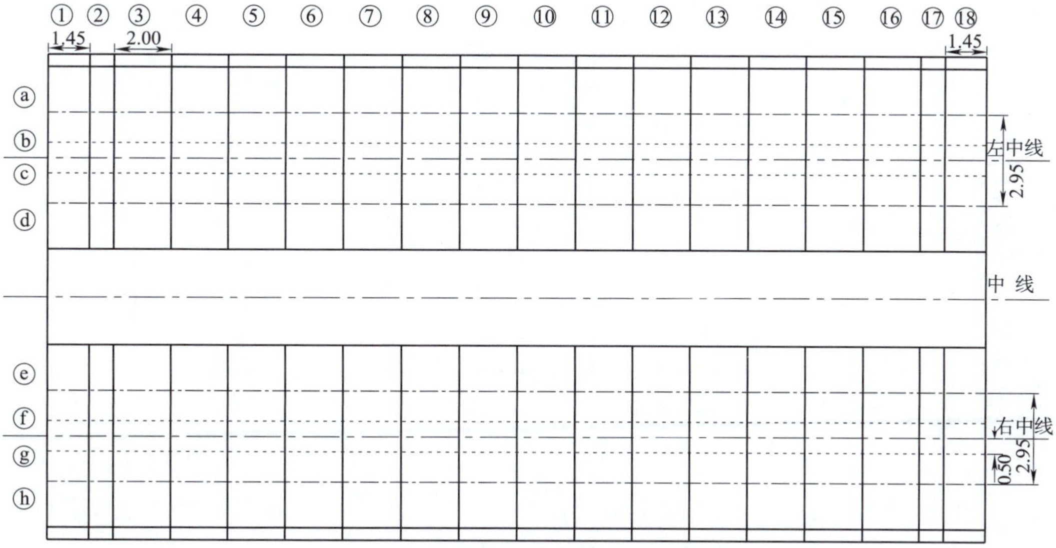

图 10—2　梁面网格法区域划分（单位：m）

（4）确定梁面打磨基准面

梁面处理前，由测量人员对桥面高程及平整度进行测量，根据测量数据，系统分析每孔箱梁梁面的实测高程与设计高程的偏差，结合沉降变形预留量，并考虑梁面高程偏差及相邻箱梁梁端高差的要求，依据“高磨低补、多磨少补”（打磨点数控制在 70% ~80% 为宜）的原则，确定梁面打磨高程的基准面。具体步骤如下所述。

①计算得出梁端和梁面每条横向控制线处梁面的设计高程。

②根据梁面设计高程和允许偏差(±20 mm),确定梁面高程的允许极限值。

③将梁端和梁面横向控制线处的实测高程标记在图上,形成梁面高程的允许极限值与实测值的相对位置示意图,实际值与允许极限值间可能存在三种情况:一是高出最大允许极限值的点,二是位于最大和最小允许极限值中间带的点,三是低于最小允许极限值的点。

④根据“高磨低补、多磨少补”的原则,并结合 3 mm/4 m 平整度的控制要求,在允许极限值中间选取梁面高程打磨基准面。

⑤对于存在不满足相邻两箱梁端高差标准和整孔箱梁高程超限等情况的梁面,进行适当处理后再确定其打磨基准面。

(5)梁面整修标记

梁面打磨基准面确定后,在梁面标示出整修位置和范围,并注明打磨量或修补量,如“打磨 3 mm”或“修补 5 mm”等,如图 10—3 所示。

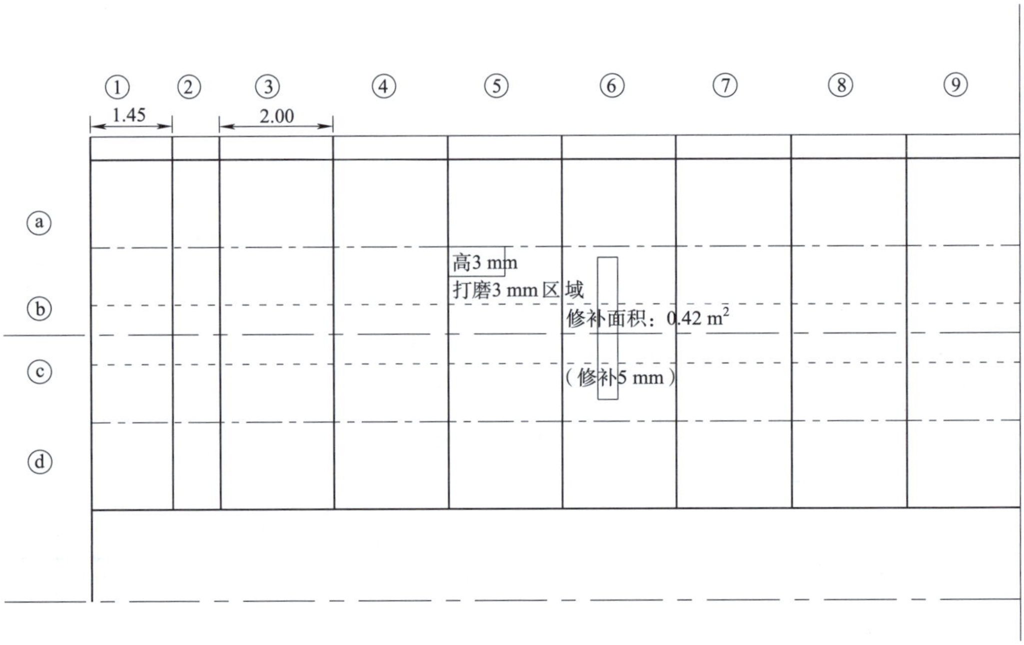

图 10—3　不合格点标记示意(单位:m)

检查梁面上两条无砟轨道线路间的排水坡、防护墙内侧排水坡等,对排水不畅或积水位置进行标记,标记方法同上。

(6)初磨

对于梁面上标记为需打磨的区域,采用打磨机(推荐大型激光自动找平打磨机)对梁面 3.15 m 平台和 1.45 m 凹槽进行初磨,打磨机按无砟轨道线路方向折返打磨,每次搭接约 5～10 cm,磨至打磨基准面,如图 10—4 所示。

图 10—4 梁面初磨施工

(7)加高平台及梁端 1.45 m 凹槽修补

对于梁面上标记为需修补的区域,用小型混凝土切割机进行周边切槽(必须涵盖修补区);切槽区域内用铣刨机铣刨,露出新鲜骨料,其深度须经工艺试验确定,如图 10—5 和图 10—6 所示;无法铣刨区域采用人工凿毛。将粘结面清理干净后用高强修补砂浆修补,修补砂浆顶面宜高出梁面的打磨基准面 2 mm,修补后应加强养护,待修补砂浆强度达到要求后,检测修补质量,再精磨至梁面的打磨基准面。

图 10—5 切槽示意

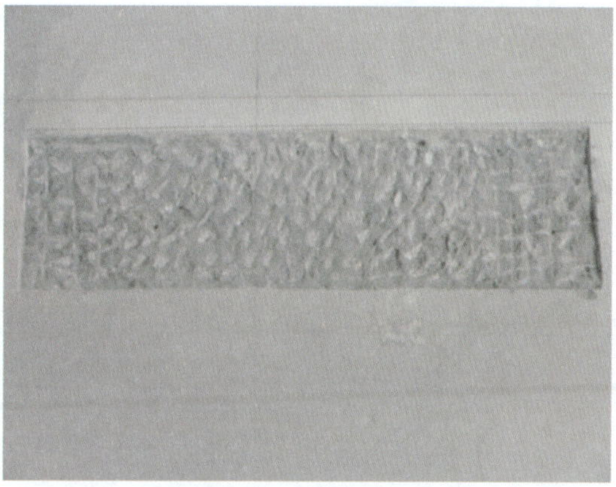

图 10—6 凿毛效果

(8)精磨

采用小型打磨机具(如水磨砂轮机、手持砂轮机等)对梁面上的初磨区和修补区进行精磨,精磨时应注意对周围梁面的保护,并精确控制打磨量。

(9)梁面齿槽修补

①剪力齿槽。先对剪力齿槽的平面位置及结构尺寸进行测量,确定修补方案。剪力齿槽四周在底座板施工前进行修补,齿槽修补时,先凿毛使其露出新鲜骨料后,采用高强砂浆进行修补。待修补砂浆强度达到 10 MPa 时,采用角磨机对其修补范围的上表面进行

精磨处理，确保平整度；齿槽其他部位的修补在底座板后浇带施工时进行，先凿除表面浮浆，清理干净后直接浇筑后浇带混凝土。

②侧向挡块齿槽修补（图 10—7）。先对侧向挡块齿槽的平面位置及结构尺寸进行测量，确定修补方案。修补时，对齿槽靠近并平行底座板一侧修补区域先凿毛，露出骨料后，采用高强砂浆进行修补，待修补砂浆强度达到 10 MPa 时，采用角磨机对修补砂浆上表面进行精磨处理，确保底座板浇筑后在齿槽部位不悬空。

图 10—7　侧向挡块齿槽修补

在侧向挡块施工之前，对侧向挡块齿槽其他部位的修补区域进行凿毛清理，与侧向挡块一起浇筑混凝土。

（10）相邻梁端高差超限的梁面修补

对相邻梁端高差超限的梁面，根据线路纵坡，综合考虑修补方案。

（11）排水系统的修补

排水系统的修补方法与梁面修补方法相同。

（12）连续梁打磨

连续梁应首先在加高平台施工时加强控制，确保其高程和梁面平整度。其打磨基准面的确定要特别考虑梁体的残余徐变及后期变形的影响，连续梁打磨和修补方案与简支梁相同。

10.1.3　人员和机械设备配置

（1）施工劳动组织

梁面打磨及修补人员组织安排见表 10—1。

①架子队施工，每个工班负责人 1 名、技术员 3 ~ 4 名、试验员 3 名、测量员 3 名、安全员 1 名，工班长 2 名，配备普工 30 ~ 40 人。按照 3 孔配备人员。

②作业面负责人、技术人员、专职安全员由施工企业正式职工担任。

③根据工期要求及进度情况适当增减人员。

（2）设备机具配置

设备机具配置可参见表 10—2 和表 10—3。

表 10—1 梁面打磨及修补人员组织安排

序号	工　种	人　数	备　注
1	施工负责人	1	负责全面施工组织协调工作
2	技术主管	1	负责施工技术管理工作
3	技 术 员	3	负责施工现场技术工作
4	测 量 员	3	负责测量、弹线工作
5	试 验 员	3	负责试验和材料选用工作
6	专职安全员	1	负责现场施工安全
7	工 班 长	2	负责梁面修补及进行协调、技术指导等工作
8	打 磨 工	18	打磨施工
9	修 补 工	10	修补作业
10	杂　工	8	负责梁面清洁等临时工作
合　计		50	

表 10—2 梁面打磨及修补机具设备配置

序号	设 备 名 称	规　格	数　量	性 能 状 况
1	大型打磨机	TM-USO-2	2	新购
2	小型打磨机	BG-250	5	新购
3	角 磨 机	S1M-KP05-125B	20	良好
4	铣 刨 机	WRS200E	9	良好
5	搅拌设备	自制	2	良好
6	混凝土切割机	Z1E-TY-110	3	良好
7	电　镐	HM0830T	6	良好
8	电　锤	H1-26	2	良好

表 10—3 梁面打磨及修补检测工具配置

序号	检 测 工 具	数量(台/把)	用　途
1	4 m 靠尺	4	检测梁面 3.1 m 平整度
2	1 m 靠尺	3	检测梁端 1.45 m 范围平整度
3	塞　尺	5	配合 4 m、1 m 靠尺使用
4	电子水准仪	1	测量梁面高程
5	全 站 仪	1	梁面弹线放样
6	0.5 m 水平尺	2	测量梁端高差
7	钢 板 尺	2	测量 1.45 m 凹槽高度
8	5 m 钢卷尺	5	梁面弹线
9	50 m 尺	1	测量预埋件及防撞墙位置

10.1.4　质量控制要点及验收标准

(1)质量控制要点

①梁面修补材料宜采用专用修补材料，材料应具有早强、高强、粘结力强、易施工等特点，一般选用聚合物修补砂浆、专用高强砂浆和环氧树脂类砂浆。经工艺试验确定配合比，选用的修补材料主要性能指标要求见表10—4。

表10—4　修补材料主要性能指标要求

检测指标	性能要求
2 h 抗压强度(MPa)	31.5
7 h 抗压强度(MPa)	45.1
24 h 抗压强度(MPa)	54.3
28 d 抗压强度(MPa)	68.1
7 d 粘结强度(MPa)	3.1
28 d 粘结强度(MPa)	3.8

②对整片梁面高程和平整度做全面分析，遵守“高磨低补、多磨少补”原则制定处理方案。

③梁面排水坡需保证梁面排水顺畅。

④梁面修补完成后，重点检查有无空鼓现象。

⑤整修完成后，加强成品保护。

⑥连续3天出现室外日平均温度低于+5 ℃或日最低气温在−3 ℃以下时，不宜进行梁面修补施工作业。

(2)验收标准及检验方法

①梁面验收标准见表10—5的规定。

表10—5　梁面验收标准

序号	检验项目	验收标准与偏差
1	梁面平整度	3 mm/4 m 或不大于 8 mm/4 m 但应同时满足 2 mm/1 m
2	梁端 1.45 m 范围平整度	2 mm/1 m
3	梁端 1.45 m 凹槽梁面高程偏差	不高于设计值
4	除梁端 1.45 m 凹槽以外的梁面高程偏差	−20 ~ 0 mm
5	相邻梁端高差	不大于 10 mm
6	相邻梁端缝宽度	6 ~ 14 cm
7	梁端剪力齿槽深度	不小于设计深度
8	梁端底座板幅宽 2.95 m 范围凹槽深度	0，−2 mm
9	六面坡度设置情况	不允许出现反向排水坡
10	梁面、梁缝清扫及泄水孔等其他情况	符合要求

续上表

序号	检 验 项 目	验收标准与偏差
11	预埋件位置及结构情况	不小于设计深度，预埋套筒偏差为 ±5 mm
12	伸缩缝橡胶膨胀止水带安装	满足设计要求
13	桥面修补质量检查	不存在空鼓、起皮等缺陷
14	其　　他	满足验收标准要求

②梁面平整度。

a. 以左、右无砟轨道中心线为基准线，每 3 m 为一测点，以 4 m 靠尺为半径旋转测量梁面平整度，每处平整度均符合 3 mm/4 m 要求的，则评判该处平整度合格。

b. 当梁面某处平整度不满足 3 mm/4 m 但满足 8 mm/4 m 时，用 1 m 尺进行复测，如满足 2 mm/1 m 要求的，则可评判该处平整度合格；如仍不能满足 2 mm/1 m 要求的，则评判该处平整度不合格（当梁面某处平整度超过 8 mm/4 m 时，不得再用 1 m 尺进行复测评判，必须进行处理）。

c. 梁面每条线平整度记录。靠尺每次记录最大值，32 m 梁每条线记 10 个点，24 m 梁每条线记 7 个点，其他非标梁根据具体长度确定。

d. 梁面平整度整体合格评判标准。每条线上的平整度全部达到合格标准，且梁面其他部位的表面基本平顺、无明显不平整现象，则评判该梁面整体平整度合格，否则评为不合格，必须对平整度不合格处的梁面进行整修处理。

（3）梁端剪力齿槽凹槽几何尺寸

梁端剪力齿槽凹槽深度不小于设计要求，且不露筋；不满足要求的，齿槽内应全部凿毛，确保梁体混凝土与其结合良好。

（4）梁端平整度

梁端 1.45 m 凹槽内挤塑板安装范围的平整度要求为 2 mm/1 m，且不得出现反坡。

（5）桥面高程

①简支梁梁面设 14 个测点，获得梁面高程，测点具体布置：左、右无砟轨道中心线各 7 个，具体在离梁端 5 cm 和 135 cm；梁面上 6 个，分布在固定端距梁端 235 cm 处、活动端距梁端 155 cm 处和跨中，高程允许误差为（ −20 mm，0 mm）。

②梁端 1.45 m 凹槽范围的桥面高程内不允许出现正误差，且与桥面加高台高差的偏差为 −2 ~0 mm。对不能满足要求的梁面应进行打磨或采用聚合物砂浆填充处理。

③按照 CPⅢ高程上桥方法，引测水准点，有条件的利用 CPⅢ高程作为基准点测量。

（6）相邻梁端高差

在梁端处理合格的基础上，相邻梁端高差不大于 10 mm。采用 0.5 m 水平尺进行检查（在底座板范围内对观感较差处进行量测）。应先复测高程，再根据测量值采取相应的措施处理。

（7）桥面预埋件

要求预埋件平面、高程位置、几何形状准确。采用测量仪器进行检查。

(8)桥面排水坡

桥面排水坡应符合设计要求。对排水坡存在误差的桥面,应保证设计的汇水和排水能力,不允许出现反向排水坡,特别是两无砟轨道线中间部位。对可能造成排水系统紊乱的桥面应打磨整修处理。

(9)梁面净宽

满足防护墙内 8.8 m 净宽及位置要求。防护墙外也要符合《板式无砟轨道施工质量验收标准》的要求。

(10)梁面裂纹与气泡或凹坑处理

采用抛丸设备,严格按相关标准规范和要求进行梁面处理。梁面处理时,如梁面有裂纹、气泡或凹坑,则必须严格按相关文件的要求进行修补。梁面修补必须做到密实、平整、坚硬,满足防水层施工技术条件要求,且经监理验收合格后方可进行防水层施工。桥面不能有油渍污染,若存在油渍污染必须在底座板施工前清理干净。

10.2 桥面防水层施工

桥面防水采用全桥面防水方式,防水体系设计包括以下内容。

(1)底座板下防水层

底座板下防水层是指底座板及两侧外延 10 cm 范围内的防水层,采用喷涂聚脲防水涂料施工。

(2)线外防水层

无砟轨道线外防水层是指两无砟轨道线间除底座板下防水层之外的底座板与防护墙之间范围内防水层,采用喷涂聚脲防水涂料 + 脂肪族聚氨酯面层。

(3)电缆沟槽内防水层

电缆沟槽内防水层采用聚氨酯防水涂料施工。

10.2.1 施工工艺流程图

防水层施工工艺流程如图 10—8 所示。

10.2.2 底座板下防水层施工技术

(1)梁面抛丸处理

①梁面平整度验收合格后,采用抛丸机进行抛丸处理,以增强防水材料与梁面的附着力,并充分暴露混凝土孔洞、凹陷、裂纹等缺陷。

②抛丸施工时,抛丸机从每孔梁一端开始沿线路纵向直线行走,至另一端调头(图 10—9),并保持作业面宽度与前次重叠 3 ~ 5 cm,避免漏抛,通过抛丸机走行速度控制抛丸效果。

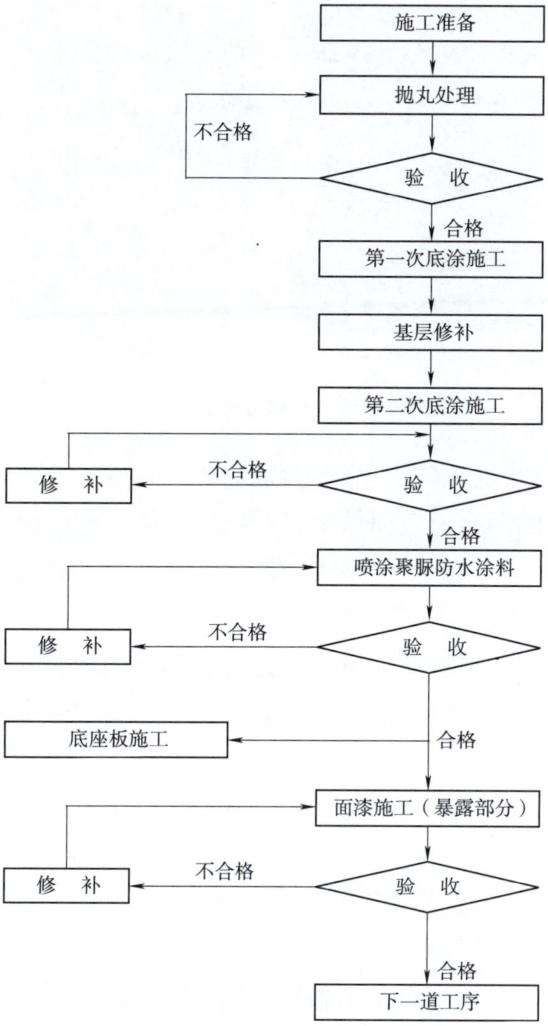

图 10—8　桥面防水层施工工艺流程

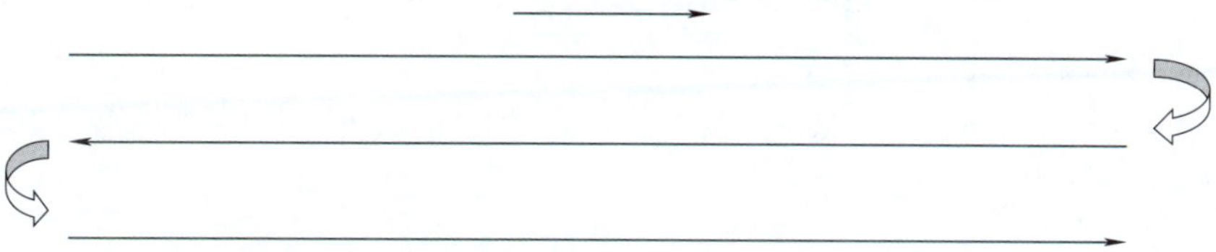

图 10—9　抛丸机作业路线

③抛丸清理不到的区域，如防护墙根部等，采用人工清理。

④抛丸后，应达到有效创面大于 95%，粗糙度 SP3 ~ SP4，现场技术人员用 CSP 对照版（图 10—10）进行检查。

（2）第一次底涂施工

抛丸 30 min 后进行底涂施工，底涂分两次进行。底涂施工前，对混凝土表面进行清洁处理，去除抛丸留下的杂物，最后采用吸尘器进行除尘。

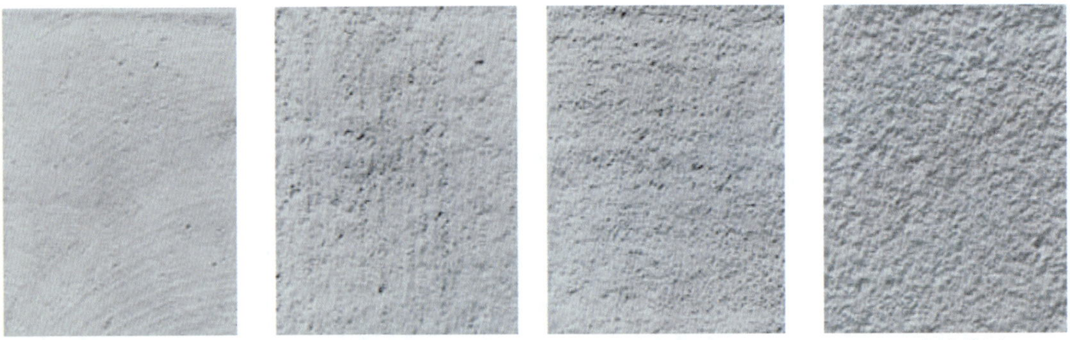

SP2研磨　SP3轻度抛丸　SP4中度抛丸　SP5轻度铣刨

图10—10　粗糙度CSP对照版

①首先进行测量放线，确定防水层施工范围。

②为了封闭抛丸后的混凝土表面缺陷、气孔，进行第一次底涂施工。

③底涂施工时，测量现场温度和湿度，要求基面温度不低于5℃，空气湿度不高于75%，基面含水率不高于7%。

④采用喷涂或辊涂工艺进行底涂施工，边角沟槽处辅以刷涂施工。

⑤喷涂必须均匀，第一次底涂施工时，材料用量为0.1～0.3 kg/m^2。

(3)基层修补

在底涂施工完成后4～6 h开始常温下基层修补，采用腻子对混凝土基面上的孔、洞等缺陷进行修补。

①第一次底涂施工后，检查缺陷并进行基层修补，孔洞集中部位应采用修补腻子满刮处理，孔眼分散部位采用点补处理，直至缺陷消除。

②基层修补腻子采用喷涂聚脲专用材料，并按要求配制使用，随用随配。

③修补腻子从外观上看应为均匀黏稠体，无凝胶、结块。表干时间不超过4 h，实干时间不超过24 h，使用前通过试验测定其粘结强度（底涂粘结强度包括底涂与混凝土基层以及底涂与后续施工聚脲涂层）。

④基层修补后，应达到表面坚固、密实、平整的质量效果，不应有疏松、起砂、起壳、蜂窝、麻面等现象。

(4)第二次底涂施工

基层修补完成并检查合格后，进行第二次底涂施工，第二次底涂施工在腻子层表干之后、实干之前进行。第二次底涂施工工艺方法与第一次底涂施工相同。

第二次底涂施工的材料用量为0.1～0.3 kg/m^2，两次底涂总量不小于0.4 kg/m^2。

底涂施工完成后，用目测法检查，应满足涂布均匀、无堆积、无漏涂和缺陷等要求，基层表面若有少量针眼用基层修补腻子人工补平。

(5)喷涂聚脲防水涂料

在底涂施工完成后4～6 h进行喷涂聚脲防水材料喷涂施工。

①喷涂准备

a. 施工前,对喷涂范围之外区域进行覆盖遮挡保护,施工时做好劳动保护,并加强施工环境通风。

b. 施工前,需将聚脲防水材料的 B 料搅拌 15 min 以上,搅拌均匀。施工过程中应保持低速连续搅拌。

c. 正式喷涂前,喷涂设备主加热器需要加热到 60 ℃ ~ 70 ℃,压力设定在 2 500 Psi 左右,首先进行试喷作业,观察试喷情况,调整温度及压力值,达到最佳效果后再进行喷涂作业。

②喷涂施工

a. 聚脲防水层施工应在干燥、温暖环境中进行,施工时温度在 10 ℃ ~ 35 ℃,相对湿度在 75% 以下,保证基层温度高于露点温度 3 ℃。

b. 喷涂聚脲防水涂料时,以机械喷涂为主、人工喷涂为辅,对机械喷涂不能达到的特殊部位采用人工喷涂。机械喷涂前,调试好喷涂设备,先在塑料布上进行试喷,测定喷涂车的行走速度和自动喷枪的运行速度,控制聚脲防水涂料喷涂厚度,然后进行大面积地机械喷涂。人工喷涂一般用手持喷枪施工,每道涂层采用纵横交叉喷涂,且第二枪覆盖第一枪 70% ,喷枪宜垂直于待喷基层,距离在 65 cm 左右适宜,移动速度均匀。

c. 每遍喷涂厚度约 1 mm,底座板以下范围喷涂厚度大于等于 2 mm;底座板以外范围喷涂厚度大于等于 1. 8 mm。喷涂机行走速度 1. 9 m/min,平均一孔梁的喷涂时间约 5 h。机械喷涂施工如图 10—11 所示。

图 10—11 机械喷涂施工

③聚脲防水层搭接施工

a. 桥面两次喷涂聚脲防水层的喷涂时间间隔在 6 h 以上,需要进行搭接施工;第一次施工应预留出 15 ~ 20 cm 的搭接面,搭接面喷涂厚度从 2 mm 渐变至 0,以便与后续防水层进行可靠搭接。

b. 后续防水层施工前，应对已施工的防水层边缘 15 ~ 20 cm 搭接面进行清洁处理，保证原有防水层表面清洁、干燥、无油污及其他污染物。

c. 后续防水层施工前，采用专用黏结剂涂刷搭接面，在 4 ~ 24 h 之内喷涂后续防水层，搭接区域后续防水层喷涂厚度 0 ~ 2 mm，确保整体厚度均匀一致。

④特殊部位处理

防水层施工特殊部位包括桥面的防护墙、侧向挡块、泄水孔及裂缝等。

a. 防护墙和侧向挡块部位。在防护墙及侧向挡块的转角部位施工聚脲防水层时，应先打磨混凝土表面并清除浮浆和毛边，使聚脲防水层平顺转角，必要时辅以手工涂刷，保证转角部位防水层质量，且转角高度不小于 80 mm。

b. 泄水孔的处理。泄水孔内涂刷底涂约 10 cm 深，然后手工向孔内壁喷涂聚脲防水材料(图 10—12)。

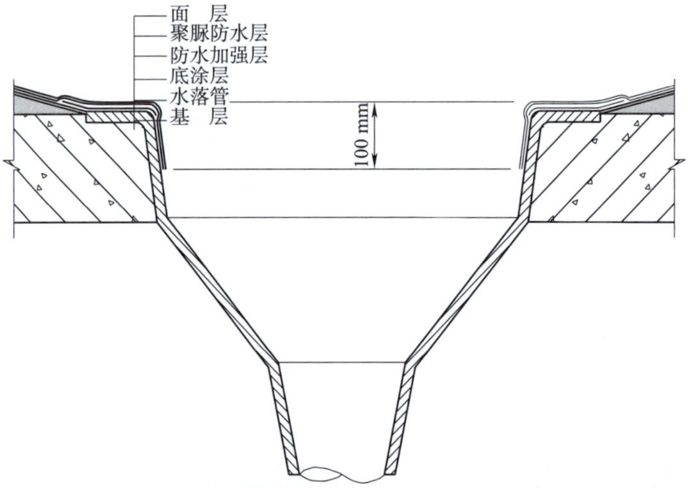

图 10—12　泄水孔处防水层处理示意

c. 防水层收边。在桥面混凝土上喷涂聚脲防水材料时，应连续施工，在梁端处应施作收边处理，使用角磨机将聚脲防水层边缘修平。

10. 2. 3　无砟轨道线外防水层施工技术

为防止运梁车、龙门吊、运轨车等施工机械的碾压使防水层出现剥离、脱落等现象，线外防水层在铺轨之后施工。

(1)线外防水层底涂、聚脲防水层喷涂施工与底座板下防水层相同，厚度为 1. 8 mm。

(2)脂肪族聚氨酯面层施工前，对聚脲防水层表面进行清洁处理，保证聚脲防水层表面干燥、无灰尘、油污和其他污染物。

(3)脂肪族聚氨酯面层施工宜在聚脲防水层施工完毕后 6 h 内完成，保证该面层和聚脲防水层之间良好的黏结；若超出 6 h 时，应采用搭接专用黏结剂对聚脲涂层表面做预处理并经现场做黏结拉拔试验后再施作脂肪族聚氨酯面层。脂肪族聚氨酯面层分层施工，每层厚度不小于 50 μm，且涂刷两遍以上，总厚度大于 200 μm。

(4)脂肪族聚氨酯面层施工采用辊涂或喷涂工艺，边角、沟槽采用刷涂施工。

10.2.4 电缆沟槽防水层施工技术

采用人工涂刷聚氨酯防水涂料施工电缆沟槽防水层，完成后再施作 5 cm 厚纤维混凝土防水层。

10.2.5 人员和机械设备配置

(1)施工劳动组织

成立专业架子队进行施工。根据工期安排，确定合理的劳动力资源，一般每个作业面人员按表 10—6 配备较为合适。按此劳动力配置，正常施工情况下，能达到逐孔单向推进每天完成 3 ~5 孔 32 m 箱梁的工效。

表 10—6 一个防水层作业面人员配备

序 号	工 种	人 数	备 注
1	施工队长	1	管理
2	技术员	2	技术、资料
3	质检员	2	验收、检测
4	试验员	2	试验检测
5	安全员	2	安全防护
6	基面处理班	16	基面抛丸修补
7	喷涂班	12	聚脲喷涂
8	其 他	8	后勤保障
合 计		45	

(2)设备机具配置

每个梁面防水施工工作面一般应按表 10—7 配备的机械设备。

表 10—7 一个防水层施工作业面的主要设备器具配置

序 号	机械设备名称	规格及型号	单 位	数 量	备 注
1	抛丸机	2-20DT	台	1	佰锐泰克
2	喷涂主机	H-XP3	台	1	固瑞克
3	自动喷涂车	美狮龙	辆	1	
4	空气压缩机	ES10010	台	1	红五环
5	75 kW 发电机	GF-75	台	1	
6	5 kW 发电机	雅马哈	台	1	
7	基面研磨机	秀珀	台	1	

续上表

序　号	机械设备名称	规格及型号	单　位	数　量	备　注
8	设备运输车	北京	辆	3	
9	冷冻干燥机	JAD-10NF	台	1	杭州仕嘉
10	超声波测厚仪	PosiTecctor200	台	1	DeFelsko
11	拉拔仪	PosiTest AT	台	1	DeFelsko
12	渗水仪	HDSS-Ⅱ	台	1	
13	游标卡尺	100 mm	把	1	

注:以上配置满足单向推进要求,每天完成3~5孔32 m箱梁。

10.2.6　质量控制要点及验收标准

(1)质量控制要点

①对于超过四级以上的强风天气,采取相应措施挡风。

②聚脲防水层施工适合在干燥、温暖环境中进行,施工时温度在10 ℃ ~35 ℃,相对湿度在75%以下,保证基层温度高于露点温度3 ℃。

③针孔为底涂腻子没有完全封闭梁面孔洞所致。一般数量不多,如果在喷涂聚脲防水涂料以前发现针孔,直接封堵即可;如果喷涂聚脲防水涂料后存在针孔,使用手工聚脲封堵。封堵时,先用腻子填满针孔,然后再手工涂抹聚脲防水涂料。

④每个工作日正式喷涂前,应利用所使用的设备及原材料,先进行试喷涂一块500 mm×500 mm(厚2 mm)的试块,当试喷的涂层质量达到要求,且喷枪A、B料充分混合后,方可进行正式施工,可避免出现气泡。

⑤如缺陷部位喷涂施工后的时间较短(小于等于6 h),则可对有缺陷的涂层表面进行打磨、清理后直接进行二次聚脲防水材料喷涂;如果缺陷部位喷涂施工后的时间较长(大于6 h),则在缺陷涂层表面并向外扩展5~10 cm,打磨清理后,施作专业黏结剂,然后采用专用修补设备喷涂聚脲修补、刮平,使整个聚脲防水层连续、致密和均匀。

⑥防水层施工完毕后,应注意梁面的清洁及运输车辆轮胎的清洗,避免损坏、污染防水层。

(2)验收及检测

聚脲防水层施工质量现场检验包括外观检测、厚度检测、基层粘结强度检测、不透水性检测。

①厚度检测。聚脲防水层喷涂完成后,用超声测厚仪检查涂层厚度,底座板下聚脲防水层厚度大于等于2.0 mm,底座板以外区域聚脲防水层大于等于1.8 mm。轨道板下每间隔5 m布设4个测点;其他区域每间隔5 m布设4个测点,即轨道板中间布设2个和左、右防护墙各布设1个,用便携式超声波测厚仪进行检测。

检查步骤:首先将润滑液(或者水)均匀涂抹在被测聚脲防水层表面,然后将超声波探头直接接触润滑液(或者水)2 s,听到提示声音后,读取液晶显示屏上的数据,即为聚脲防水层厚度。

由于抛丸后的混凝土桥面表面凹凸不平,会对超声波测厚的工作原理产生误差。如果使用超声波测厚仪,连续5点测试厚度不满足的话,则应结合粘结强度的拉拔测试,采用游标卡尺测量被拔出聚脲防水层的厚度,作为喷涂聚脲防水层的实际厚度。

②粘结强度检测。在聚脲防水层施工7 d后进行现场拉拔试验,每10孔梁(或每320 m)随机抽取1孔(或连续的32 m桥面)进行检测,每孔梁(或每32 m)检测5处,测点均匀分布。拉拔后的部位用聚脲防水涂料喷涂,施作快速修补并刮平。

试验设备:便携式附着力试验仪(测量范围:0~15 MPa,精度0.1 MPa)

检测步骤:

a. 用溶剂清洗金属拉拔头和聚脲防水层,必要时用细砂纸轻轻打磨聚脲试片。

b. 选定试验用胶黏剂,确保胶黏剂不影响聚脲防水层的性能。

c. 按相关标准,将拉拔头(直径2~5 cm)用胶黏剂粘结在被检测聚脲防水层表面,用棉纱除去多余胶黏剂。

d. 待胶黏剂固化后(固化时间视环境条件和厂商提供的技术说明而定),用锯齿形切割器,将拉拔头周围的涂层切断,直至露出混凝土基材为止。

e. 将附着力试验仪套筒与拉拔头顶端连接,均匀按动液压手柄,直到拉拔头与基材脱开,读取显示数值(按标准ASTM D4541),即为聚脲防水层与梁面的拉拔粘结强度。

③不透水性检测。在聚脲防水层上选定测试部位,清除灰尘,按透水仪底座大小涂抹一圈密封材料,将仪器底座安置并按紧。将水注入带有刻度的玻璃管内,至570 mm高度为止,每30 s记录一次水位的高度,直至30 min为止。每孔梁(或每32 m)检测1处。

④脂肪族聚氨酯面层施工质量检验。

a. 脂肪族聚氨酯面层施工完毕后,采用目测法进行外观检验。要求脂肪族聚氨酯面层应涂刷均匀,色泽一致,不得漏涂,脂肪族聚氨酯面层应无气泡、开裂和剥落。

b. 脂肪族聚氨酯面层厚度应满足设计要求,一般情况下,脂肪族聚氨酯面层厚度大于等于200 μm,每孔梁(或每32 m)检测10处,按照涂刷施工区域均匀分布检测点。

11　高强度挤塑板及滑动层施工

在 CRTS Ⅱ型板式无砟轨道结构中，桥面与混凝土底座板间设有一由“两布一膜”构成的“滑动层”。因此，在混凝土底座板施工前，首先在梁端 1.45 m 凹槽内铺设高强度挤塑板（挤塑聚苯乙烯泡沫塑料板），验收合格后，再逐层铺设“两布一膜”滑动层。

11.1　施工工序与流程

高强度挤塑板和“两布一膜”滑动层的施工工序有梁面清洁、两端凹槽内涂刷粘结剂、挤塑板铺设、梁面涂刷胶黏剂、铺设第一层土工布、铺设土工膜、铺设第二层土工布等，其施工流程如图 11—1 所示。

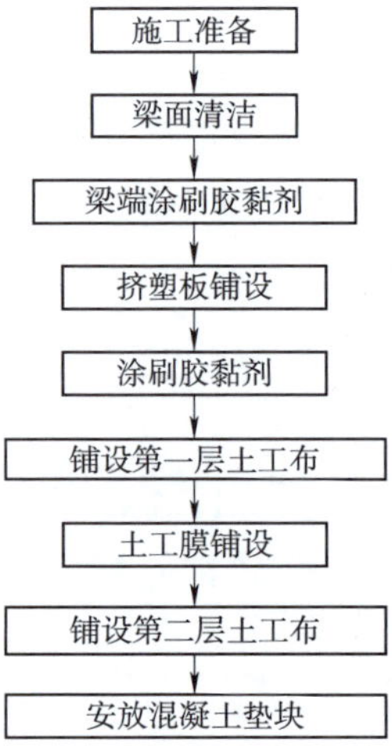

图 11—1　挤塑板和滑动层施工流程

11.2　施工技术

（1）施工准备

按照相关技术标准对用于滑动层施工的各种原材料进行进场检测，检测合格方能进场和使用。

（2）梁面清洁

清理桥面防水层表面的尘土、残留附着物、石子、砂粒等可能破坏滑动层的颗粒物，使桥面防水层表面光洁。

(3)测量放线

①通过测量,划定梁面滑动层铺设范围,其宽度为3 050 mm,做好标记和标志。

②在滑动层铺设范围内的两侧和中线,顺无砟轨道线路方向弹出300 mm宽的胶黏剂涂刷带,如图11—2所示。

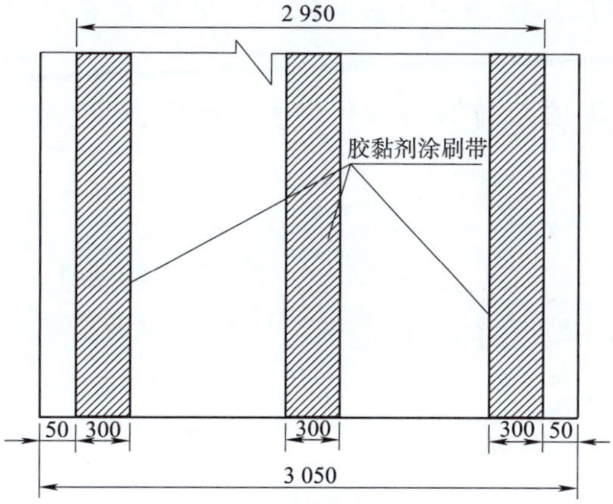

图11—2 胶黏剂涂刷带示意(单位:mm)

(4)梁端凹槽内涂刷胶黏剂

先检查梁端凹槽是否干净,如凹槽内表面有积水,必须清除并干燥。将聚氨酯胶黏剂A、B两组分按3∶1的比例混合后搅拌均匀,再用毛刷将搅拌均匀的聚氨酯胶黏剂进行多次涂刷均匀,使凹槽内表面涂满一层均匀的胶黏剂,并保证表面平整。胶黏剂涂刷厚度不大于0.5 mm,用量约为0.6 kg/m^2。

(5)高强度挤塑板施工

①高强度挤塑板由5块拼装而成,其中尺寸为600 mm×1 450 mm×50 mm的4块,表面尺寸为550 mm×1 450 mm×50 mm的1块。两块挤塑板之间采用L形拼接,如图11—3所示。

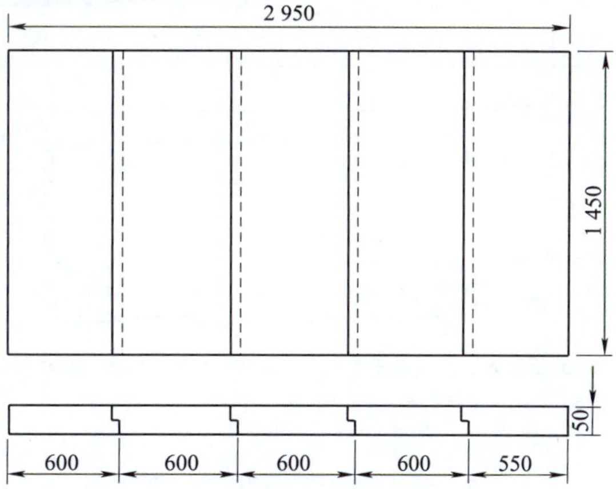

图11—3 挤塑板拼装示意(单位:mm)

②凹槽内胶黏剂刮涂均匀后，在其初凝前进行挤塑板铺设。首先测量并划定出铺设范围，两侧宜比底座板宽出 3 ~ 5 mm。铺设时，将高强度挤塑板由一侧向另一侧逐块填入凹槽内，轻压使之与凹槽内表面胶黏剂充分接触。要求挤塑板端头与梁端齐平，且与加高平台垂直边密贴，若有间隙，间隙处用胶黏剂充填。高强度挤塑板安装就位后，在其表面用钢滚筒来回滚压，使其粘合密贴。用木锤轻轻敲击检查密贴情况，合格后在表面均匀压重（配重 60 ~ 80 kg/m^2 为宜），使挤塑板与凹槽内表面粘结牢固并防止产生翘曲，采用抗滑装置防止其滑移。

③铺设完成后，挤塑板顶面与加高台上表面的高度允许偏差为 0 ~ +2 mm，每孔梁梁端要逐个检查。

（6）滑动层施工

桥梁表面上的滑动层自下而上由下层土工布、土工膜和上层土工布组成“两布一膜”的层叠结构。每孔箱梁上滑动层的铺设范围为一孔梁剪力齿槽边缘至相邻梁剪力齿槽边缘，梁端处滑动层直接铺设在挤塑板顶面，宽度为 3 050 mm，两侧分别比底座板宽出 50 mm，如图 11—4 和图 11—5 所示。

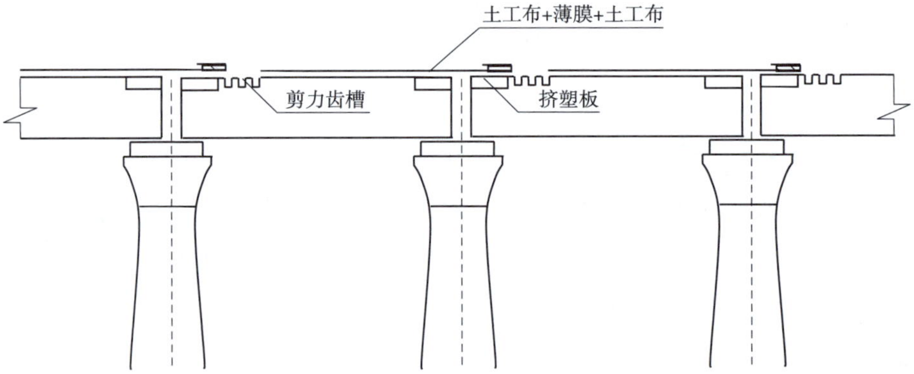

图 11—4　滑动层铺设示意

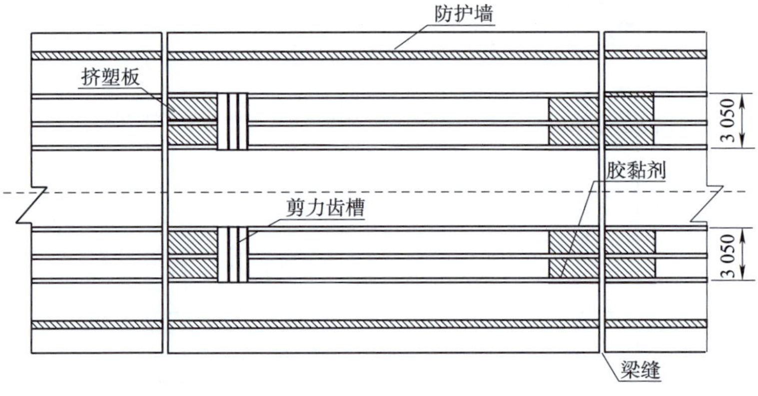

图 11—5　滑动层铺设平面示意（单位：mm）

①涂刷聚氨酯胶黏剂。冲洗干净梁面，清除积水待梁面干燥后，测量放线划定胶黏剂涂刷范围。将聚氨酯胶黏剂的 A、B 两组分按 3∶1 的比例准确称量配料，混合后搅拌均匀。施工时，随用随配，每次配制 15 ~ 30 kg 为宜，搅拌时间为 10 ~ 15 s，胶黏剂须在 45 min 内使用完毕。将胶黏剂均匀地涂刷在梁面划定的范围内，涂刷厚度不大于 0.5 mm，用量约为 0.6 kg/m^2。

②"两布一膜"铺设。聚氨酯胶黏剂涂刷均匀后，在胶黏剂初凝(20 ℃时胶黏剂的凝结时间一般为 30 ~ 60 min)前铺设下层土工布。

a. 下层土工布铺设到梁缝处断开，并沿梁端边缘将多余部分剪除。施工时，土工布端头与剪力齿槽边沿对齐，向前逐步展开，直至相邻梁端的剪力齿槽边缘，铺好后用刮尺在表面刮压数遍，使其表面平整并与防水层基面密贴。下层土工布应整块铺设，如需接缝，采用对接方式相拼。分块对接的土工布最小长度不小于 5 m，对接接头及土工布端头处应横桥向铺设范围涂 30 cm 宽胶黏剂。下层土工布铺设至剪力齿槽处需预留 10 cm，底座板混凝土施工之前，翻卷下层土工布包裹端头并与上层土工布粘贴，以防止混凝土等杂物进入滑动层层间。

b. 下层土工布铺设完成后，在其上铺设土工膜，土工膜铺设必须平整密贴。土工膜接缝采用熔接方式，与上下层土工布接缝必须错开 1 m 以上。

c. 土工膜铺好后，开始铺设上层土工布。铺设顺序同下层土工布，铺设时可先用水均匀润湿土工布，以利于将土工布吸附在土工膜上。上层土工布接缝采用搭接，搭接长度不小于 20 cm，接头与其他层接头错开 1 m 以上(图 11—6)，且不得设在高强度挤塑板范围内。

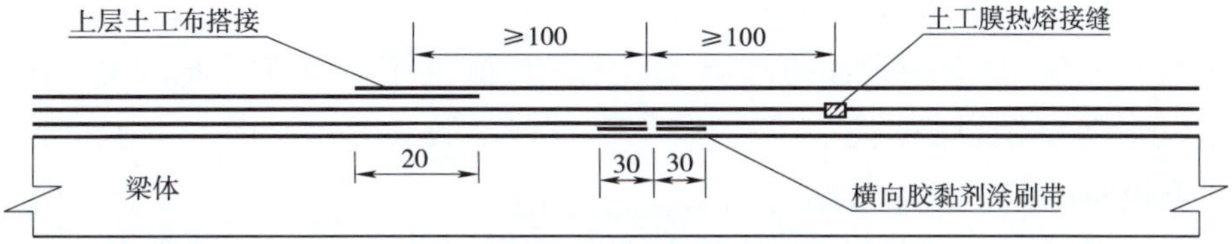

图 11—6 滑动层搭接示意(单位:cm)

③摩擦板滑动层施工采用两层土工布，其施工工艺与梁面上的滑动层相同。

11.3 人员及机具配置

人员及机具配置见表 11—1 和表 11—2。

表 11—1 一个作业面人员配备

序 号	工 种	人 数	备 注
1	管理人员	1	负责全面施工组织协调工作
2	技术人员	1	负责整理搜集现场施工资料

续上表

序　号	工　种	人　数	备　　注
3	质 检 员	1	负责现场质量控制工作
4	试 验 员	1	负责试验检测工作
5	安 全 员	1	负责现场安全工作
6	涂刷胶黏剂	4	负责画线及涂刷胶黏剂
7	“两布一膜”铺设	6	负责铺设“两布一膜”
8	挤塑板铺设	2	负责铺设挤塑板
合　　计		17	

表 11—2　底座板施工一个工作面主要机具配置

序　号	机 械 名 称	型　号	数　量	备　　注
1	胶黏剂搅拌器	自制	2 台	
2	运水罐车		1 台	桥面冲洗
3	高压水枪		1 台	桥面冲洗
4	土工膜熔接机	Jlp-810	2 台	土工膜接缝熔接
5	抹　　子	15 cm	12 把	胶黏剂涂刷
6	抹　　刀		12 把	胶黏剂涂刷
7	滑动层滚轮式卷料架	自制	2 台	
8	切割刀具	裁纸刀	4 把	

11.4　质量控制要点及保证措施

(1)挤塑板铺设宽度不小于底座板宽度,不出现底座板悬空现象。

(2)挤塑板铺设应确保与基面密贴、接头密合。

(3)铺设完成后,挤塑板顶面与加高平台高差应满足相关规范要求。

(4)滑动层各层铺设必须平整、密贴,不得出现褶皱、鼓包,梁面上土工布光面与土工膜密贴,摩擦板与土工布光面密贴。

(5)土工膜铺设后不能起拱,应采用拉紧装置将其拉紧。拉紧装置在单幅滑动层两端设置,并利用剪力钉固定、紧线器拉紧,如图 11—7 所示。

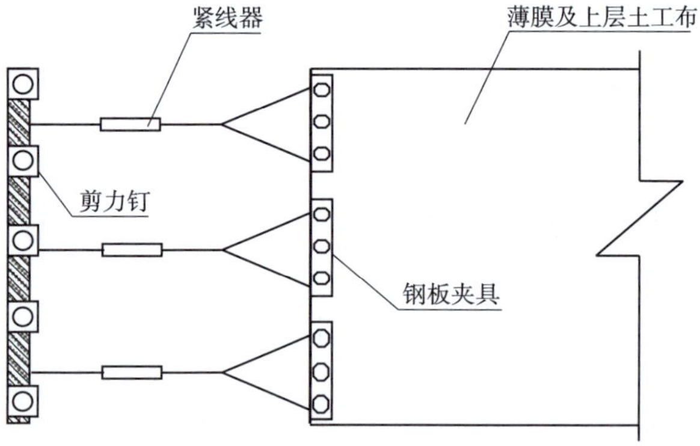

图 11—7　滑动层拉紧装置示意

(6)在梁缝部位的滑动层顶面居中安放长 2 950 mm、宽 200 mm、厚 3 mm(根据梁缝需要相应调整)的镀锌钢板,且保证前后箱梁上至少有 50 mm 的搭接长度,保证底座板混凝土不凹陷和下沉。

(7)滑动层铺设完成后,及时安放底座板混凝土垫块,以防止出现褶皱。混凝土垫块长 350 mm、宽 50 mm,高度满足混凝土底座板设计保护层要求。混凝土垫块按照梅花形布置,顺桥纵向间距 0. 8 m,必须要满足底座板每延米垫块支撑面积不得小于 0. 185 m^2 的要求,如图 11—8 所示。

图 11—8　混凝土垫块布置示意

(8)底座混凝土施工完成后,切除外露多余部分滑动层,切割时底部垫钢板,防止损伤梁面上的防水层。

11. 5　主要原材料质量标准

11. 5. 1　高强度挤塑板

(1)原材料

高强度挤塑板生产所用的聚苯乙烯或其共聚物树脂、发泡剂、阻燃剂及其他辅助材料等均应符合相关的国家标准,严禁掺用再生聚苯乙烯。

(2)尺寸规格及允许偏差

高强度挤塑板的尺寸规格及允许偏差分别见表 11—3 和表 11—4。

表 11—3　规格尺寸(单位:mm)

长(L)	宽(D)	厚(H)
1 200、1 450、2 400	600、900、1 200	40 ~ 100

表 11—4　允许偏差(单位:mm)

长度(L)和宽度(D)		厚度(H)		对角线差	
尺寸	允许偏差	尺寸	允许偏差	尺寸	允许偏差
L 或 D < 1 000 1 000 ≤ L 或 D < 2 000 L 或 D ≥ 2 000	±5 ±7. 5 ±10	H < 50 H ≥ 50	±2 ±3	T < 1 000 1 000 ≤ T < 2 000 T ≥ 2 000	5 7 13

(3)外观质量

高强度挤塑板应表面平整,无夹杂物,颜色均匀。不应有影响使用的可见缺陷,如起泡、裂口、变形等。

(4)物理机械性能

高强度挤塑板物理机械性能要满足《客运专线铁路 CRTSⅡ型板式无砟轨道高强度挤塑板暂行技术条件》(科技基〔2009〕88 号)要求。

(5)当高强度挤塑板侧面暴露于阳光照射下时,应采用耐紫外线材料进行封闭处理。封闭层应耐久、可靠。

11.5.2 滑动层用材料

(1)高密度聚乙烯土工膜原材料

高密度聚乙烯土工膜原材料应符合以下要求。

①生产土工膜的聚乙烯树脂密度不应低于 0.932 g/cm^3。

②生产土工膜的树脂为合成树脂,允许添加不大于 10% 的树脂合成中产生的清洁回料。所使用的清洁回料,应与所生产的土工膜配方相同。

③不应使用填充料和再生料。

土工布应采用聚丙烯针刺非织造土工布,不得添加除暗光稳定剂、抗紫外线稳定剂之外的添加剂。

胶黏剂可为单组分或双组分聚氨酯胶,硬化过程受湿度影响小,与桥面防水层应有良好的兼容性。

(2)规格尺寸及偏差

土工膜:单卷长度不宜小于 32 m,长度偏差为 ±0.5%;宽度不应小于 3 050 mm,宽度偏差为 -1.0%~+1.5%;厚度为 1.0~1.2 mm。

土工布:单卷长度不宜小于 32 m,长度偏差为 ±0.5%;宽度不应小于 3 050 mm,宽度偏差为 0~+1.5%;桥梁滑动层用下层土工布厚度为 3.0~3.5 mm,上层土工布厚度为 1.8~2.2 mm。摩擦板间的两层土工布厚度均为 3.0~3.5 mm。

(3)外观质量

土工膜外观质量应满足表 11—5 的要求。

表 11—5 土工膜外观质量要求

序 号	项 目	技术要求
1	切 口	平直,无明显锯齿现象
2	断头、裂纹、分层、穿孔修复点、机械损伤、折痕、褶皱	不允许
3	表面凹痕深度	不得超过厚度的 5%
4	水 纹	不明显

续上表

序号	项目	技术要求
5	晶点、僵块和杂质	0.6～2.0 mm，每平米限于10个以内，不允许大于2.0 mm
6	气泡	不允许
7	搭接接头	规格规定的长度内不允许

土工布外观质量要求见表11—6。不应出现断针；外观疵点轻缺陷符合要求，且每100 m^2 土工布上的轻缺陷不允许超过3处，重缺陷材料禁用。

表11—6 土工布外观质量要求

序号	疵点名称	轻缺陷	重缺陷	备注
1	布面不均、折痕	轻微	严重	
2	杂物	软质，粗≤5 mm	硬质，软质，>5 mm	
3	边不良	≤300 cm时，每50 cm计一处	>300 cm	
4	破损	≤0.5 cm	>0.5 cm；破损	以疵点最大长度计
5	其他	参照相似疵点评定		

胶黏剂：应为细腻、均匀的黏稠液体，无气泡、结块、凝胶、结皮，无不易分散的析出物；对双组分产品，两种组分颜色应该有明显差异。

(4)性能要求

滑动层各组成材料的物理力学性能应满足《客运专线铁路CRTSⅡ型板式无砟轨道滑动层暂行技术条件》(科技基〔2009〕88号)的规定。

(5)综合性能要求

滑动层整体性能试验前后，综合摩擦系数应小于等于0.35；滑动层整体性能试验完成后，土工布和土工膜不应出现超过试件总面积5%的磨损；滑动层作为CRTSⅡ型板式无砟轨道的重要组成部件，应满足60年设计使用寿命要求。

12　端刺及摩擦板施工

12.1　标准摩擦板

摩擦板施工采用模筑法,一个单元整体一次浇筑成型,不留施工缝,顶面设置加高平台及六面坡排水、侧向挡块预埋件等。

12.1.1　施工流程

摩擦板施工工艺流程如图12—1所示。

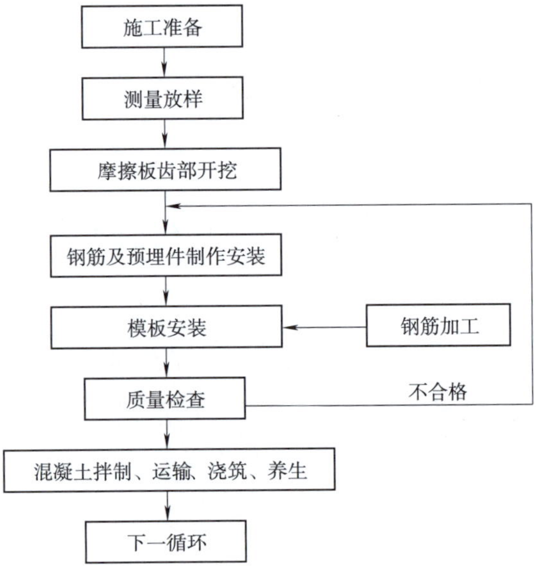

图12—1　摩擦板施工工艺流程

12.1.2　施工技术

(1)测量放样

①测量并标记摩擦板齿部开挖轮廓线。

②开挖时随时量测开挖深度,控制底面高程。

③定位、预埋过轨管线。

(2)摩擦板齿部开挖

基床表层验收合格后,开挖摩擦板齿部(图12—2)。采用人工辅以小型机具开挖,避免扰动周边路基本体。

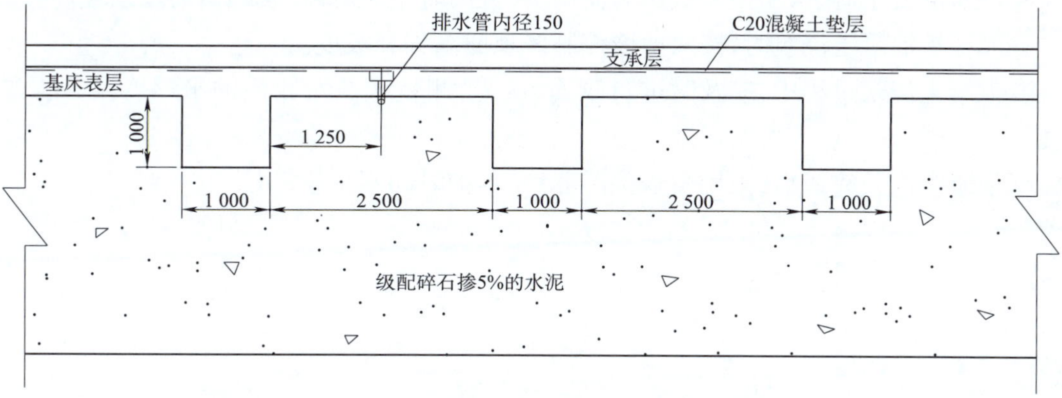

图 12—2　摩擦板齿部开挖示意(单位:mm)

摩擦板齿部开挖时,同步施工摩擦板下过轨管线和线间排水管道等设施,全部完成并检查合格后,方可进行摩擦板钢筋、混凝土施工。

(3)钢筋及预埋件制作与安装

①按照施工图及规范要求加工制作钢筋。

②钢筋制作一般在钢筋加工厂完成,运至现场绑扎,用料长度超过15 m的钢筋可直接运到现场进行加工。

③钢筋绑扎前,按设计要求设置底层保护层垫块,布置架立钢筋和侧面保护层垫块,垫块的强度不低于摩擦板混凝土的强度,从下至上、从外至内绑扎定位钢筋骨架,采用梅花形状人工绑扎成形。钢筋接头按图纸和规范要求错开布置。

④为避免与侧向挡块预埋钢筋、集水井钢筋及排水管位置发生冲突,摩擦板钢筋位置可适当调整,但应确保保护层厚度。

⑤侧向挡块预埋套筒、综合接地预埋件与钢筋绑扎同步完成。

⑥摩擦板与过渡板、摩擦板与端刺竖墙接头钢筋按照设计图纸进行绑扎和连接。

(4)模板安装

①侧模采用组合钢模,端头采用木模板,齿部基坑满灌。模板采用外撑加固方式。

②钢模表面应平整清洁,并均匀涂刷脱模剂,采用U形扣件或螺栓连接,接缝应平顺严密。立模完成后,检查模板垂直度及位置偏差并校正。

③摩擦板端与桥台之间有50 mm宽的缝隙,采用硬质泡沫塑料板填充,泡沫板的顶面距离摩擦板顶面5 cm范围内采用聚氨酯密封胶进行密封。

(5)摩擦板混凝土浇筑

①先清理级配碎石表面并润湿,但不得有积水,然后浇筑混凝土。

②混凝土采用集中拌制,罐车运输,泵送或溜槽入模方式施工,混凝土浇筑落差不大于2.0 m;摩擦板与齿部一同浇筑,采用全断面推进法灌筑。

③在高温或低温季节浇筑摩擦板混凝土时,应采取相应的措施降温或保温。

④浇筑混凝土时,采用插入式振捣器捣实,振捣时避免触碰模板、钢筋及预埋件。

⑤摩擦板混凝土浇筑时,按六面坡控制好顶面高程和坡度。

⑥混凝土浇筑过程中,应及时进行收面、压光,测量人员对收面的平整度及高程进行监测。

⑦混凝土浇筑完成后,采用覆盖保湿养护,养护时间不少于7 d。

12.2 标准端刺施工

12.2.1 施工工艺流程

端刺施工工艺流程如图12—3所示。

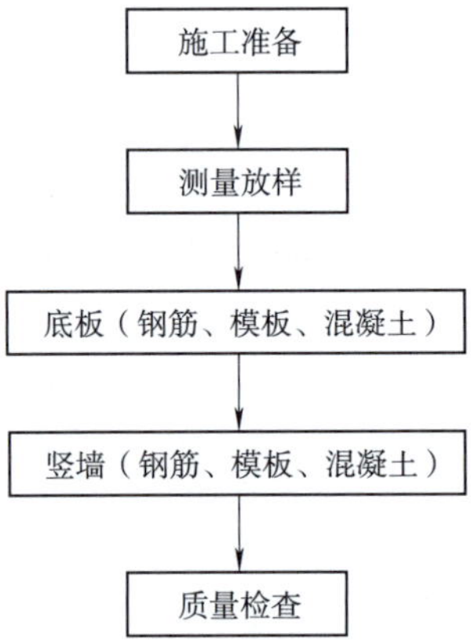

图12—3 端刺施工工艺流程

12.2.2 施工技术

路基上标准端刺如图12—4所示,路基上标准端刺施工步骤和要求如下所述。

(1)端刺与台后路基填筑同步施工。

(2)端刺地板施工范围内设10 cm厚混凝土垫层,当路基填筑至垫层底高程时,施作垫层,垫层混凝土达到一定强度后在其上绑扎底板钢筋并立模,然后浇筑端刺底板混凝土。

(3)端刺底板混凝土浇筑完成并达到一定强度后施工端刺竖墙,首先对结合面进行凿毛处理,再绑扎端刺竖墙钢筋,保证钢筋安装位置准确,钢筋与模板之间采用混凝土垫块支垫,垫块的强度不低于本体混凝土的设计强度,并应满足保护层要求。

(4)竖墙混凝土拆模并达到设计强度后,再分层对称填筑路基至设计高程。为防止路基填筑中振动对端刺结构造成破坏,周边范围在填筑时采用小型机具压实。

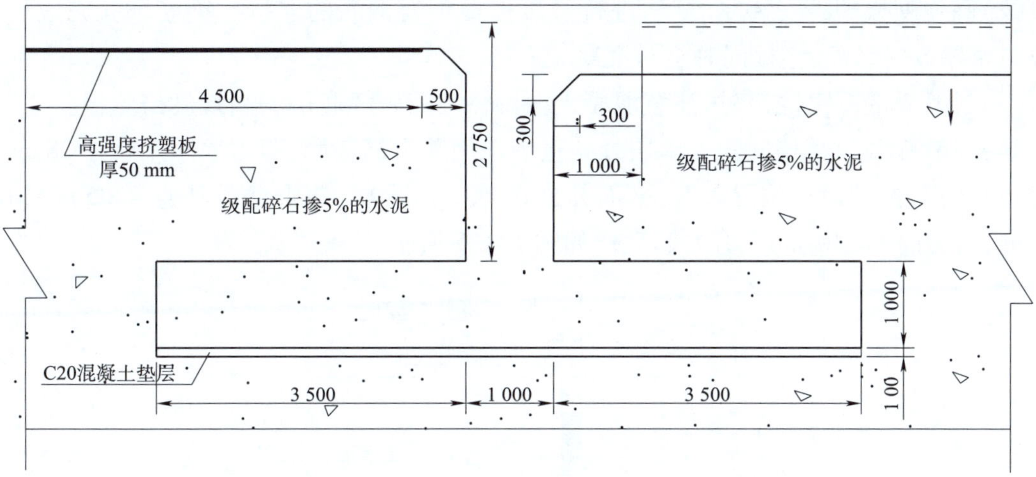

图 12—4　路基上标准端刺(单位:mm)

12.2.3　桥-桥紧邻地段摩擦板及端刺结构

(1)当一座桥与另一座桥间路基长度 L 满足 $200\ \mathrm{m} > L \geqslant 150\ \mathrm{m}$ 时,设置桥-桥紧邻地段摩擦板及端刺结构,其施工程序除无摩擦板小端刺结构外,其余施工工艺与标准摩擦板及端刺的施工工艺相同。

(2)当一座桥与另一座桥间路基长度 L 满足 $80\ \mathrm{m} < L < 150\ \mathrm{m}$ 时,设置桥-桥紧邻地段摩擦板结构,其施工除无摩擦板小端刺结构外,其余施工工艺与标准摩擦板的施工工艺相同。

(3)当一座桥与另一座桥间路基长度 $L \leqslant 80\ \mathrm{m}$ 时,不设置固定端刺,直接采用摩擦板结构,其施工工艺与标准摩擦板的施工工艺相同。

12.2.4　桥-隧紧邻地段摩擦板及端刺结构

(1)当桥梁与隧道间路基长度 $L < 56\ \mathrm{m}$ 时,设置桥-隧紧邻地段摩擦板及端刺结构。

(2)台后隧道内端刺。隧道内预留 16 m 长度仰拱混凝土填充与隧道内大端刺同时施工。隧道内仰拱施工时,预留端刺剪力钉。

12.3　过渡板施工

摩擦板混凝土浇筑完成以后,施工过渡板。施工时,先铺设 5 cm 厚高强度挤塑板,然后进行过渡板与摩擦板、端刺竖墙、支承层、底座板的连接,再对接头部位凿毛处理,露出新鲜混凝土面后进行过渡板混凝土浇筑。过渡板浇筑施工要点如下所述。

(1)过渡板施工前,在级配碎石表层施作 10 cm 厚混凝土垫层,垫层表面收光平整,然后安装高强度挤塑板。

(2)高强度挤塑板安装完成后,进行过渡板接头处钢筋的连接。钢筋绑扎完成后,过渡板与摩擦板、相邻底座板同时浇筑混凝土。

(3)过渡板混凝土浇筑时,注意混凝土振捣棒不能破坏底层的高强度挤塑板。

(4)过渡板及与其相邻的支承层处轨道板采用剪力筋锚固,剪力筋采用直径 28 mm 的 HRB500 钢筋,按照设计位置布置,平面允许误差 ±10 mm。剪力筋成孔直径 35 mm,孔深 390 mm,剪力筋长 340 mm。剪力筋大样如图 12—5 所示。

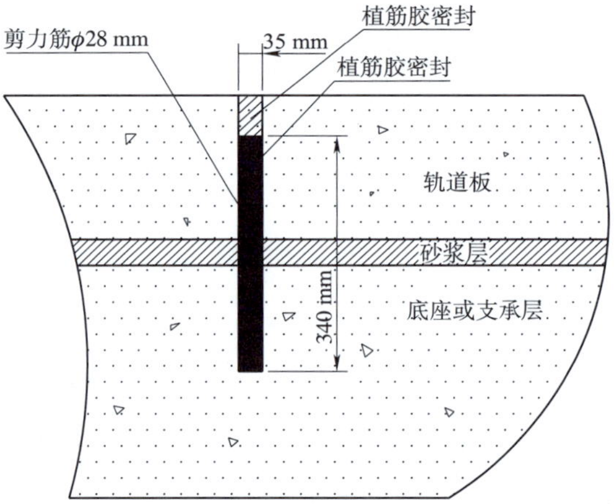

图 12—5 剪力筋大样

12.4 人员和机械设备配置

12.4.1 人员配置

摩擦板及端刺施工人员配置如下所述。

(1)劳动力组织方式:采用架子队组织施工。

(2)专业施工队伍管理人员包括施工负责人、技术负责人、技术员、质量员、安全员、材料员和工班长,并根据工程情况适当配置若干劳务工人,具体人员配置见表 12—1。

表 12—1 一个作业施工队人员配备

类 别	序 号	工 种	人 数	作 业 内 容
管理人员	1	施工负责人	1	负责全面施工组织协调工作
	2	技术负责人	1	负责施工现场技术工作
	3	技 术 员	2	负责整理收集现场施工资料
	4	安 全 员	2	负责现场安全工作
	5	质 检 员	2	负责现场质量控制工作
	6	工 班 长	2	负责现场施工劳动力安排

续上表

类别	序号	工种	人数	作业内容
作业人员	7	钢筋工	10	负责钢筋制作安装
	8	模板工	10	负责模板支立
	9	浇筑工	5	负责混凝土浇筑
	10	司机	12	负责机械驾驶
	11	试验员	2	负责试验检测工作
	12	测量员	2	负责测量放线
	13	普工	10	配合各专业施工
合计			61	

12.4.2 设备机具配置

主要施工设备与机具配置见表12—2。

表12—2 主要施工设备与机具配置

序号	设备名称	单位	数量	状态
1	挖掘机	台	1	良好
2	小型挖掘机	台	1	良好
3	振捣器	台	6	良好
4	电焊机	台	2	良好
5	发电机	台	1	良好
6	液压破碎锤	台	1	良好
7	平板振动夯	台	2	良好
8	混凝土拌和站	座	1	良好
9	混凝土罐车	台	3	良好

12.5 质量控制要点及验收标准

12.5.1 质量控制要点

(1)施工前,先测量并核对端刺、摩擦板及过渡板的位置,确认与其他结构无干扰方可进行施工。

(2)应适当考虑路基沉降,端刺竖墙预留后浇高度并适当加长预留钢筋。

(3)预留外露钢筋需采取防止其氧化生锈的措施。

(4)浇筑混凝土前,检查钢筋保护层厚度、垫块数量及其紧固程度。构件侧面和底面的垫块数量至少应为4个/m^2,扎丝不得侵入保护层内。

(5)摩擦板与端刺相接处5 m范围内不得有钢筋接头和混凝土施工缝。

(6)当端刺遇到隧道沉降缝时,应延长摩擦板的长度,避开沉降缝。

(7)过渡板的挤塑板下要浇筑素混凝土垫层,确保挤塑板与基面密贴。

(8)摩擦板、过渡板、相邻底座板混凝土宜同时浇筑成型,不留混凝土施工缝。

(9)桥-隧紧邻地段摩擦板及端刺施工还需注意以下要求。

①路基地段小端刺布置原则:从桥台位置以3.5 m的间距布置到隧道洞门,小端刺数量根据实际路基长度确定。

②隧道内侧向挡块按照6.5 m间距布置,与其他构件相冲突时可适当移动,但最大间距不大于7 m。

③端刺与隧道沉降缝要错开,通过延长摩擦板的长度进行位置调整,避开沉降缝。在端刺抗剪连接筋钻孔施工前,要进行位置核对,防止钻到隧道衬砌接缝止水带和衬砌结构钢筋上。

12.5.2 验收标准

(1)模板安装允许偏差、检验数量及方法见表12—3。

表12—3 模板安装允许偏差、检验数量及方法

序 号	检 验 项 目	允许偏差(mm)	检验数量及方法
1	中线位置	5	尺量每边不少于2处
2	顶面高程	±10	测量2处
3	宽 度	+10,0	尺量不少于3处

(2)端刺和摩擦板形尺寸允许偏差、检验数量及方法见表12—4和表12—5。

表12—4 端刺外形尺寸允许偏差、检验数量及方法

序 号	检 验 项 目	允许偏差(mm)	检验数量及方法
1	中线位置	20	尺量每边不少于2处
2	顶面高程	±20	测量2处
3	截面尺寸	+20,0	尺量不少于3处

表12—5 摩擦板外形尺寸允许偏差、检验数量及方法

序 号	检 验 项 目	允许偏差(mm)	检验数量及方法
1	中线位置	10	尺量每边不少于2处
2	顶面高程	±20	测量2处
3	截面尺寸	+20,-5	尺量不少于3处
4	平 整 度	7 mm/(4 m)	4 m靠尺和塞尺不少于3处

13 桥梁上底座板施工

桥梁上底座板施工主要包括底座板钢筋混凝土施工、底座板张拉纵连及后浇带混凝土施工等3个主要部分。

13.1 施工准备

(1)沉降变形和CPⅢ测设均通过评估。

(2)完成底座板施工单元划分,并通过论证审查。

(3)完成线外工艺性试验并通过评估。

(4)工艺选择及相关技术、生产、物资、机具设备等准备就绪。

13.1.1 工艺选择

底座板施工主要有高模低筑及可调模板浇筑两种施工工艺,一般在直线段采用可调模板浇筑工艺。

(1)高模低筑

高模低筑适用于各种底座板、支承层浇筑,模板高度高于底座板顶面高程,通过振动整平装置,实现混凝土高程控制。

(2)可调模板浇筑

可调模板浇筑适用于直线段,通过调整模板高度,实现底座板顶面高程控制。

13.1.2 底座板施工单元划分要求

底座板施工应提前规划底座板施工单元,其长度以4~6 km为宜。单元内各功能区(包括常规区、临时端刺、永久端刺、特殊部位等)设置的原则如下所述。

(1)常规区设置原则

①钢板连接器距梁端间距不小于5 m。

②底座板每个混凝土浇筑段约160 m,其前后均设置钢板连接器后浇带,位于混凝土浇筑段中部的简支梁剪力齿槽与底座板一起浇筑,其他剪力齿槽在底座板浇筑时预留剪力齿槽后浇带。

③与底座板混凝土一起浇筑的剪力齿槽至前后钢板连接器的底座板长度之差不大于15 m。

④与路基内端刺相连的一个混凝土浇筑段长度应为 80 m 左右，只有当摩擦板较长时，钢板连接器后浇带到端刺的距离可以适当加大，保证钢板后浇带位于桥上。

⑤底座板自由混凝土浇筑段长度一般不大于 80 m。

⑥要保证钢板连接器后浇带错开轨道板间缝 70 cm 以上。

⑦常规区中的每个混凝土浇筑段长度不大于 5 孔（32 m）简支箱梁长度；如果遇到特殊梁跨、非标梁跨、桥梁较短的情况时，可以按照每 1 孔或 3 孔梁设置一个钢板连接器。

（2）临时端刺设置原则

临时端刺除满足常规区设置原则的第①条和第⑦条外，还需满足以下条件。

①长桥上两个临时端刺之间的常规区最短为 3 个单元段，即 160 mm × 3 = 480 m。

②临时端刺长度约 800 m，共分成 5 段，分别为 2 个约 220 m（每段 7 孔梁）段、1 个约 100 m（3 孔梁）段、2 个约 130 m（每段 4 孔梁）段，每段之间设置钢板连接器后浇带 BL_1，临时端刺区剪力齿槽后浇带 BL_2 全部预留。临时端刺设置如图 13—1 所示。

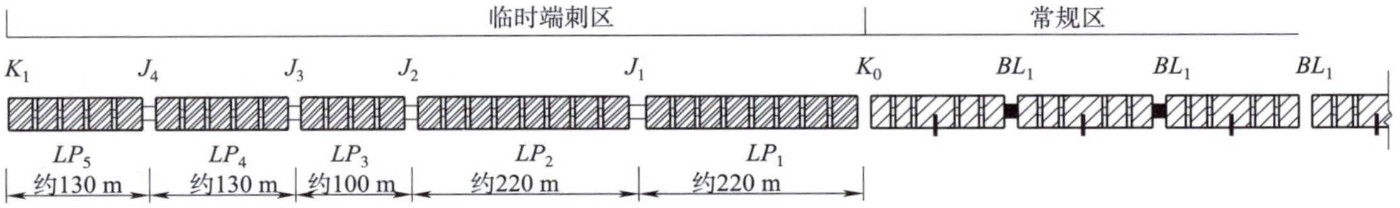

图 13—1　临时端刺设置示意

齿槽后浇带 BL_2　= 不施加预应力的纵连　- 施加预应力的纵连

③底座板施工单元要根据作业面布置情况事先统一规划，确定临时端刺张拉方案。图 13—1 中，K_0 是先期底座板施工单元张拉的一端，K_1 是后续底座板施工单元张拉的一端。

④临时端刺不宜设置在连续梁上，且距连续梁至少 2 孔简支梁。

⑤左右线临时端刺布置要错开两孔梁，避免个别桥墩承受由于底座板温差引起的较大水平力。

⑥一般情况下临时端刺的长度允许偏差为 −40 ~ +50 m（即长度为 760 ~ 850 m），临时端刺内各段长度的允许偏差为 ±10 m。

（3）特殊部位设置原则

①连续梁及其两端各 2 孔简支梁上剪力齿槽应与底座混凝土同时浇筑，并在适当的位置设置 BL_1 后浇带，长大连续梁底座板施工方案应专项组织论证。

②标准端刺与相邻已浇筑的剪力齿槽中间应设置一个 BL_1 后浇带，后浇带与端刺及已浇筑的剪力齿槽之间距离不大于 80 m。

③桥梁间短路基（长度小于 150 m）地段底座板浇筑段落划分参考连续梁上的要求，并通过调整钢板连接器设置位置满足相邻底座板自由长度差不超过 15 m 的要求。

(4)其他要求

底座板施工单元划分后，在桥梁上显著位置标示各个后浇带的位置、名称和类型，方便今后张拉时识别。

13.2 施工顺序

长大桥梁(桥长大于等于 5 km)分为多个底座板施工单元，可逐个单元或多单元同时施工，其施工顺序如下所述。

(1)完成各底座板混凝土浇筑，按要求预留后浇带。

(2)按施工方案要求进行第一底座板施工单元张拉，施作该段临时侧向挡块。

(3)按施工方案要求浇筑第一底座板施工单元的后浇带混凝土。

(4)张拉相邻段底座板施工单元，施作该段临时侧向挡块。

(5)浇筑相邻段底座板施工单元的后浇带混凝土。

(6)按(4)、(5)循环，直至完成全桥底座板施工。

13.3 工艺流程

桥上混凝土底座板施工工艺流程如图 13—2 所示。

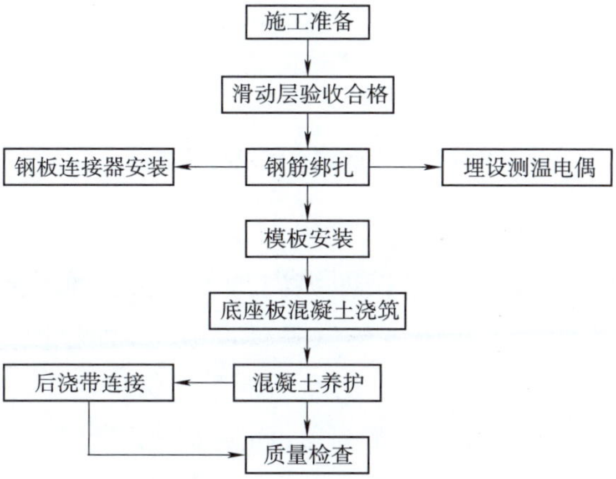

图 13—2 桥上混凝土底座板施工工艺流程

13.4 施工技术

13.4.1 施工准备

(1)按照底座板施工单元划分方案，在防护墙上进行相关标示。

(2)检查清理剪力齿槽、预埋套筒，对损坏、位置偏差较大和缺失的套筒进行修整。

13. 4. 2　钢筋、剪力钉和钢板连接器的加工及安装

(1)钢筋加工及安装

①在钢筋加工场内集中加工制作钢筋,制作时根据钢筋设计图纸,放出大样。底座板钢筋采用搭接连接,以 15 m 的非标定尺钢筋为主,其他钢筋要按照要求采用钢筋切断机下料。钢筋进行弯曲时,必须进行试弯合格才可以批量弯曲成形。半成品加工好后,应分类堆放,并经技术和质量检查合格后挂牌标示,并将其覆盖好,不得裸露,防止生锈。

②在钢筋与梁体表面间设置保护层垫块,垫块底部宽度为 50 mm,垫块横断面可做成矩形或梯形。标准垫块长 100 cm、厚 3. 5 cm、宽 5 cm(图 13—3),以纵向间距0. 4 m成梅花形布设垫块,如图 13—4 所示。

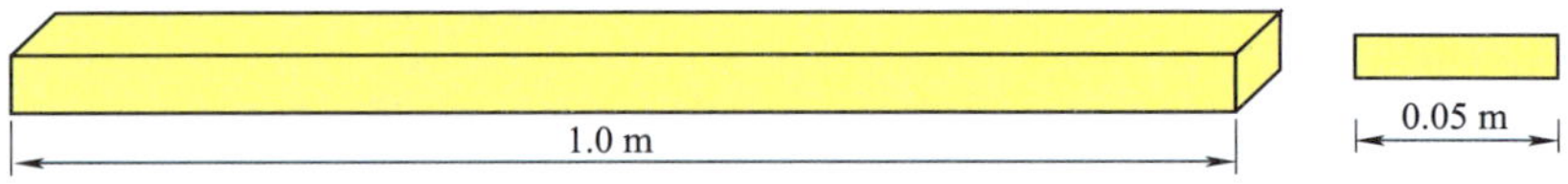

图 13—3　混凝土标准垫块尺寸

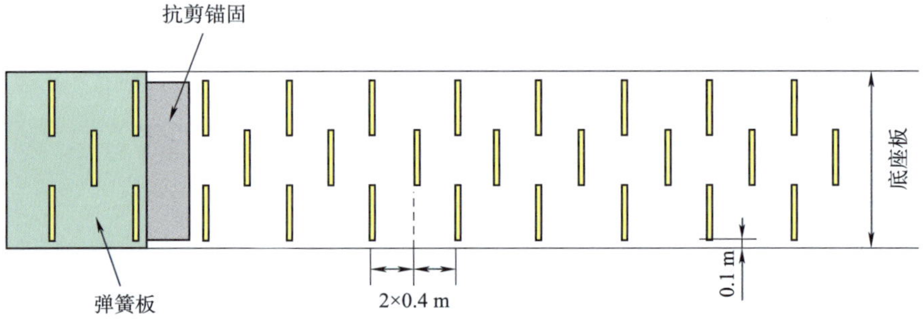

图 13—4　混凝土标准垫块布置

③为方便垫块制作,每块标准垫块长度也可以采用 2 块长度为 55 cm 或 3 块长度为 35 cm的垫块替代。总体放置垫块数量按照纵向每米的支撑面积必须大于等于 0. 185 m^2 计算。垫块采用不低于 C30 混凝土强度的低弹模混凝土(弹性模量不大于31 000 MPa)制作,并按一定批量抽查试验和测量检验。底座板混凝土保护层厚度应满足 35 ~ 50 mm。为避免垫块损坏滑动层,垫块底部做成圆弧倒角,如图 13—5 所示。

图 13—5　底座板垫块断面(矩形或梯形)

④钢筋在桥面上直接绑扎成型,纵向钢筋采用绑扎搭接接头,同一截面的接头数量不得超过总量的 50% 。理论搭接长度按照《混凝土结构设计规范》(GB 50010—2010)规定的公式计算,见表 13—1 和图 13—6。

表 13—1 无砟轨道底座板纵向钢筋搭接长度和连接区段长度推荐值

HRB500 钢筋型号	搭接长度 L_1(mm)		连接区段长度 = 1.3L_1(mm)	
	理论计算值	设计施工推荐值	理论计算值	设计施工推荐值
ϕ16 mm	1 049	1 050	1 364	1 370
ϕ20 mm	1 315	1 320	1 705	1 720
ϕ25 mm	1 640	1 640	2 132	2 140

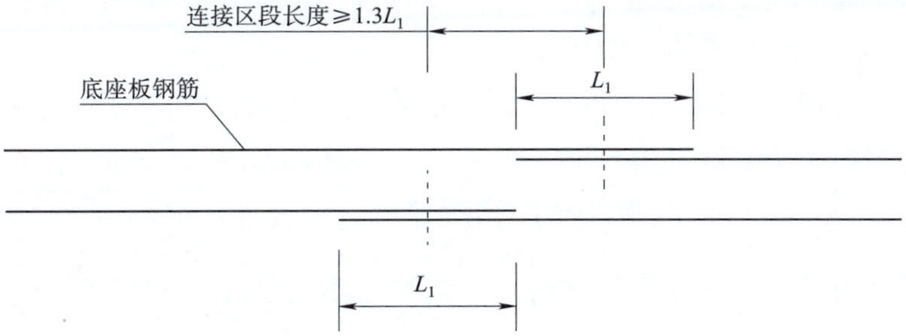

图 13—6 钢筋搭接长度和连接区段平面示意

⑤在梁端及剪力齿槽后浇带区域,按设计要求应加密箍筋(间距:10 cm),并设置加强筋,加强钢筋与对应纵向钢筋绑扎成束。

(2)剪力钉加工及安装

剪力钉应根据现场量测数据"量身定做",安装时确保顶面钢板高程满足设计要求,安装要点如下所述。

①安装前检查清理剪力齿槽预埋套筒。

②在底座板钢筋施工前进行剪力钉安装,垂直拧入套筒深度不小于 42 mm、扭矩不小于 300 N·m。

③安装完成后,检查剪力钉的长度及顶面高程,钢板底面超过底座板厚度的中间位置,钢板顶面比顶层钢筋底部低 3 ~ 5 cm。

④采用专用剪力钉扭矩扳手进行安装,如图 13—7 所示。

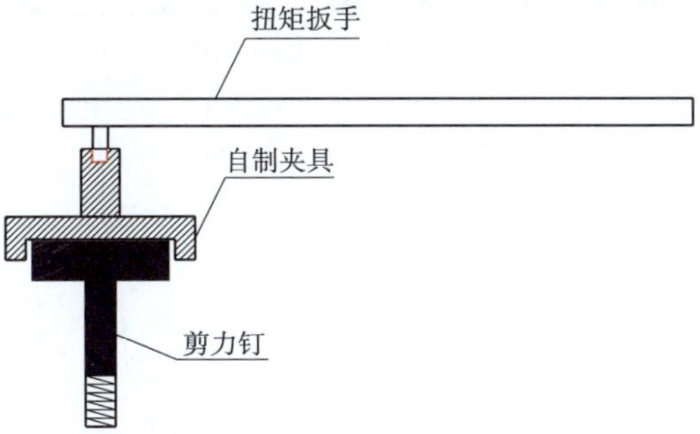

图 13—7 剪力钉扭矩扳手

(3)钢板连接器加工及安装

①钢板连接器包括一块 40 mm 厚钢板;一侧焊接 ϕ25 mm 的精扎螺纹钢筋,穿出钢板的长度不小于 30 mm;另一侧穿过钢板用螺母锁定,后期张拉锚固用 ϕ25 mm 精扎螺纹钢筋,预留张拉锚固长度 70 ~ 100 mm。钢板钻孔直径为 31 mm,上层孔中心距钢板上边缘 33 mm,下层孔中心距钢板下边缘 32 mm。

②钢板连接器在厂内集中制作,安装时分两部分吊装上桥,连接钢板焊接的钢筋在桥下与钢板提前焊接好,整体吊装上桥,安放到位后,再安装用螺母锁定的精轧螺纹钢筋。

③钢板连接器焊接工艺如下所述。

a. 自中间向两侧对称进行,梅花形跳槽法焊接,保证温度应力均匀,减少焊接热量聚集。单块钢板连接器焊接顺序如图 13—8 所示。焊缝高度为 15 mm,为防止热量聚集,禁止一次焊接至设计焊缝高度,需按此顺序多次焊接达到设计焊缝高度。

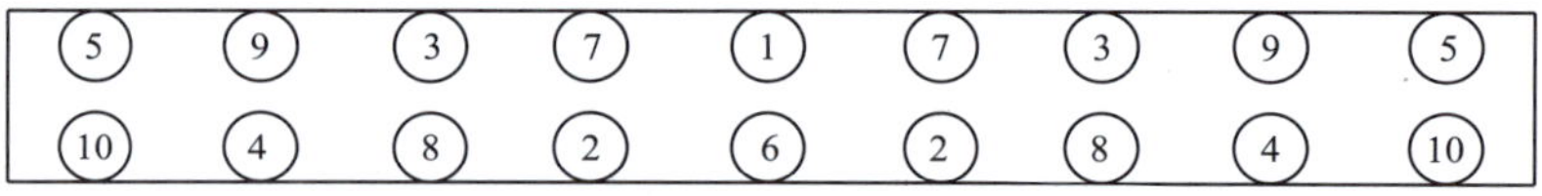

图 13—8　单块连钢板接器焊接顺序

b. 一般在 5 ~ 6 块钢板连接器焊接点之间进行流水焊接作业。在常温 15 ℃情况下,同一焊点两次间隔焊接时间一般控制在 15 min,且不超过 30 min。环境温度较高时可以适当延长 10 ~ 20 min,环境温度较低时则相反。

c. 采用上述方法不能完全消除焊接温度引起变形时,可在焊接前采用固定支架和夹具,预弯钢板 60 mm(通过实验确定)反向挠度,以抵消残余的温度变形,如图 13—9 所示。

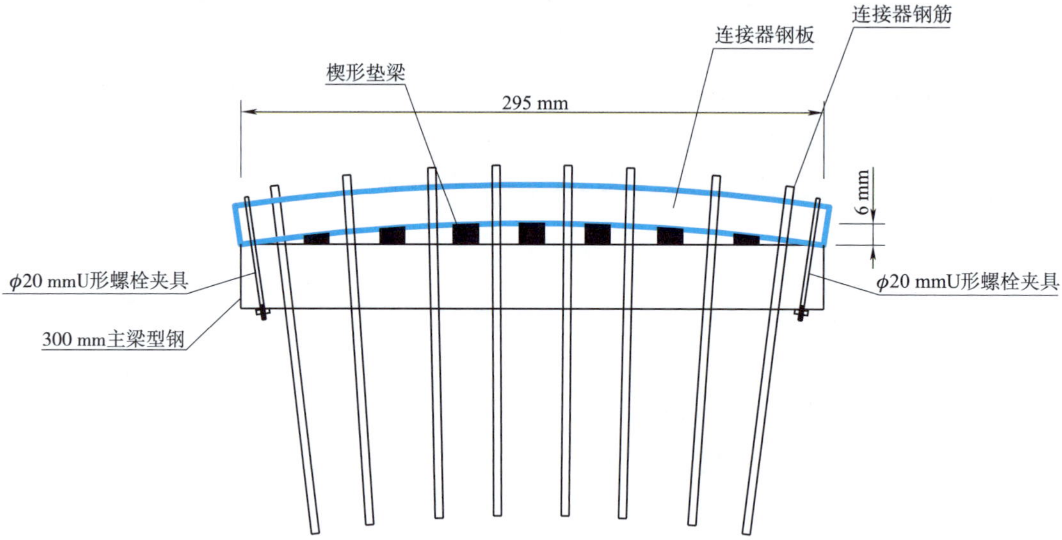

图 13—9　预留反向挠度示意

d. 在安装钢板连接器时，通过临时垫块调整钢板连接器高度，确保钢板连接器在底座板中部。安装时采用架立钢筋支撑固定连接器钢筋，确保连接器钢筋与钢板垂直，如图13—10所示。

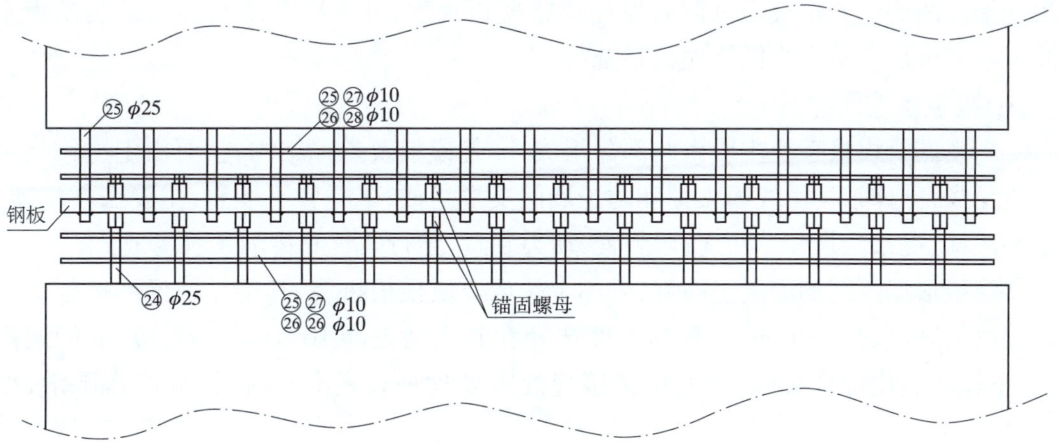

图13—10 钢板连接器后浇带钢筋布置（单位：mm）

e. 在钢板连接器安装以后，底座板混凝土浇筑前，拧紧锚固螺母和锁紧螺母，底座板混凝土浇筑完成后及时松开螺母，如图13—11和图13—12所示。

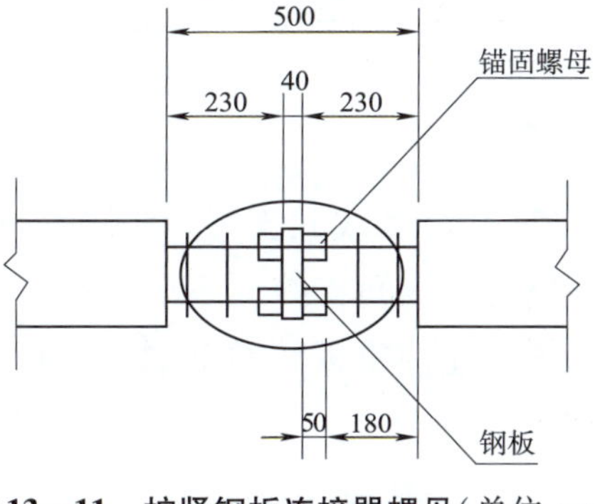

图13—11 拧紧钢板连接器螺母（单位：mm）

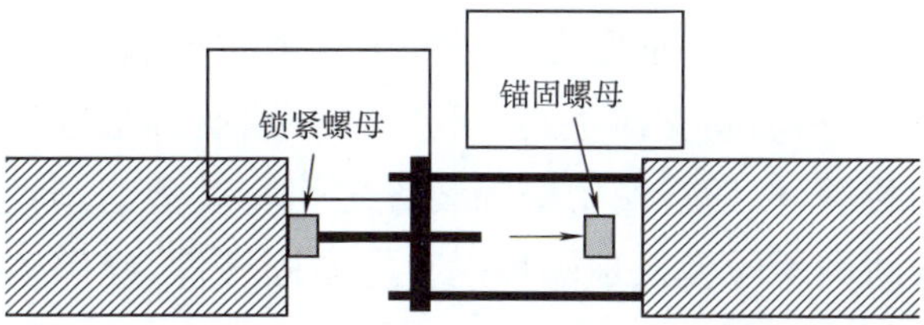

图13—12 浇筑后松开钢板连接器螺母

（4）钢筋搭接连接器

当底座板纵连温度在设计锁定温度范围内时，底座板不需要张拉作业。可采用钢筋搭接连接器替代钢板连接器，该钢筋搭接连接器后浇带仍称 BL_1 后浇带，构造措施应相应调整，如图13—13所示。

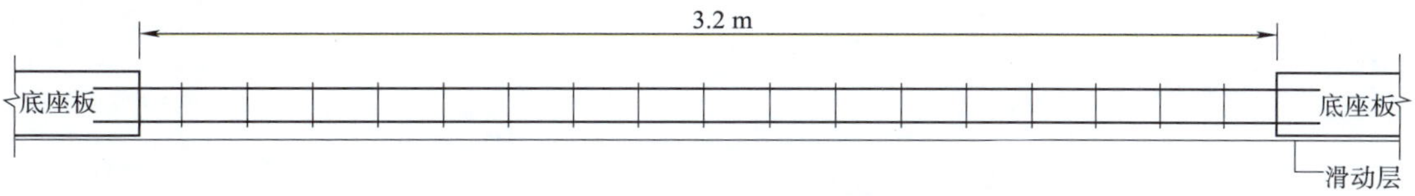

图13—13 钢筋搭接取代钢板连接器示意

钢筋搭接连接器的钢筋搭接接头面积百分率不大于50%，搭接接头错开距离不小于1.3倍搭接长度，钢筋搭接后浇带长约3.2 m。

13.4.3 模板安装

底座板混凝土浇筑施工模板一般有高模低筑模板系统和可调模板系统,其中可调模板系统采用两块组合钢模通过调高螺栓调整模板高度,其支撑系统与高模低筑模板系统相同。下文重点介绍高模低筑模板系统。

(1)模板系统简介

①高模低筑模板系统主要由两部分组成:一是模板及支撑结构,主要由定型钢模和走行轨道组成,支撑结构由线间支撑和防护墙间支撑组成;二是整平装置,主要由主框架、螺旋整平滚杠、提浆滚杠(2 个)、微调装置、动力装置、走行装置和传动系统组成。

②模板根据不同的混凝土高度,采用 1 块或 2 块模板拼装,其中一块标准模板 30 cm,如果混凝土厚度超过 30 cm,可根据厚度选择在其上增设高 10 cm、20 cm、30 cm 的调高模板,上下模板利用螺杆紧固连接,拼接接缝处需处理平直光滑,保证接缝严密平滑,如图 13—14 所示。

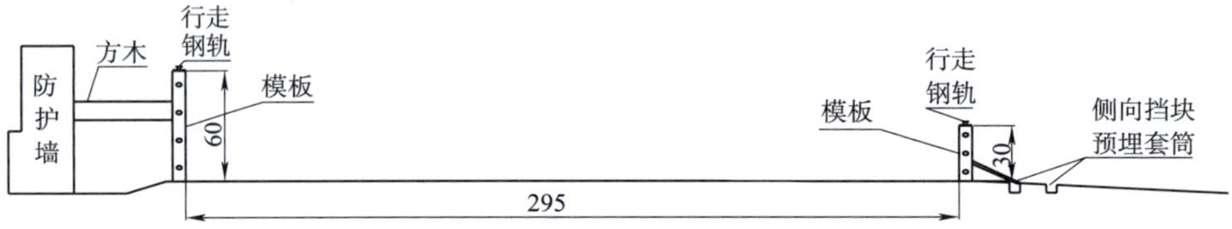

图 13—14 底座板模板安装加固示意(单位:cm)

③模板的加固支撑系统主要由防护墙间支撑(图 13—15)和线间支撑(图 13—16)组成,防护墙间支撑主要是利用防护墙通过张拉丝杠固定模板;线间支撑利用泄水孔安设锚固装置,然后在两个锚固装置之间安设槽钢,通过张拉丝杠连接模板和槽钢固定模板。曲线超高地段模板顶端加设支撑紧固杆件,确保模板垂直度。

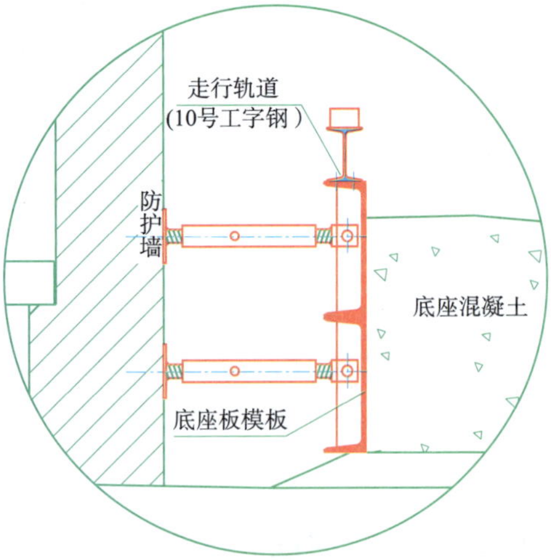

图 13—15 靠近防护墙处模板与支撑结构设计

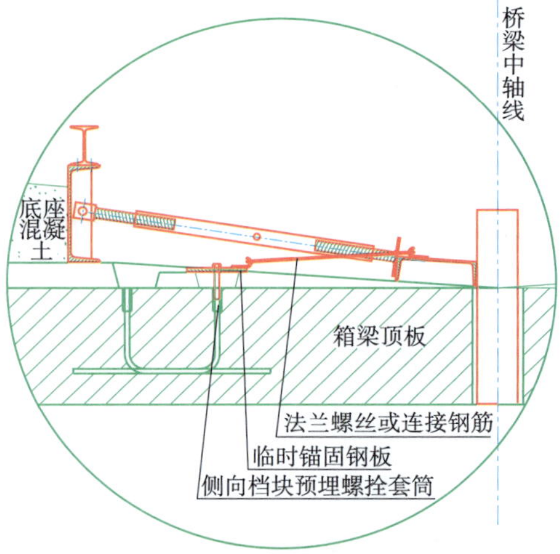

图 13—16 线间模板与支撑结构设计

④采用高模低筑模板系统进行底座板施工时，采用安装在底座板两侧具有一致高度且顶面装有走行轨道的模板，通过测量调整走行轨道高程，使走行轨道顶面高程与底座板顶面高程一致，提浆整平系统在走行轨道上移动，利用微调装置调整提浆整平高度，满足要求后开始混凝土浇筑施工，通过自动拉毛系统实现混凝土表面拉毛，如图13—17所示。

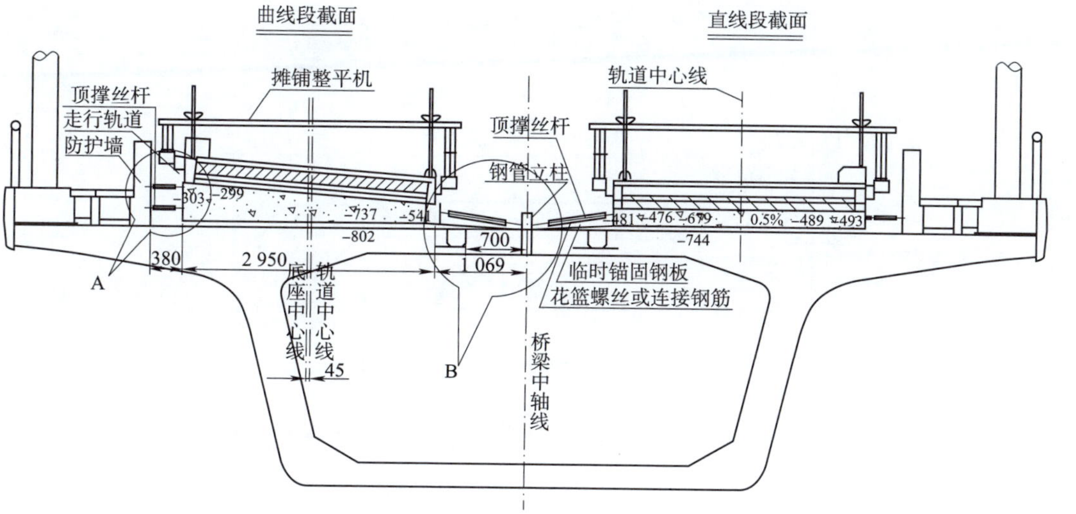

图13—17　底座板高模低筑施工工艺(单位:mm)

(2)模板安装工艺流程

底座板模板安装工艺流程如图13—18所示。

(3)模板安装

①为确保底座板线形，直线段模板宜每节2~3 m，曲线段宜每节1 m，测量定出模板安装平面位置及高程并进行标示，一般直线段每10 m一处，曲线段根据超高不同适当加密。

②施工段落宜以剪力齿槽后浇带或钢板连接器后浇带划分，每个段落必须一次浇筑完成。

③模板安装时，不能破坏“两布一膜”滑动层和桥面防水层。

④端模可采用钢模板或木模板，根据底座板断面尺寸制作。后浇带处端模开槽预留钢筋穿过位置，混凝土浇筑前用泡沫、棉纱等物将开口处封堵严实，防止漏浆。

(4)模板拆除

混凝土强度达到2.5 MPa后，人工拆模。

13.4.4　混凝土浇筑施工

(1)混凝土拌制

按设计并经试拌确定的混凝土施工配合比进行配料，在混凝土拌和站集中拌和。

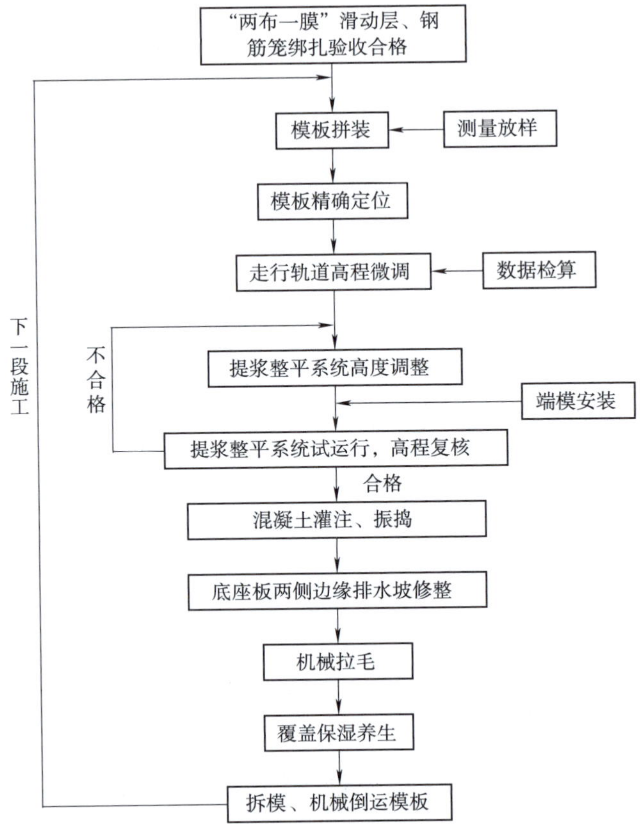

图 13—18　底座板模板安装工艺流程

(2)新拌混凝土运输

新拌混凝土采用混凝土罐车送至底座板浇筑现场,罐车在运送混凝土过程中以 2～4 r/min低速搅拌,混凝土浇筑前,高速搅拌 20～30 s。

(3)混凝土浇筑

①混凝土浇筑前,先清洁输送管道,然后采用砂浆润滑输送管道。开始泵送时,混凝土泵应处于缓慢、匀速的状态。泵送速度先慢后快,待混凝土送出管子端部后,逐步加速,同时,应观察泵压及各部分运转情况,待确认工作正常后再以正常速度泵送。

②新拌混凝土应连续泵送,必要时可降低速度以维持泵送混凝土的连续性(间隔时间控制在 30 min 以内),停泵后应每隔 4～5 min 开泵一次,使泵机正转和反转两个方向运动(但不得超过 15 min),同时开动料斗搅拌器,防止料斗中混凝土离析,如停泵时间超过 30 min,应将输送管中混凝土清除,并用压力水或其他方法冲洗输送管道。

③泵送过程中,料斗内新拌混凝土面应高于泵料口 200 mm。输送管路采用钢管,出料口接软管。输送管路用支架、吊具牢固固定,不得与模板或钢筋直接接触。混凝土浇筑自由落差应小于 1 m。高温或低温环境下输送管路需采取相应温度控制措施。

④混凝土泵送过程中,出现泵送困难、泵的工作压力异常、输送管路振动增大等情况

时，不能勉强高速泵送，操作人员应及时转为慢速泵送或作正反转往返推动，并在管路易堵塞的部位用铁锤敲击，以防管路堵塞。

⑤底座板混凝土施工主要包含混凝土的浇筑、振捣、整平、收面、拉毛及养护等工序。混凝土布料时，应由模板低边往高边进行，左右线布料的进度要基本保持一致，泵送管的作业半径保持在35 m 左右。采用60 mm 插入式振捣器振捣，梁端钢筋搭接密集区振捣器直径30 mm。混凝土捣固时，须从钢筋的间隙插入，严格控制插入深度，避免破坏滑动层。振捣时快插慢拔，垂直点振，不可平拉，不得漏振、过振。浇筑过程中，检查钢筋、模板位置及密封、支撑，异常状况及时处理。捣固完成后，用提浆整平系统初平混凝土表面，混凝土初凝前收浆抹平。

混凝土浇筑时，应做好以下几点。

①混凝土浇筑前，做好开盘检查，并作好检查记录。

②混凝土模板温度宜在 5 ℃ ~35 ℃；入模温度应为 5 ℃ ~30 ℃。

③浇筑前，检测新拌混凝土的坍落度、含气量等指标，满足要求后方可浇筑，并制作标养及同条件养护的混凝土试件。

④当昼夜平均气温低于 5 ℃或最低气温低于 -3 ℃时，按混凝土冬季施工方案处理，采取暖棚保温措施。

(4)混凝土收面

混凝土初凝前(初凝时间约为浇筑后 4 h，一般用手指压混凝土表面，不黏手且能压出凹坑)，两侧抹 20 cm 宽光面并做出两侧坡率为 4% 的排水坡(直线段两侧、曲线段超高外侧)。

(5)表面拉毛

根据工艺性试验成果，选择拉毛工具，确定拉毛时间。一般在混凝土初凝后 3 ~4 h，拉毛范围为轨道板下区域，拉毛时，力度均匀，确保间距与深度均一、线条顺直。拉毛的刻纹深度控制在 1 ~2 mm。

(6)混凝土养护

①底座板混凝土浇筑完毕后，及时进行覆盖养护。

②在养护过程中，应由试验人员专人定时测温，并作好记录。

③当环境相对湿度小于 60% 时，养护期不少于 14 d；相对湿度在 60% 以上时，养护期不少于 7 d。

④在混凝土养护时，不得将覆盖物拉拖，避免拉毛的表面被破坏。

(7)其他

混凝土浇筑结束后，把钢板连接器内侧螺母拧向浇筑段，同时松开外侧螺母。

13.5 底座板纵连施工

底座板纵连施工与环境温度、底座板芯部温度有关，具体锁定温度由设计要求决定，以锁定温度 25 ℃为例进行说明。

13.5.1 概念说明

底座板施工区段划分如图 13—19 所示。

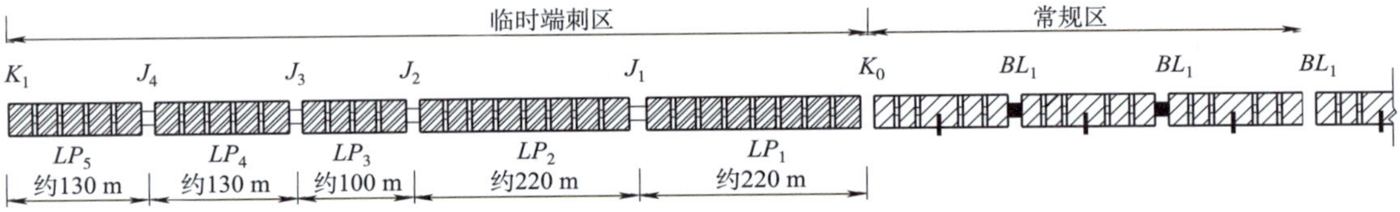

图 13—19　底座板施工区段划分示意

齿槽后浇带 BL_2　= 不施加预应力的纵连　- 施加预应力的纵连

(1)张拉:用扳手拧紧锚固螺母至计算行程。

(2)连接:用扭力扳手把锚固螺母用大于等于 450 N · m 力矩拧紧到钢板上。

(3)合拢温度:施工图给定的锁定温度 $T_S = 25$ ℃。

(4)K_0:临时端刺与先浇常规区分界的钢板连接器。

(5)K_1:临时端刺与后浇常规区分界的钢板连接器。

(6)J_1、J_2、J_3、J_4 为临时端刺区段内钢板连接器,从 K_0 向下一段浇筑区方向依次排列。

(7)常规区钢板连接器 BL_1:指整个浇筑区段中除临时端刺区外的所有钢板连接器。

(8)LP_1:$K_0 \sim J_1$ 间的浇筑区段,长度约为 220 m。

(9)LP_2:$J_1 \sim J_2$ 间的浇筑区段,长度约为 220 m。

(10)LP_3:$J_2 \sim J_3$ 间的浇筑区段,长度约为 100 m。

(11)LP_4:$J_3 \sim J_4$ 间的浇筑区段,长度约为 130 m。

(12)LP_5:$J_4 \sim K_1$ 间的浇筑区段,长度约为 130 m。

13.5.2 施工程序

每个施工单元纵连操作程序:混凝土强度测定→测温、计算张拉长度→顺序张拉钢筋连接器→后浇带混凝土浇筑→后浇带混凝土顶面收坡、拉毛→后浇带混凝土模板拆除养护。

13.5.3 施工流程

底座板张拉纵连施工工艺流程如图 13—20 所示。

13.5.4 施工准备

(1)制定的张拉专项施工方案、张拉作业指导书等均通过审批。

(2)浇筑区段长度量测。先在钢板后浇带两侧紧邻混凝土边缘做好标志,量测浇筑区段长度。应采用标定合格的温度测量仪,测量当时的温度并详细记录在张拉行程计算表中。制作底座板纵向张拉连接的长度和测温记录表格(表 13—2)。

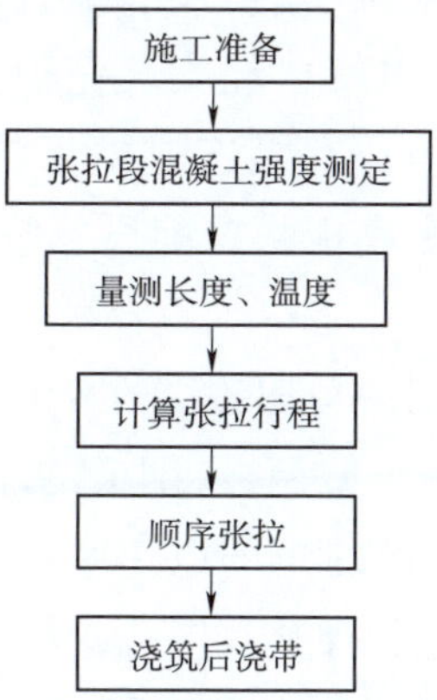

图 13—20 底座板张拉纵连施工工艺流程

表 13—2 张拉行程计算

部位	对应梁号及里程	$T_{1,i}$测量温度（℃）	测量长度（mm）	$L_{wirk,i}$影响长度（m）	T_0 合拢温度（℃）	AT 值	W_i 张拉行程（mm）	备注
K_0								
J_1								
J_2								
J_3								
J_4								
K_1								
BL_1-1								
BL_1-2								
…								

（3）整理出一套完整的底座板张拉所需表格，包括施工原始记录表格和检验批表格等，要求技术人员熟悉表格并理解填写内容及要求。

（4）桥上从一个端刺或临时端刺到另一个端刺或临时端刺的所有底座板混凝土浇筑区段（包括端刺和临时端刺区）均已施工完成。

（5）通过对同条件养护混凝土试件的试验，确认纵向张拉区段内浇筑段的混凝土强度均已达到 20 MPa 的要求。

（6）连接器后浇带处的精轧螺纹钢筋、钢板和螺母必须进行清洁处理，精轧螺纹钢筋和螺母必须涂抹油脂。

（7）在桥梁左、右两侧的防护墙内侧，用统一的方式标示常规区钢板连接器后浇带、临时端刺区 K_0、K_1、J_1 ~ J_4、剪力齿槽后浇位置。

（8）待张拉区段的混凝土强度全部达到 20 MPa 后，观测底座板温度在 10 ℃ ~ 30 ℃时，即可开始底座板的张拉纵连。纵连以前要把所有后浇带混凝土全断面凿毛，露出新鲜的混凝土面，以保证新旧混凝土粘结力。

(9)准备好张拉所用的特种扭矩扳手、钢尺、测温仪等设备,并校定合格。

(10)曲线段临时侧向挡块支撑系统已经安装完毕。

对于曲线段上的底座板,为了防止在纵连或由于温度变化等原因引起的混凝土底座板与滑动层之间发生横向位移,在底座板张拉前设置临时侧向挡块,可用焊制的钢板作为临时侧向挡块。

当采用钢板支撑时,临时侧向挡块可以设置在侧向挡块齿槽内,固定在侧向挡块齿槽预埋套筒内。采用组合焊接而成"∠"型钢板,钢板的厚度约为 20 mm,钢板平面尺寸根据侧向挡块齿槽大小而定,"∠"型钢板的角度以 10°为宜,这样方便于加垫楔形木垫块,保证与底座板侧面良好的接触。在底面钢板上打孔,采用螺栓将"∠"型钢板与梁体预埋套筒进行连接固定。为防止"∠"型钢板受力后变形,在角内焊接两根直径 20 mm 加强钢筋,如图 13—21 和图 13—22 所示。

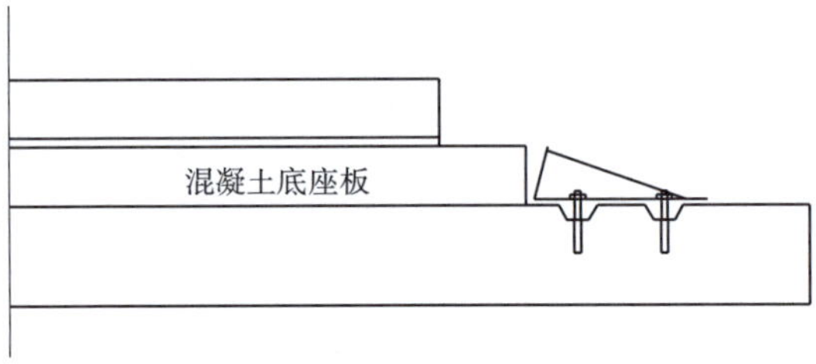

图 13—21　型钢临时侧向挡块支撑示意

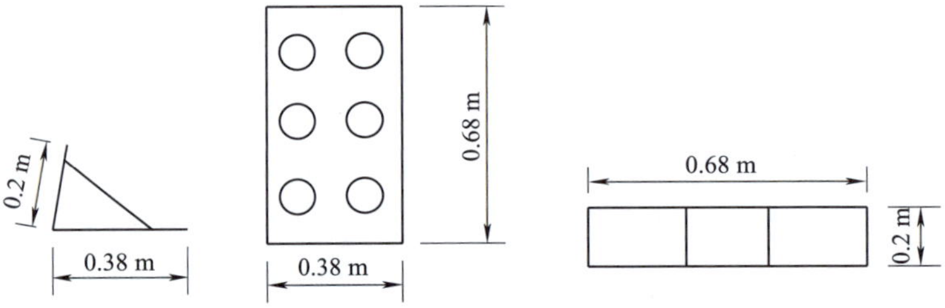

图 13—22　型钢临时侧向挡块设计

当"∠"型钢板安装完成,进行两侧楔形木块安装时,左右两侧应同时对称安装,避免安装过程中发生偏移。

13.5.5　临时端刺的张拉

对于长大桥梁(桥长大于 5 km),为了施工组织的方便,一般按照 4 ~ 5 km 的长度划分为若干区段进行施工,各个区段之间通过临时端刺连接。每个单元底座板混凝土全部施工完成后,即可通过临时端刺进行连接,不同段落之间的临时端刺虽然张拉顺序不同,但每个临时端刺的张拉顺序是一样的,即:先纵连 K_0 端,然后再纵连 K_1 端。单个临时端刺张拉流程及要求如下所述。

(1)浇筑段长度和温度测量

①临时端刺 $LP_1 \sim LP_5$ 浇筑区段的基准测量

基准测量时间尽可能安排在与底座板连接时间靠近，以使连接温度尽可能与测量时的温度接近。首先分别测量 $LP_1 \sim LP_5$ 段的长度，准确记录各分段长度值；其次，通过预埋在底座板混凝土中的测温电偶测量板温。一般在中午时分进行测量比较好，相邻板温不一致时，按两段底座板的长度和其温度的加权平均计算取值〔例如：$T_{J_2} = (L_{LP_2} \times T_{LP_2} + T_{LP_3} \times L_{LP_3}) / (L_{LP_2} + L_{LP_3})$〕。

各区段长度与对应温度测量在底座板连接之前进行一次，测量结果应准确记录并保存(以备邻段底座板连接时使用)，同时应备存副本，整个测量过程要求监理单位旁站。此项测量直接关系到后续底座板连接钢筋张拉距离的确定，非常重要。各测量值见表13—3。

表13—3 临时端刺测量长度标记

临时端刺混凝土浇筑区段	第一次测量长度(mm)	第一次测量温度(℃)
LP_1	L_{1,LP_1}	T_{1,LP_1}
LP_2	L_{1,LP_2}	T_{1,LP_2}
LP_3	L_{1,LP_3}	T_{1,LP_3}
LP_4	L_{1,LP_4}	T_{1,LP_4}
LP_5	L_{1,LP_5}	T_{1,LP_5}

根据这些测量值，确定下列钢板连接器的影响长度，如图13—23所示。

L_{wirk,K_0}(如：$1/2LP_1$ + 从 K_0 到常规区第一个浇筑完成的剪力齿槽的长度 L_0：$110\ m + L_0$)

L_{wirk,J_1}(如：$1/2LP_1 + 1/2LP_2$ 长度：$110\ m + 110\ m = 220\ m$)

L_{wirk,J_2}(如：$1/2LP_2 + 1/2LP_3$ 长度：$110\ m + 50\ m = 160\ m$)

L_{wirk,J_3}(如：$1/2LP_3 + 1/2LP_4$ 长度：$50\ m + 65\ m = 115\ m$)

L_{wirk,J_4}(如：$1/2LP_4 + 1/2LP_5$ 长度：$65\ m + 65\ m = 130\ m$)

L_{wirk,K_1}(如：$1/2LP_5$ + 从 K_1 到常规区第一个浇筑完成的剪力齿槽的长度 L_1：$65\ m + L_1$)

另外测量 J_2 至 LP_2 上距离最近的剪力齿槽的影响长度($L_{1,1} = 16\ m$，一般为半个梁跨长度)。

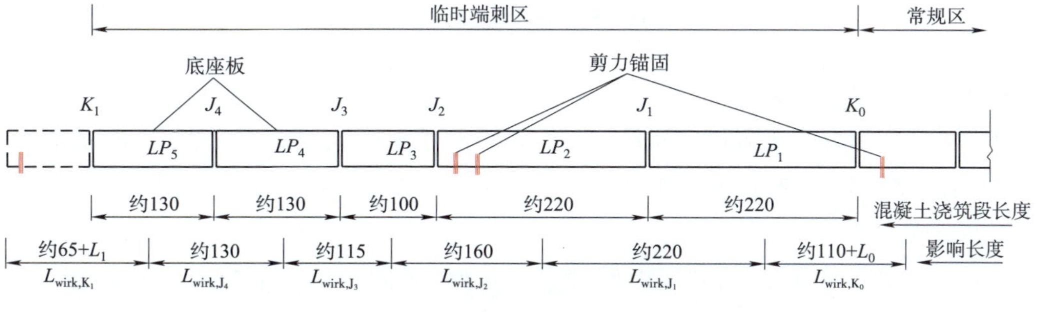

图13—23 钢板连接器后浇带影响长度的定义(单位：m)

②常规区板温测量

在测量临时端刺区板温的同时，测量常规区板温，并据此计算连接筋张拉量。

③张拉量的计算

根据温差电偶测量所得的底座板混凝土浇筑段温度，利用公式（13—1）计算各 BL_1 后浇带的张拉长度，即

$$\Delta L_T = \alpha_T \times \Delta T \times L \tag{13—1}$$

式中 ΔL_T——长度变化，mm；

α_T——混凝土温度伸长系数，取 1×10^{-5}/K；

ΔT——底座混凝土浇筑段相对于锁定温度的温度变化幅度；

L——钢筋连接器张拉时的底座板自由伸缩长度（mm），常规区为相邻的一次浇筑起来的两个剪力齿槽之间的距离，一般为每 5 孔梁 160 m。

根据温度变化，如果影响长度为 160 m，锁定温度为 25 ℃，则计算出对应的温度需要张拉量见表 13—4。

表 13—4　底座板 160 m 影响长度需张拉长度参考

160 m 影响长度底座板需要张拉长度																					
锁定温度（℃）	+25	+25	+25	+25	+25	+25	+25	+25	+25	+25	+25	+25	+25	+25	+25	+25	+25	+25	+25	+25	+25
底座板温度（℃）	+5	+6	+7	+8	+9	+10	+11	+12	+13	+14	+15	+16	+17	+18	+19	+20	+21	+22	+23	+24	25～30
温差（℃）	20	19	18	17	16	15	14	13	12	11	10	9	8	7	6	5	4	3	2	1	
计算张拉量（mm）	32	30	29	27	26	24	22	21	19	18	16	14	13	11	10	8	6	5	3	2	不张拉

（2）靠近临时端刺 K_0 端的张拉

此种情况的平面布置如图 13—24 所示，根据底座板与锁定温度的关系，分 3 种情况进行连接。

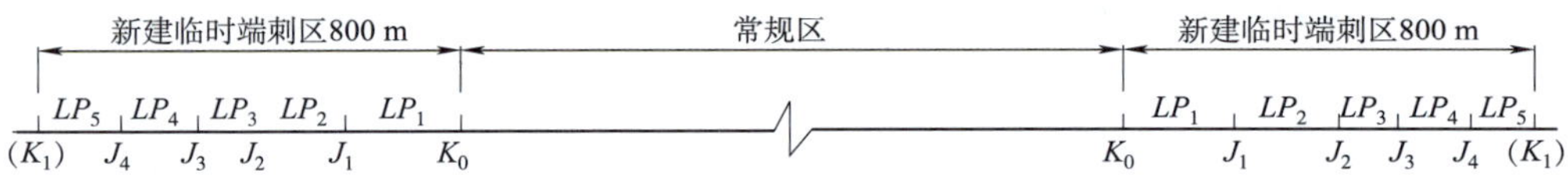

图 13—24　临时端刺与常规区

①第一种情况：$T < T_S$ 时

当测量底座板混凝土温度 $T < T_S$（T_S = 25 ℃为底座板锁定温度）时，需通过计算确定钢板连接器后浇带的张拉距离。其中，J_3 范围内钢筋张拉距离按 J_2 的 1/3 计，其余直接按计算结果采用。

钢板连接器开始张拉时，先用扳手拧紧张拉螺母，同时把锚固螺母拧离钢板，使其离开的距离大于计算张拉距离，再用扳手进行张拉。另外，当 T 与 T_S 之差在 5 ℃～15 ℃之间

时，钢板连接器后浇带宽度不能通过一次纵连张拉缩短到计算值，必须每间隔24 h重复纵连张拉一次，直到达到计算宽度。每次张拉都要对每个钢板连接器后浇带的张拉量、总的张拉量以及实际需要达到的张拉量进行记录。根据不同的张拉温度范围，需要纵连张拉的最少次数和时间间隔见表13—5。

表13—5 纵连张拉次数和时间间隔

纵连过程中底座板的温度范围(℃)	最少的纵连张拉次数	间隔天数(天)
$+10 \leqslant T < +15$	3	2
$+15 \leqslant T < +20$	2	1
$+20 \leqslant T < T_S$	1	—
$T_S \leqslant T \leqslant +30$	不张拉，宽度无变化	—

对于底座板温度低于 T_S 时，其张拉连接过程如下所述。

第一步：如图13—25所示，进行临时端刺中的4个钢板连接器后浇带的预连接，即从临时端刺自由端开始，按 $J_4 \rightarrow J_3 \rightarrow J_2 \rightarrow J_1$ 的顺序将钢板连接器所有螺母用扳手拧紧，此时临时端刺(800 m范围)各区段($LP_1 \sim LP_5$)就具备了抗拉和抗压的能力。

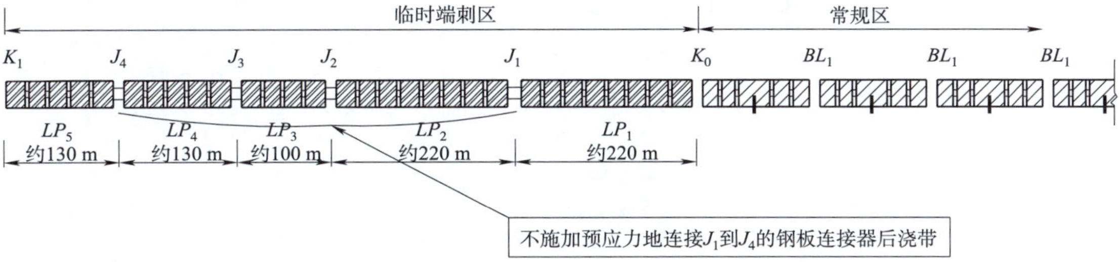

图13—25 张拉第一步示意

齿槽后浇带BL_2　= 不施加预应力的纵连　▬ 施加预应力的纵连

第二步：如图13—26所示，按照测量的温度和计算长度，张拉连接常规区中靠近临时端刺(K_0处)的前2个钢板连接器。

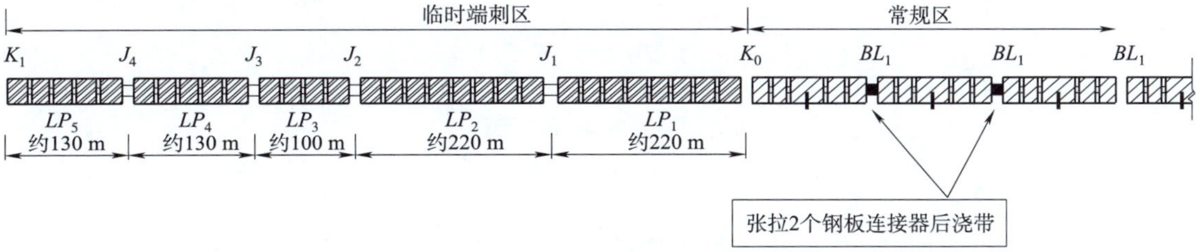

图13—26 张拉第二步示意

齿槽后浇带BL_2　= 不施加预应力的纵连　▬ 施加预应力的纵连

第三步：如图13—27所示，根据张拉行程，对临时端刺与常规区之间的钢板连接器后浇带 K_0 进行张拉。

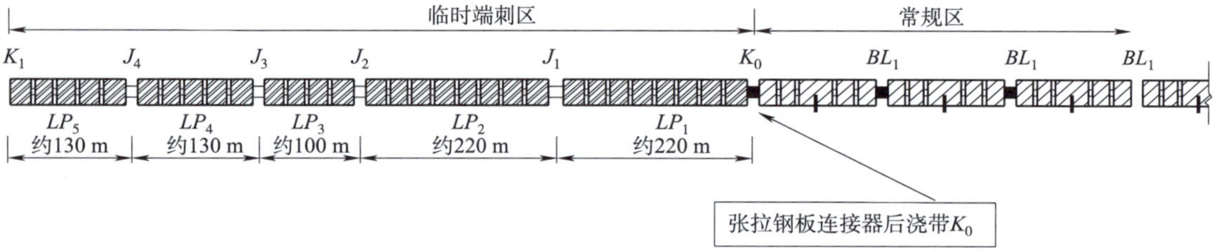

图 13—27　张拉第三步示意

齿槽后浇带BL_2　= 不施加预应力的纵连　▬ 施加预应力的纵连

第四步：如图 13—28 和图 13—29 所示，钢板连接器后浇带张拉 J_1 和 J_2。其余常规区钢板连接器后浇带的纵连可在 K_0 张拉完后与 J_1、J_2 的张拉同时进行。张拉时，按照顺序逐个张拉。

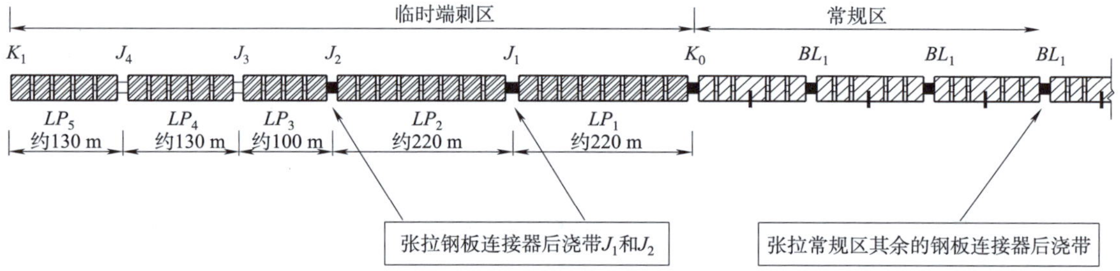

图 13—28　张拉第四步示意(一)

齿槽后浇带BL_2　= 不施加预应力的纵连　▬ 施加预应力的纵连

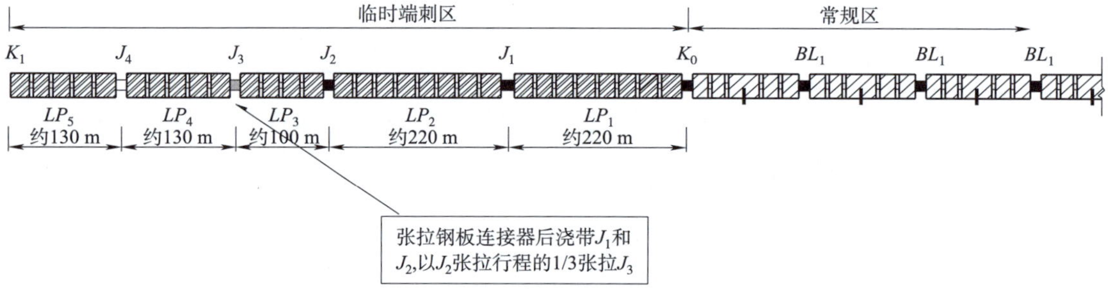

图 13—29　张拉第四步示意(二)

齿槽后浇带BL_2　= 不施加预应力的纵连　▬ 施加预应力的纵连

为了保证使临时端刺自由端到钢板连接器后浇带 J_3 区段摩擦力起作用，钢板连接器后浇带 J_3 须少量张拉（为钢板连接器后浇带 J_2 张拉行程的 1/3）。

至此，临时端刺与常规区的第一次张拉结束，所有张拉工作必须在 24 h 内完成。

第五步：如图 13—30 所示，浇注 J_1、K_0 以及常规区所有钢板连接器后浇带（24 h 内完成）。

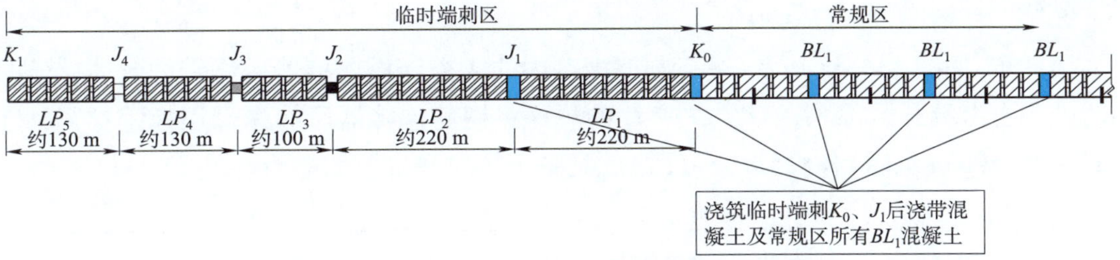

图 13—30 张拉第五步示意

齿槽后浇带BL_2　钢板连接器后浇带浇筑混凝土

= 不施加预应力的纵连　▬ 施加预应力的纵连

第六步:如图 13—31 所示,钢板连接器后浇带浇筑混凝土后,常规区齿槽后浇带 BL_2 通常也应该尽可能快地进行浇筑,但是当纵连是在底座板温度小于锁定温度的情况下进行时,在齿槽后浇带浇筑混凝土前,必须等待一段时间,为的是让张拉后的底座板应力达到均衡。等待时间见表 13—6。

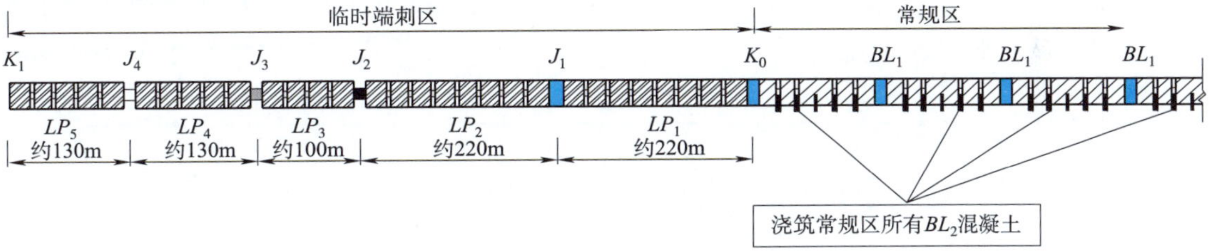

图 13—31 张拉第六步示意

齿槽后浇带BL_2　钢板连接器后浇带浇筑混凝土

= 不施加预应力的纵连　▬ 施加预应力的纵连

表 13—6 等待时间

纵连时底座板温度所处区间	等待时间(d)
$+10 \leq T < +15$	5
$+15 \leq T < +20$	3
$+20 \leq T < +25$	1
$+25 \leq T \leq +30$	不需要等待

第七步:如图 13—32 所示,纵连 3 ~ 5 d 后,浇筑靠近 J_2 处位于 LP_2 上的两个 BL_2 后浇带。至此,临时端刺第一次连接结束。

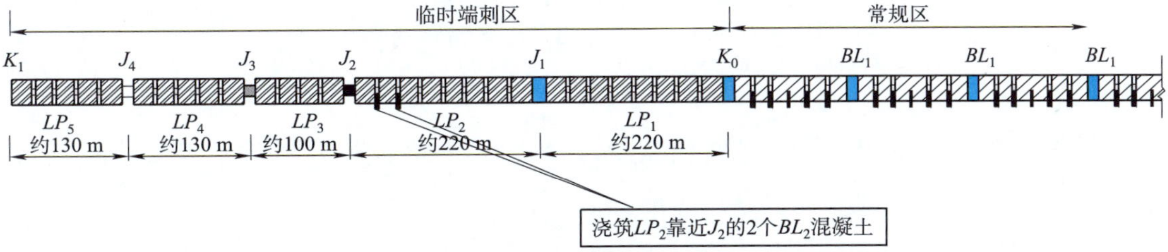

图 13—32 张拉第七步示意

齿槽后浇带BL_2　钢板连接器后浇带浇筑混凝土

= 不施加预应力的纵连　▬ 施加预应力的纵连

②第二种情况：$T_S \leqslant T \leqslant 30$ ℃时

第一步：如图13—33所示，进行临时端刺中的4个钢板连接器后浇带的预连接，即从临时端刺自由端开始，按$J_4 \rightarrow J_3 \rightarrow J_2 \rightarrow J_1$的顺序将钢筋连接器所有螺母用扳手拧紧，此时临时端刺（800 m范围）各段（$LP_1 \sim LP_5$）就具备了抗拉和抗压的能力。

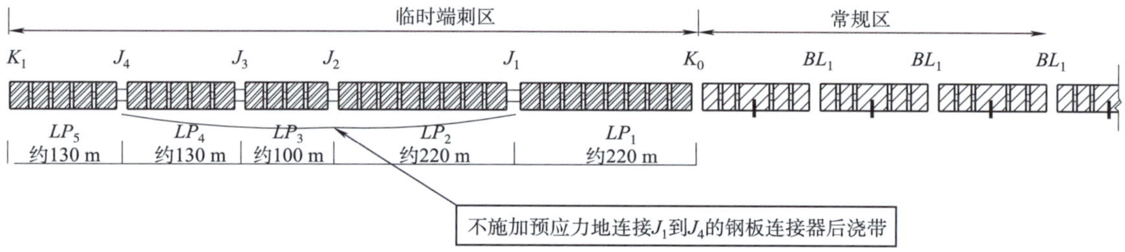

图13—33　张拉第一步示意

齿槽后浇带BL_2　　= 不施加预应力的纵连　　▬ 施加预应力的纵连

第二步：如图13—34所示，采用同样的拧紧方式，把K_0并从K_0开始把常规区所有钢板连接器螺母拧紧。至此临时端刺与常规区的第一次张拉完成。纵连应在24 h内完成。

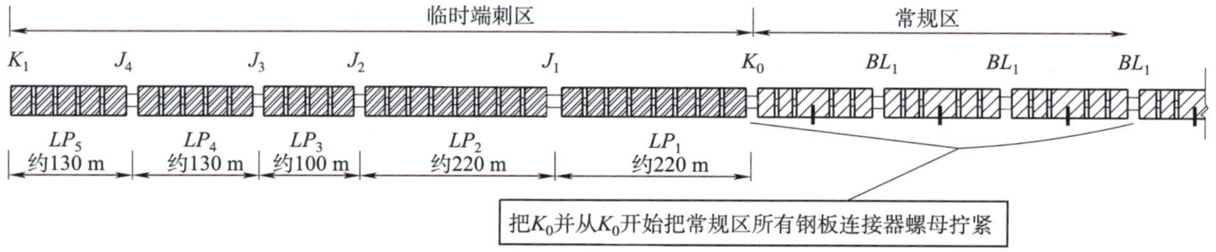

图13—34　张拉第二步示意

齿槽后浇带BL_2　　= 不施加预应力的纵连　　▬ 施加预应力的纵连

第三步：如图13—35所示，在24 h内浇注J_1、K_0以及常规区BL_1、BL_2后浇带。

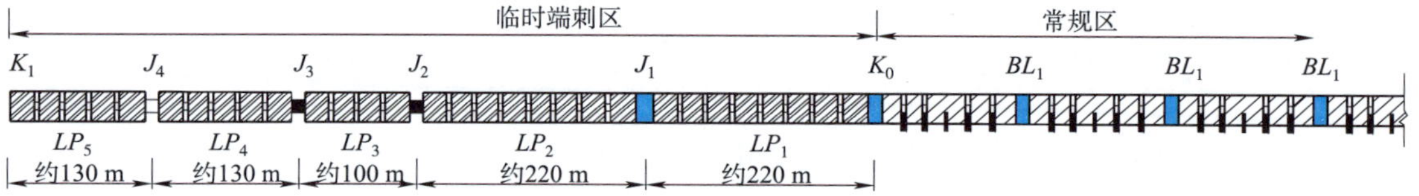

图13—35　张拉第三步示意

齿槽后浇带BL_2　　钢板连接器后浇带浇筑混凝土

= 不施加预应力的纵连　　▬ 施加预应力的纵连

第四步：如图13—36所示，底座板纵连3～5 d后，浇筑靠近J_2处位于LP_2的两个BL_2后浇带。至此，临时端刺第一次纵连完成。

③第三种情况：$T > 30$ ℃时

不允许拧紧螺母，应采取降温措施，当底座板温度降至30 ℃以下时，按照$T_S \leqslant T \leqslant 30$ ℃的这种情况进行纵连。

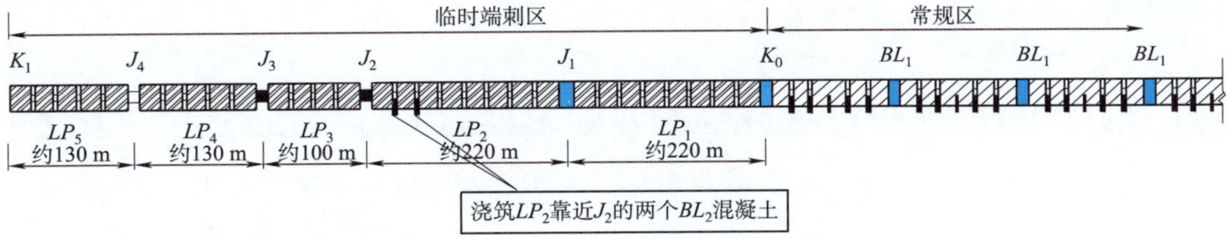

图 13—36 张拉第四步示意

(3)靠近临时端刺 K_1 端的张拉

后浇带 K_1 张拉距计算公式为

$$W_{K_1}=(T_S-T_{2,LP_5})\times\alpha_T\times(L+L_{2,LP_5}/2)-U_{K_1}$$

$$U_{K_1}=[(L_{2,LP_5}-L_{1,LP_5})-(T_{2,LP_5}-T_{1,LP_5})\times\alpha_T\times L_{1,LP_5}]/2$$

式中,L 为 K_1 到常规区第一个已经浇筑的剪力齿槽(BL_2)的距离。

后浇带 J_4 张拉距计算公式为

$$W_{J_4}=(T_S-T_{2,LP_4})\times\alpha_T\times(L_{2,LP_4}+L_{2,LP_5})/2-U_{J_4}$$

$$U_{J_4}=[(L_{2,LP_5}-L_{1,LP_5})-(T_{2,LP_5}-T_{1,LP_5})\times\alpha_T\times L_{1,LP_5}]/2+[(L_{2,LP_4}-L_{1,LP_4})-(T_{2,LP_4}-T_{1,LP_4})\times\alpha_T\times L_{1,LP_4}]/2$$

后浇带 J_3 张拉距计算公式为

$$W_{J_3}=(T_S-T_{2,LP_3})\times\alpha_T\times(L_{2,LP_4}+L_{2,LP_3})/2-U_{J_3}$$

$$U_{J_3}=[(L_{2,LP_4}-L_{1,LP_4})-(T_{2,LP_4}-T_{1,LP_4})\times\alpha_T\times L_{1,LP_4}]/2+[(L_{2,LP_3}-L_{1,LP_3})-(T_{2,LP_3}-T_{1,LP_3})\times\alpha_T\times L_{1,LP_3}]/2$$

后浇带 J_2 张拉距计算公式为

$$W_{J_2}=(T_S-T_{2,LP_2})\times\alpha_T\times(L_{2,2}+L_{2,LP_3}/2)-U_{J_2}$$

$$U_{J_2}=[(L_{2,LP_3}-L_{1,LP_3})-(T_{2,LP_3}-T_{1,LP_3})\times\alpha_T\times L_{1,LP_3}]/2+[(L_{2,BL_2}-L_{1,BL_2})-(T_{2,LP_2}-T_{1,LP_2})\times\alpha_T\times L_{1,2}]$$

式中,L_{1,BL_2}与 L_{2,BL_2}分别为 J_2 到 J_1 方向的第一个已固定的剪力齿槽(BL_2)距离。

既有临时端刺已经有部分 BL_1 张拉完成,根据温度情况,也分三种情况纵连。

①第一种情况:10 ℃$\leqslant T\leqslant T_S$ 时

第一步:如图 13—37 所示,由于临时端刺区域的混凝土浇筑段已经纵连,只需要根据构件温度先张拉常规区前 2 个钢板连接器后浇带的螺母。

第二步:如图 13—38 所示,再根据相应的张拉行程张拉临时端刺与常规区之间的钢板连接器后浇带 K_1。

第三步:如图 13—39 所示,选择底座板温度尽量接近锁定温度 T_S 时,张拉临时端刺的钢板连接器 $J_4\rightarrow J_3\rightarrow J_2$(张拉时,要先松开钢板内侧的锚固螺母)。与之同时,可以依次张拉常规区钢板连接器。J_2 相邻的中间剪力齿槽已经浇筑,LP_2 的影响长度由 L_{wirk,LP_2}减少至 $L_{2,2}$。

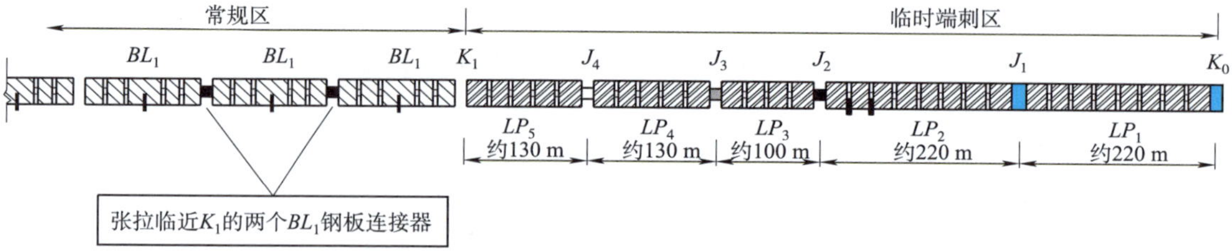

图 13—37　张拉第一步示意

齿槽后浇带BL_2　　钢板连接器后浇带浇筑混凝土

= 不施加预应力的纵连　　▬ 施加预应力的纵连

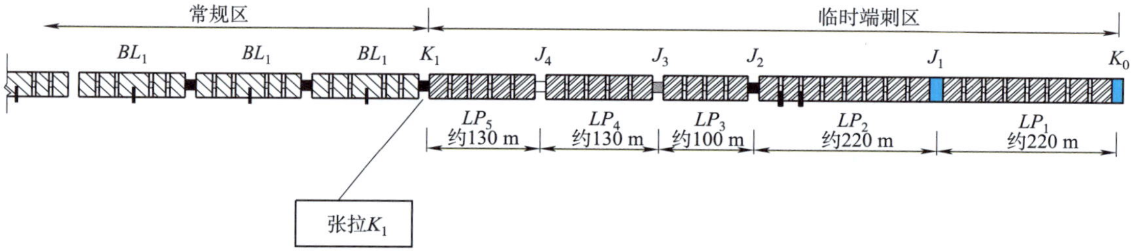

图 13—38　张拉第二步示意

齿槽后浇带BL_2　　钢板连接器后浇带浇筑混凝土

= 不施加预应力的纵连　　▬ 施加预应力的纵连

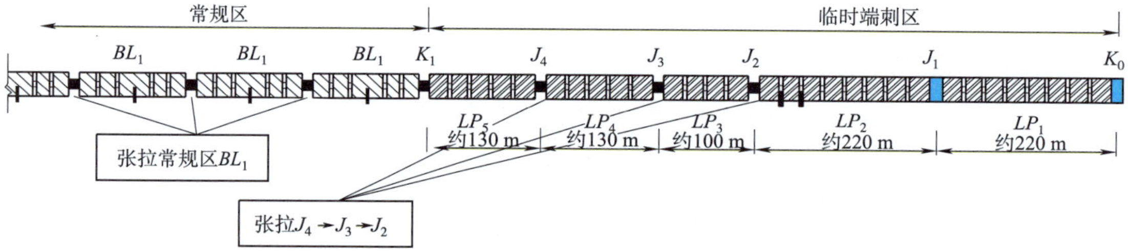

图 13—39　张拉第三步示意

齿槽后浇带BL_2　　钢板连接器后浇带浇筑混凝土

= 不施加预应力的纵连　　▬ 施加预应力的纵连

第四步：如图 13—40 所示，纵连完成，在 24 h 之内浇筑 $J_4 \sim J_2$、K_1 和常规区 BL_1 后浇带。

第五步：如图 13—41 所示，钢板连接器后浇带浇筑混凝土后，常规区齿槽后浇带 BL_2 通常也应该尽可能快地进行浇筑，但是当纵连是在底座板温度小于锁定温度的情况下进行时，在齿槽后浇带浇筑混凝土前，必须等待一段时间，为的是让张拉后的底座板应力达到均衡。等待时间见表 13—7。

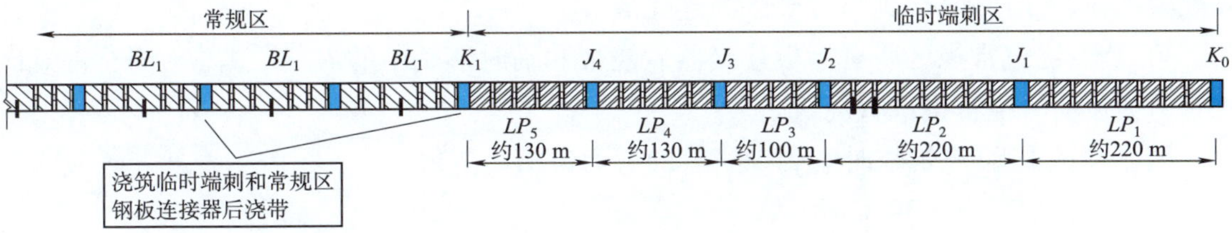

图 13—40　张拉第四步示意

齿槽后浇带BL_2　钢板连接器后浇带浇筑混凝土
= 不施加预应力的纵连　▬ 施加预应力的纵连

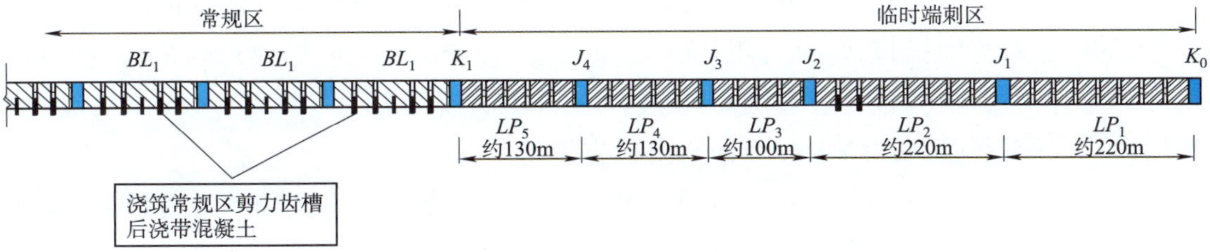

图 13—41　张拉第五步示意

齿槽后浇带BL_2　钢板连接器后浇带浇筑混凝土
= 不施加预应力的纵连　▬ 施加预应力的纵连

表 13—7　第五步等待时间

纵连时底座板温度所处区间(℃)	等待时间(d)
$+10 \leqslant T < +15$	5
$+15 \leqslant T < +20$	3
$+20 \leqslant T < +25$	1
$+25 \leqslant T \leqslant +30$	不需要等待

经过一定的等待时间，内应力均衡化以后，24 h 之内浇筑常规区 BL_2。

第六步：如图 13—42 所示，底座板纵连 10 d 后，临时端刺内 BL_2 浇筑混凝土。

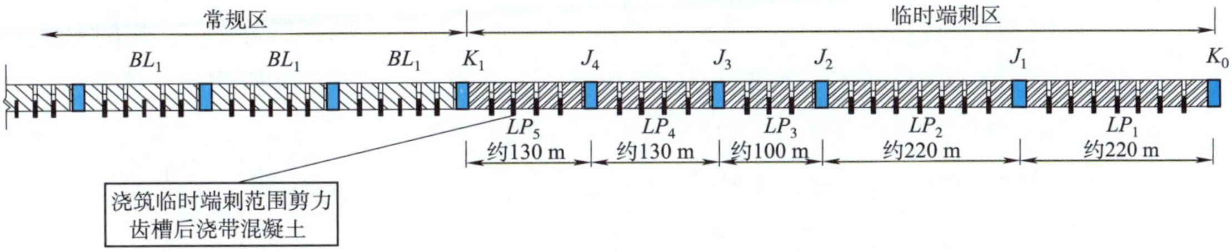

图 13—42　张拉第六步示意

齿槽后浇带BL_2　钢板连接器后浇带浇筑混凝土
= 不施加预应力的纵连　▬ 施加预应力的纵连

②第二种情况：$T_S \leqslant T \leqslant 30$ ℃时

第一步：把 K_1 并从 K_1 开始把常规区所有钢板连接器 BL_1 内外侧螺母拧紧。24 h 内完成此项工作，此时临时端刺与常规区纵连完成。

第二步：浇筑常规区所有钢板连接器后浇带和临时端刺中的 K_1、J_4、J_3、J_2，同时常规区所有剪力齿槽后浇带也进行浇筑。

第三步：3 d 后，浇筑临时端刺中所有的剪力齿槽后浇带。

③第三种情况：$T>30$ ℃时

此种情况，不允许拧紧螺母，应采取降温措施将底座板板温降至 30 ℃以下时，按照 $T_S \leqslant T \leqslant 30$ ℃的这种情况进行纵连。

(4)张拉、拧紧及检验扭矩控制

①张拉操作。张拉前检查每个张拉螺母是否拧紧；张拉时，每个钢板连接器按从中心向两边的顺序对称地张拉，张拉力矩 700 N · m，每张拉一次要同时对测点间距进行控制测量，并与应有间距对比，直到应有间距达到为止；张拉结束后，使用 300 N · m 力矩检查螺母是否拧紧，然后使用 450 N · m 力矩再次检查螺母。

②零张拉操作。以 35 N · m 的力矩从两端向中间拧紧内侧锁紧螺母，然后再从内向外检查所有螺母是否以相同的力矩拧紧；最后用 450 N · m 力矩拧紧外侧螺母，即张拉距离为零。

(5)临时端刺压板处理

底座板纵向连接完成后，轨道板粗铺前，尽快进行 GRN 网平面测设，测量结果评估合格以后，即可开始进行轨道板粗铺，高程测设在轨道板粗铺后才能测量。

临时端刺第一次连接完成后，如果临时端刺两次张拉间隔时间较长，要对临时端刺区进行压板处理(图 13—43)。首先在临时端刺区进行轨道板粗铺，再进行常规区的轨道板铺设。位于临时端刺区的 J_4、J_3、J_2 及剪力齿槽后浇带要预留，暂不铺设轨道板，轨道板可以临时叠放在后浇带前后位置。

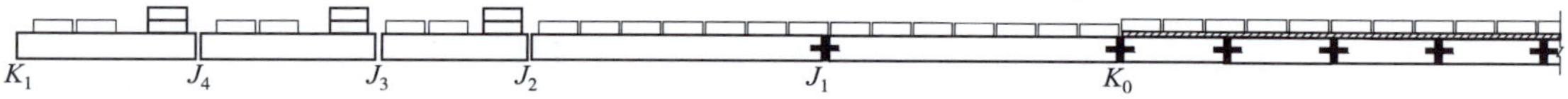

图 13—43　临时端刺压板示意

轨道板粗铺后，只有从 K_0 开始往常规区范围才能进行轨道板精调灌浆施工，临时端刺区暂不能灌浆。如果间隔时间较长，靠近 K_0 处的轨道板在灌浆纵连后，要进行植筋抗剪连接。

(6)后浇带的施工

①后浇带混凝土施工前，确认 C30 膨胀混凝土施工配合比通过审批。

②后浇带膨胀混凝土浇筑前，对现浇混凝土进行全断面凿毛，并用水对现浇混凝土面进行润湿，同时还须采用高压风吹净表面杂物。

③后浇带膨胀混凝土在底座板纵向连接后按顺序进行浇筑。

④混凝土的浇筑可根据现场实际情况，选用汽车泵或汽车吊施工。

⑤在后浇带(钢板连接器后浇带、剪力齿槽后浇带)浇筑前，必须再次检查螺母与钢板是否密贴，螺母必须以至少 450 N · m 的扭矩拧紧到钢板上。

13.5.6 不同工况的底座板张拉顺序

由于现场底座板长度不等，固定端刺的位置不同，因此，临时端刺和固定端刺的设置搭配形成了多种不同的底座板纵连工况，根据现场实际情况一般有以下所述几种工况。

（1）新建临时端刺 + 常规区 + 新建临时端刺

此种工况，常规区两侧的两个新建临时端刺按照单个临时端刺 K_0 端的张拉顺序对称同时进行张拉，最终在常规区中间位置张拉完成。

（2）新建临时端刺 + 常规区 + 固定端刺

此种工况，新建临时端刺按照单个临时端刺 K_0 端的张拉连接顺序逐步张拉，同时，从固定端刺由第一个钢板连接器开始向新建临时端刺方向逐个张拉，在常规区完成最终张拉。如果常规区较短，也可以由临时端刺开始向固定端刺方向逐个张拉，在临近固定端刺的第一个钢板连接器位置完成张拉。

（3）既有临时端刺 + 常规区 + 既有临时端刺

既有临时端刺是 K_0 段已经张拉完成的临时端刺，在进行 K_1 段张拉时，两个既有临时端刺按照单个临时端刺 K_1 端的张拉顺序同时对称张拉，最终在常规区中间位置张拉完成。

（4）既有临时端刺 + 常规区 + 固定端刺

此种工况，既有临时端刺按照单个临时端刺 K_1 端的张拉连接顺序逐步张拉，同时，从固定端刺由第一个钢板连接器开始向既有临时端刺方向逐个张拉，在常规区完成最终张拉。如果常规区较短，也可以由既有临时端刺开始向固定端刺方向逐个张拉，在临近固定端刺的第一个钢板连接器位置完成张拉。

（5）既有临时端刺 + 常规区 + 新建临时端刺

此种工况，常规区两侧的两个临时端刺分别按照单个临时端刺 K_0 端和 K_1 端的张拉顺序同时进行张拉，最终在常规区中间位置张拉完成。

（6）固定端刺 + 常规区 + 固定端刺

第一种情况：两个固定端刺之间的距离较短（小于等于 2 km），安排一个张拉班组，由靠近其中一个固定端刺的第一个钢板连接器开始，逐个向另一个固定端刺方向进行张拉。

第二种情况：两个固定端刺之间的距离较长（大于 2 km），安排两个张拉工班，每个班组由临近每个固定端刺的第一个钢板连接器开始，同时向常规区中间进行张拉，在常规区中间完成张拉。

13.6 人员及机具配置

成立专业化架子队进行底座板纵连张拉施工，除配备架子队必备的管理人员之外，还应根据施组进度要求确定作业工人数量。按照每天完成两孔 32 m 箱梁上底座板的纵连张拉计，一般一个工作面的人员配置见表 13—8。

表 13—8　底座板纵连张拉施工一个作业面人员配备

序　号	工　　种	人　数	备　　注
1	工 班 长	4	指导作业人员施工
2	技术人员	8	一个作业面最少一名工程师
3	质检人员	6	负责现场质量控制工作
4	安 全 员	2	负责现场安全工作
5	试 验 员	2	负责试验检测工作
6	测量人员	4	负责测量放样工作
7	钢 筋 工	40	钢筋加工、绑扎、剪力钉和连接器焊接
8	模 板 工	20	经培训合格
9	混凝土工	20	混凝土浇筑、拉毛收面
10	连接人员	12	经培训合格
11	普　　工	30	配合施工、清理垃圾
合　　计		148	

施工机具配备应根据施组要求确定，并与劳动力资源相匹配，一般一个作业面机具配置见表 13—9。

表 13—9　底座板纵连张拉施工一个工作面主要机具配置

专业作业面	机 械 名 称	型　号	数　量	备　　注
钢筋加工安装	钢筋切断机		2 台	
	钢筋调直机		1 台	
	电 焊 机		2 台	剪力钉和钢板连接器焊接
	叉　　车		1 台	
	钢筋弯曲机		4 台	
	汽 车 吊		1 台	钢筋吊装上桥
	平 板 车		1 台	钢筋运输
模板安装	模　　板		正线 260 m	按照施工日进度 4 倍配置
	扳　　手		10 把	
	撬　　棍		10 把	剪力钉和钢板连接器焊接
混凝土施工	混凝土拌和站		1 处	全自动电子计量拌和站
	混凝土运输车		2 台	与运距等有关
	混凝土泵车		1 台	
	插入式振捣器		8 台	
	提浆整平机		2 台	
	拉 毛 器		4 个	

续上表

专业作业面	机械名称	型　号	数　量	备　注
轨道板张拉纵连	扭力扳手	卡口,600 N·m	10 把	
	扭力扳手	套筒,600 N·m	10 把	
	钢　尺	1 000 mm	2 个	
	测温仪		2 个	
	扭力扳手	卡口,600 N·m	10 把	
	扭力扳手	套筒,600 N·m	10 把	
	钢　尺	1 000 mm	2 个	

13.7 质量控制要点和保证措施

13.7.1 底座板钢筋质量控制

(1)底座板纵向钢筋和横向钢筋的位置及间距控制

按照图纸设计要求控制底座板中纵向和横向钢筋的间距,绑扎时,采用钢筋卡具以保证纵向钢筋的绑扎间距控制准确,环形箍筋在纵向钢筋定位后,用定尺确定箍筋的位置,由粉笔标记,按照标记位置进行绑扎。

(2)曲线段底座板中钢筋

曲线段底座板中钢筋下料和绑扎时,要严格按照每段的具体超高值进行,每段里程的钢筋下料要对钢筋下料和钢筋加工人员进行技术交底,明确这一批次的钢筋加工尺寸和对应使用的里程。不同超高段加工的钢筋只能使用于对应里程范围。

(3)钢筋的高度控制

直线段底座板用钢筋可以统一制作,但超高曲线段底座板用钢筋的高度一定要经过具体的计算来确定箍筋高度,计算时,要根据图纸的要求,明确设计是要求箍筋在纵向主筋的内侧和外侧,钢筋笼绑扎完毕后,要及时检查钢筋笼高度,避免混凝土浇筑施工时钢筋笼过高或过低。

(4)钢筋连接

钢筋采用搭接连接,搭接接头必须符合设计要求,处于同一截面的钢筋搭接接头不得超过 50% 。

(5)钢筋保护层垫块

钢筋保护层垫块必须梅花形布置。

(6)钢板连接器焊接

钢板连接器焊接时,钢筋应与钢板垂直,安装时钢板尽量位于后浇带中心;应严格按设计断面尺寸制作加工钢板连接器钢板,钢板下垫放保护层垫块,并满足保护层要求,严格控制钢板顶面高程。

(7)剪力钉

剪力钉的直径与剪力齿槽套筒内径相同均为 ϕ28 mm,剪力钉的扭矩不低于 300 N·m,拧入套筒内深度不小于 42 mm;剪力钉倾斜度不大于 2% 。

13.7.2 底座板混凝土质量控制

(1)加强原材料质量控制,严格控制混凝土拌和时的施工配合比。

(2)混凝土浇筑施工过程中加强测量控制,混凝土初凝前,用水准仪对底座板高程进行复核,发现底座板高程施工误差,及时进行处理,底座板顶面高程按照低于设计高程 5 mm 进行控制。

(3)提浆整平滚杠的高度在施工前一定要进行复核,进入下一段底座板施工前,要重新调整滚杠的高度。

(4)加强施工过程质量控制:加强混凝土浇筑、顶面拉毛、养护过程中质量控制,重点控制后浇带位置处理,尤其是剪力齿槽位置的质量控制;加强模板拼缝处理和混凝土振捣,消除模板烂根、空洞、麻面等质量不良现象。

(5)底座板模板一定要支撑稳固,防止提浆整平机振动时模型发生变形。

(6)混凝土表面拉毛时机把握得当,选择工具合理,拉毛痕迹清晰、整齐。

(7)为保证底座板在较大温差季节不出现起拱以及后浇带钢筋骨架不变形,施工时应严格控制后浇带宽度,保证后浇带施工后宽度与设计宽度之差不大于 2 cm,确保后浇带钢筋笼的抗失稳能力。

(8)底座板两侧边缘排水坡坡度不小于设计坡度,尤其要控制曲线超高一侧排水反坡坡度,保证底座板表面不积水。

(9)底座混凝土养护时,尽量保证混凝土芯部与表层、表层与环境温差均不大于 20 ℃,减少裂纹出现。

(10)底座板养护采用土工布 + 保水土工膜进行滴灌保湿养护。

13.7.3 底座板张拉质量控制

(1)每一个临时端刺的张拉连接都必须编制专门的作业指导书,并由监理审核后,才能进行张拉作业。

(2)所有螺母必须按照要求的力矩拧紧。

(3)必须确保长度及温度的测量精度。

(4)尽量选择在锁定温度下进行底座板纵向张拉连接,当温度不满足要求时,必须按照设计计算张拉量进行张拉,并严格控制张拉量。

(5)尽量在一天的最低温时进行后浇带施工,避免在温差过大的天气施工。

(6)后浇带混凝土施工需考虑后浇混凝土防开裂措施,在混凝土内掺加适量的膨胀剂(通过试验确定),也可以在新老混凝土结合面涂刷界面剂,以解决新老混凝土界面裂纹超标的问题。

(7)纵向张拉连接必须在底座板芯部温度(T_S - 15)℃以上进行,低于(T_S - 15)℃时禁止张拉。

(8)纵向张拉连接时,若底座板温度小于锁定温度,应严格按照本指导书的规定分次进行张拉。

(9)当纵连张拉连接是在底座板温度小于锁定温度下进行时,在齿槽后浇带 BL_2 能够进行浇筑前,必须按要求等待一定的时间。

(10)如果临时端刺位于曲线上,则要使用临时侧向挡块措施防止其产生横向位移,每间隔一对侧向挡块齿槽设置一对。

13.8 质量验收标准

钢筋混凝土底座板外形尺寸应符合表 13—10 的规定。

表 13—10 底座板主要验收项目与标准外形尺寸偏差要求

序 号	检 查 项 目	底座板允许偏差(mm)	检 验 方 法
1	顶面高程	±5	尺量
2	中线位置	10	全站仪
3	宽 度	+15,0	尺量
4	平 整 度	7/4 m	4 m 靠尺和塞尺
5	厚 度	±10% 设计厚度	—

底座板施工要满足《高速铁路轨道工程施工技术指南》(铁建设〔2010〕241 号)的要求,钢筋、混凝土、钢板连接器、剪力钉和后浇带的质量标准要满足《高速铁路轨道工程施工质量验收标准》(TB 10754—2010)的相关要求。

14　支承层和隧道底座的施工

14.1　路基上支承层施工

路基上支承层原则上采用水硬性混合料滑模摊铺法施工，对于长度较短（支承层长度小于200 m）、外形不规则或有大量预埋件的地段，以及采用滑模摊铺工艺施工困难的地段可采用低塑性混凝土模筑法施工。

14.1.1　滑模摊铺法施工

（1）施工准备

①沉降观测、CPⅢ控制网测设已完成，并通过评估。

②表层级配碎石通过分部、分项验收。

③支承层的测量放样已完成。

（2）施工工艺流程

滑模摊铺法施工工艺流程如图14—1所示。

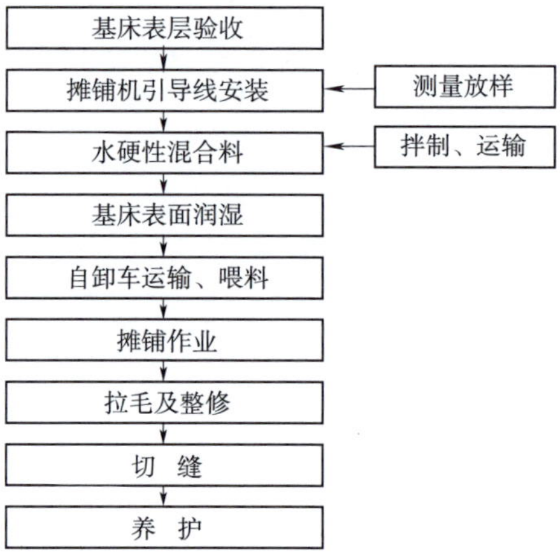

图14—1　滑模摊铺法施工工艺流程

（3）施工技术

①基床表层验收

支承层施工前，完成路基基床表层高程、平整度、压实度等验收。平整度应满足15 mm/3 m，高程应满足±10 mm。

②摊铺机引导线安装

沿无砟轨道线路方向，直线段每隔10 m、曲线段每隔5 m测量放样划出支承层边线，设置摊铺机走行引导线，作为摊铺作业基准线。

③水硬性混合料

水硬性混合料由自动计量系统拌和站集中生产，搅拌前测定骨料的含水率，及时调整施工配合比，且不得使用表面沾染尘土和局部暴晒过热的骨料，搅拌时精确计量。

采用一次投料方式生产，搅拌时间应根据设备功率确定，搅拌完成后，应及时观测拌和物均匀性及色泽是否一致，拌和物不得有结团、塑性坍塌等不良现象。

④基床表面润湿

混合料卸料前，应对路基表面松散级配碎石及杂物清扫干净，用水均匀润湿表面，润湿时不得出现积水，保湿时间不少于2 h。

⑤自卸车运输、喂料

a. 采用自卸汽车进行支承层混合料运输，运输前将自卸汽车车箱内清洗干净，长距离运输(具体运距范围，需根据不同环境条件下水分散失情况而定)时需采取覆盖措施，避免拌和物失水过多或遇雨雪天气引起含水率过大变化。同时为了保证摊铺进度，根据不同的运输距离和运输时间确定自卸车的数量。

b. 混合料运输到现场后，由专人引导自卸车进行卸料。自卸车应慢速行车卸料，避免集中卸料造成堆积离析。

c. 自卸车从两侧引导线中间位置倒退至摊铺机进料端并开始慢速行车卸料，避免集中卸料造成堆积离析；卸料长度不宜超过10 m，以免混合料水分损失，影响摊铺质量。

d. 摊铺范围内要布料均匀，布料长度宜控制在10 m以内。

⑥摊铺作业

a. 首次摊铺前，应对摊铺机位置、几何参数和机架水平度进行调整，然后空机挂线行走5～10 m。

b. 采用基准线校准滑模摊铺机挤压底板高程和侧模前进方向，调整水平传感器立柱高度和滑模摊铺机机架前后左右的水平度，让滑模摊铺机自动行走，再返回校核1～2遍，正确无误后，方可开始摊铺。

c. 滑模摊铺机应匀速连续摊铺，不得随意停机或改变摊铺速度。摊铺速度可根据供料情况、混合料性能和施工地段确定，宜控制在0.6～1.2 m/min(曲线地段须适当降低摊铺速度)。每班首铺5 m后，检测支承层高程、厚度、中线、横坡度指标，合格后继续施工。

d. 摊铺机振捣前混合料应保持掩埋住振捣器一定高度，控制振捣棒的振捣频率不应低于9 000 r/min，不得出现漏振、过振现象。

e. 施工中禁止随意调整高程、中线及横坡等，摊铺过程中要及时清理履带周围余料。

f. 摊铺过程中，对支承层的摊铺质量进行检查。检查内容包括观察混合料在摊铺过程中是否离析，检查支承层密实度，检查支承层外观尺寸是否与设计相符。

g. 在两次摊铺接头处，混合料已经终凝的情况下，根据支承层切缝设定凿除不足整板部分，再继续进行摊铺。

⑦拉毛及整修

混合料初凝前，抹出两侧排水坡（直线段两侧、曲线段外侧），坡率为 4%，范围为轨道板两侧边至支承层边缘。支承层摊铺后，在混合料初凝前，完成横向拉毛处理，拉毛为整个轨道板范围，刻纹深度控制在 1.5 ~2.0 mm。

⑧横向切缝

支承层施工完成后，宜在 6 h 内进行横向切缝施工，最晚不超过 12 h，切缝位置根据设计原则确定，尽量与支承层施工缝位置一致，并避开轨道板板缝。相邻两切缝间的距离一般为 5 m，切口深度为 105 mm（曲线地段为厚度的 1/3），切口平直，缝宽在 4 ~6 mm，切缝完成后吹扫干净，采用柔性材料填缝。

⑨养护

摊铺过程中及时覆盖补水养护，浇筑一段、养护一段，养护时间不少于 7 d。

14.1.2 模筑法施工

（1）施工程序

模筑法施工，采用拌和站集中拌制低塑性混凝土，汽车运输至现场，每次浇筑长度 200 ~300 m。图 14—2 为支承层施工物流组织示意。

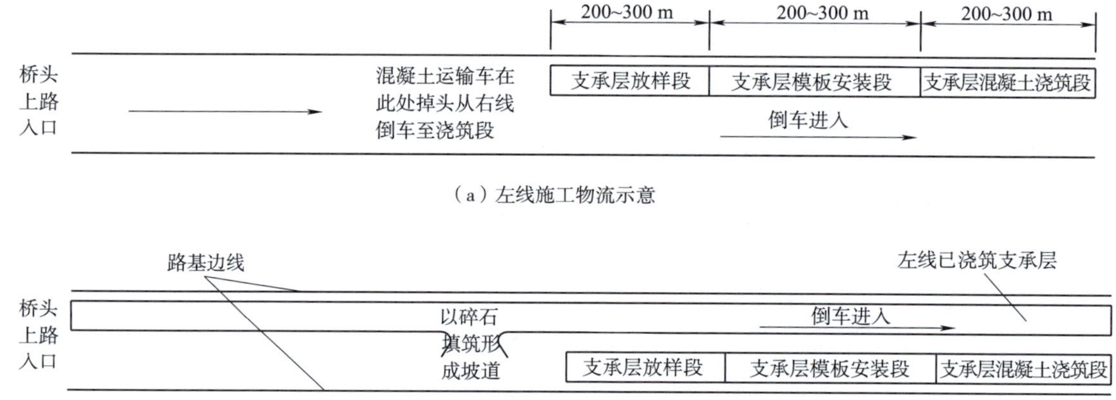

（a）左线施工物流示意

（b）右线施工物流示意

图 14—2　支承层施工物流组织示意

（2）施工工艺流程

模筑法施工模板侧模采用组合钢模，模板高度根据支承层厚度确定，长度 2 ~3 m 为一节，振动棒辅以振捣梁振捣。路基支承层模筑法施工工艺流程如图 14—3 所示。

（3）施工技术

①施工准备

将路基表层松散级配碎石及杂物清扫干净，用水润湿表面，但要确保无积水。

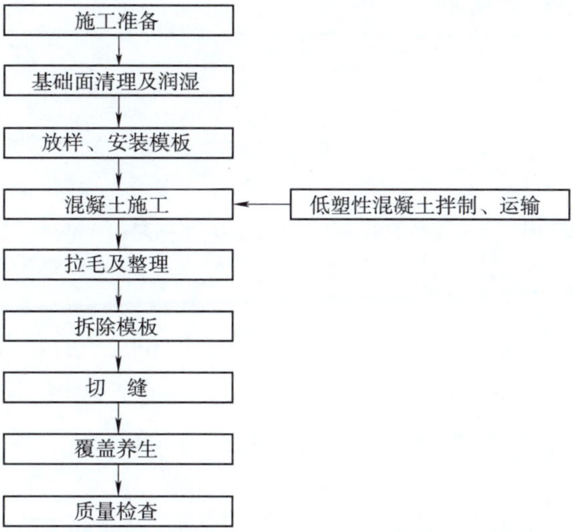

图 14—3 路基支承层模筑法施工工艺流程

②支承层的测量放样

放样支承层边线,预留收缩量,标示支承层浇筑顶面高程,用于指导模板安装。

③支承层模板

模板应有足够的强度和刚度,支撑牢固,安装定位准确。

④混凝土拌制与运输

a. 混凝土拌制。应采用强制式搅拌机拌和混凝土。搅拌前,应严格测定骨料的含水率,及时调整施工配合比。

b. 混凝土运输。采用自卸车运输。每次使用前后应将自卸车清理干净,运输时,应对混凝土拌和物进行有效覆盖,避免混凝土失水过多或遇雨雪引起含水率过大变化。

⑤混凝土浇筑

a. 浇筑前检查新拌混凝土性能指标,满足要求后方可浇筑,采用振动棒振捣混凝土,振动梁辅以人工整平收面。

b. 浇筑支承层混凝土前,应对基床表层级配碎石适度湿润,但不得积水。

c. 采用人工或机械设备摊铺混凝土,尽快振捣密实。

d. 当浇筑停顿时间超过混凝土初凝时间时,应中断浇筑并设置施工缝。

e. 混凝土终凝前,应对支承层表面进行横向拉毛处理。

f. 支承层顶面高程控制与桥上混凝土底座板相同。

g. 运输至现场的新拌混凝土应一次布料到位、浇注、振捣密实。

h. 气温低于 5 ℃、高于 35 ℃或雨雪天气时,不宜进行支承层施工。

⑥支承层顶排水坡

混凝土初凝前,沿支撑层侧边抹面并形成两侧排水坡(直线段两侧、曲线段外侧),坡率 4% 。路基支承层断面及排水坡示意如图 14—4 所示。

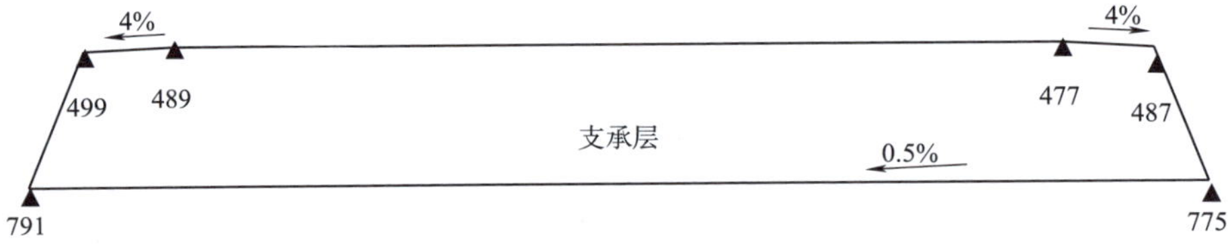

图 14—4　路基支承层断面及排水坡示意(单位:mm)

⑦支承层顶拉毛

根据工艺性试验成果,选择拉毛工具、确定拉毛时间,一般低塑性混凝土初凝前必须先进行表面提浆,在初凝后开始拉毛,拉毛范围为轨道板下区域,拉毛时力度均匀,确保间距、深度均一、线条顺直。拉毛的刻纹深度控制在 1.5 ~ 2 mm。

⑧支承层的横向切缝

采用模筑法施工的支承层,在混凝土支承层浇筑 24 h 之内(强度为设计强度的 25% ~ 30%)进行横向切缝,深度不小于 1/3 厚度,切缝应做到宁早不晚、宁深不浅。施工缝应设置在切缝位置或距切缝 2.5 m 处,具体要求同滑模摊铺法施工。

⑨施工缝处理

施工缝必须做成直立面,并且垂直于轨道轴线,浇筑下段混凝土前,对接触面进行凿毛湿润处理。

⑩拆模

混凝土强度超过 2.5 MPa 时方可拆模,拆模时注意避免混凝土表面及棱角受损。

(4)特殊部位施工

支承层与过渡板接头处,过渡板的上层钢筋(N1,N10)伸入支承层 1.5 m,浇筑支承层时注意检查预留钢筋。

14.2　隧道中底座施工

隧道中底座有两种形式,具体如下所述。

(1)前后均为桥梁结构且长度小于 200 m 的短小隧道,采用摩擦板结构直接通过,摩擦板施工前,对仰拱填充层进行凿毛并按照设计要求增设剪力筋,底座施工方法与桥梁上底座板施工相同。

(2)其他隧道底座结构:底座宽 2 950 mm,采用 C30 混凝土连续浇筑;距隧道洞口 200 m 以内范围,底座为钢筋混凝土结构,钢筋一般采用 CRB550 级冷轧带肋钢筋焊接网;距洞口 200 m 以外范围,一般采用 C30 素混凝土浇筑。下文主要介绍该种形式底座的施工。

14.2.1　施工程序

隧道内底座施工方法根据隧道长度而定,一般为先施工单侧底座混凝土(另一侧作为物流通道），再施工另一侧底座（已施工完一侧作为物流通道），该方法适合长大隧道的底座施工；也可采用混凝土运输车运输至洞门外，采用泵送混凝土进行浇筑，该方法适合工期紧、左右线需同时施工的短隧道。

14.2.2 施工工艺流程

隧道内底座板施工工艺流程如图14—5所示。

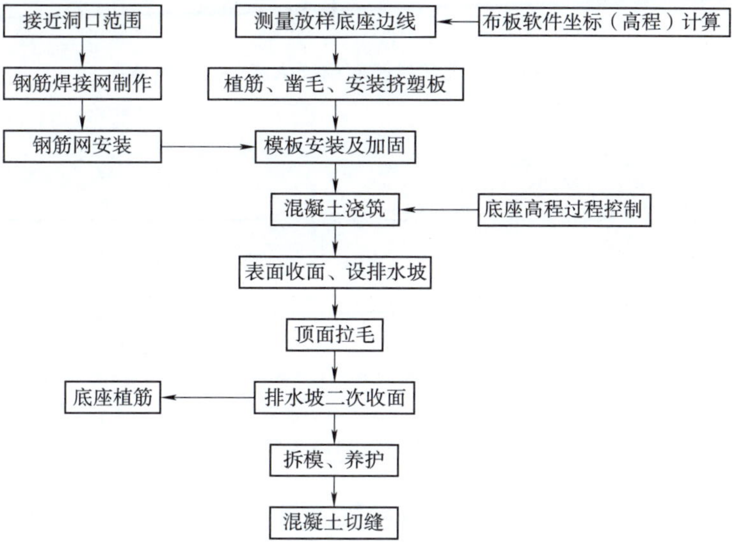

图14—5 隧道底座板施工流程

14.2.3 施工技术

（1）测量放样

隧道内仰拱找平层验收合格后，进行测量放样并标示出底座高度。

（2）凿毛与植筋

人工配合凿毛机对隧道内底座板范围内的基础混凝土顶面进行凿毛，凿毛深度以见到粗骨料为准，凿毛率不小于50%，凿毛完成后应及时清理干净。

隧道内沉降缝前后各6 m底座板（不含挤塑板范围）和距隧道洞口200 m以内的底座板下需进行植筋处理，采取ϕ14 mm L形HRB335钢筋和改性环氧类植筋胶进行植筋锚固，钻孔直径为18 mm，深度为210 mm，植筋间距为700 mm（图14—6），植筋高度根据轨道超高值合理选择，植筋钻孔时不得损伤隧道排水系统。

（3）安装高强度挤塑板

底座在跨越隧道沉降缝时，底座板下设置高强度挤塑板，厚度50 mm，每侧长1 450 mm，宽2 950 mm，底座板设置范围内仰拱回填时注意预留高强度挤塑板安装凹槽（图14—7）。

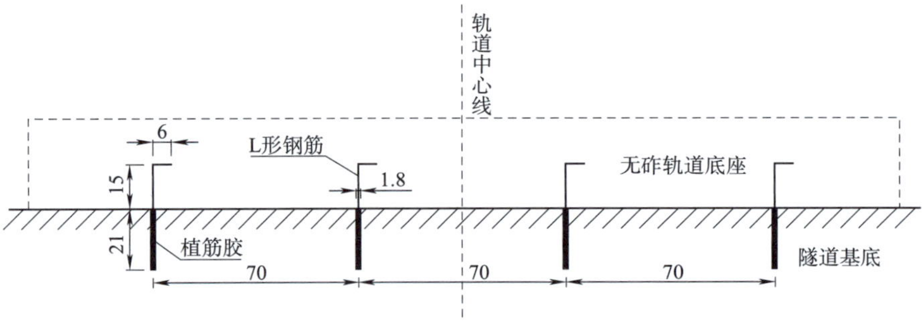

图 14—6　隧道仰拱基底植筋大样(单位:cm)

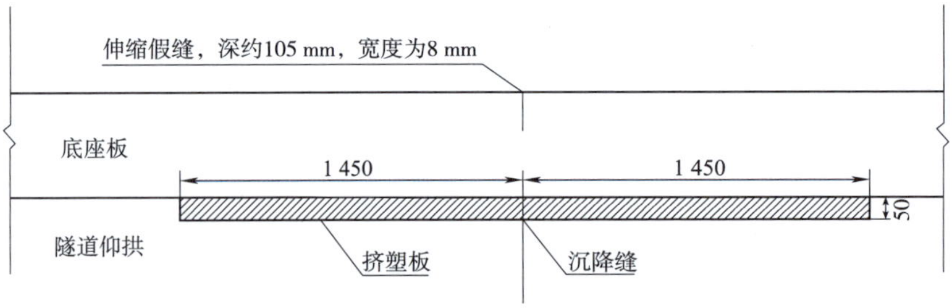

图 14—7　隧道沉降缝处挤塑板安装示意(单位:mm)

隧道内沉降缝左右两侧底座下各安放高强度挤塑板,安装方法与桥上梁端高强度挤塑板相同。

(4)钢筋网制作和安装

距隧道洞口 200 m 范围的底座板设计采用钢筋混凝土结构,钢筋采用 ϕ12 mm CRB500 级冷轧带肋钢筋焊接,由钢筋加工厂统一制作和焊接,运至现场进行安装,如图 14—8 ~ 图 14—10 所示。

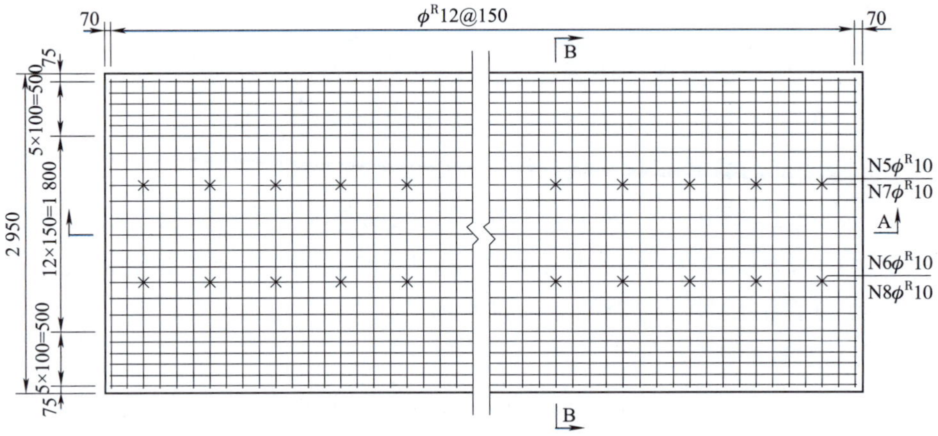

图 14—8　隧道洞口底座配筋平面(单位:mm)

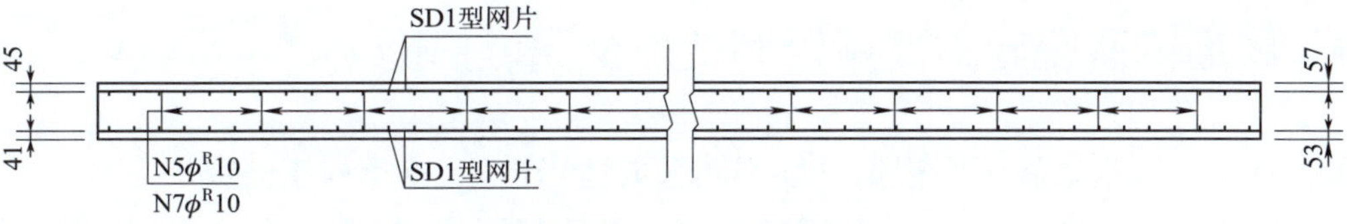

图 14—9 隧道洞口底座配筋纵断面(单位:mm)

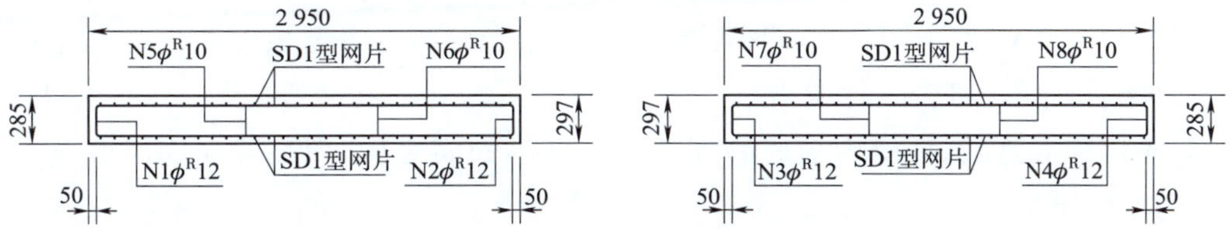

图 14—10 隧道洞口底座配筋横断面(单位:mm)

现场安装钢筋网时,要注意先制作外尺寸为 2 850 mm × 7 000 mm 的 SD1 型网片,再按照设计要求将两层 SD1 型网片通过弯曲钢筋焊接成钢筋网骨架,注意焊接时上下层网片要沿线路方向错开一定距离以保证安装钢筋网时搭接部位能够错开。

钢筋网片存放时宜采取竖放方式,运输时采取平板车运输并采取适当保护措施方式以保证网片上下不受外力而产生形变和损坏。

钢筋焊接网片在进行搭接时采取平搭法,搭接长度 450 mm,且上下两层网片的搭接部位须错开。采取同等级混凝土垫块控制好钢筋焊接网保护层厚度,底座下层钢筋保护层厚度为 35 mm,上层钢筋保护层厚度不小于 35 mm,钢筋网两侧保护层厚度为 50 mm。

(5)混凝土浇筑

隧道内底座混凝土浇筑工艺与桥上底座板施工工艺相同。

(6)混凝土切缝

混凝土浇筑完成后 24 h 之内(混凝土强度达到设计强度的 25% ~30%),每 5 m 进行横向切缝(距洞口 200 m 以内的范围不做切缝),切缝通长、宽 8 mm、深度 10. 5 cm(不小于 1/3 厚度),切缝应做到宁早不晚、宁深不浅。切缝位置应避开隧道沉降缝和轨道板缝,具体要求与路基上支承层切缝相同。

(7)施工缝处理

隧道底座混凝土施工缝处理与路基上支承层施工相同。

14. 3 人员及机具配置

隧道底座施工人员及机具可参考桥梁上底座板施工配置。

14.4 隧道内底座施工质量控制要点及保证措施

（1）隧道内底座板施工要根据气候不同采取适当措施，夏季施工时要注意混凝土运输过程中坍落度损失。冬季施工时在隧道洞门口设置保温帘，以利于洞内保温，防止受冻；保温帘除混凝土浇筑外，其余时间保证封闭，并采取升温设备控制气温在 5 ℃以上，保证混凝土的施工质量。

（2）洞口 200 m 范围内底座为钢筋混凝土结构，当洞口有摩擦板时要注意底座钢筋与摩擦板中钢筋的连接符合设计要求。

（3）不同超高地段，底座内植筋高度应随超高不同而变化，超高段应确保底座板下层混凝土的振捣质量。

14.5 质量验收标准

隧道内底座外形尺寸应符合表 14—1 的规定。

表 14—1 底座施工质量主要验收项目与标准外形尺寸偏差要求

序　号	检 查 项 目	允许偏差（mm）	检 验 方 法
1	厚　　度	±20	尺　　量
2	中线位置	10	全 站 仪
3	宽　　度	+15，0	尺　　量
4	顶面高程	−15，+5	水 准 仪
5	平 整 度	7	4 m 靠尺和塞尺

支承层施工要满足《高速铁路轨道工程施工技术指南》（铁建设〔2010〕241 号）要求，支承层的质量标准要满足《高速铁路轨道工程施工质量验收标准》（TB 10754—2010）的相关要求。

15 轨道板铺设

经过数控磨床精确打磨的 CRTS Ⅱ 型轨道板需按设计要求精确铺设,以确保CRTS Ⅱ 型板式无砟轨道结构的高平顺性。首先,在底座板(支承层)上粗铺轨道板,按厘米级误差控制轨道板粗铺精度;然后,通过精密测量技术,利用六个精调爪将轨道板逐块调整至设计位置,精度为 0.3 mm;其次,从轨道板中间灌注孔中将水泥乳化沥青砂浆逐块灌入轨道板与底座板(或支承层)间空腔内,硬化形成砂浆充填层;最后,按设计要求及步骤将单块轨道板纵连成一整体。

15.1 轨道板铺设工艺流程

CRTS Ⅱ 型轨道板铺设工艺流程如图 15—1 所示。

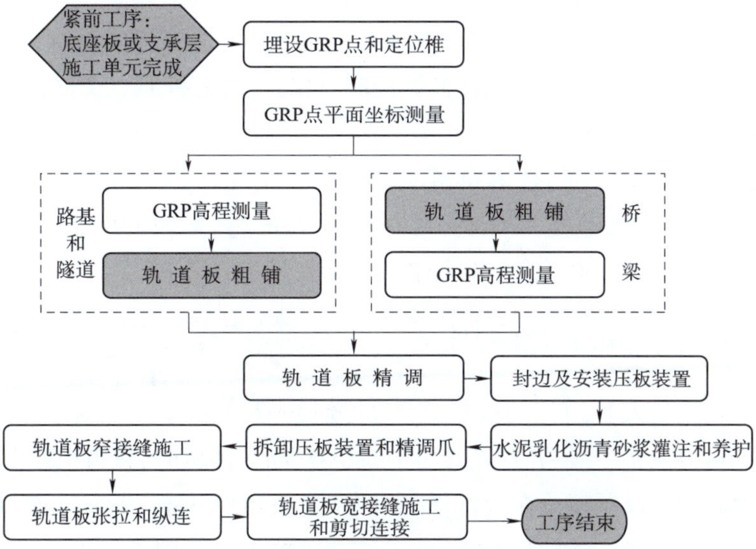

图 15—1 CRTS Ⅱ 型轨道板铺设工艺流程

轨道板铺设作业技术要点如下所述。

(1)底座板后浇带混凝土的强度达到 75% 以上时,方可开始粗铺轨道板。

(2)同一施工单元,连续粗铺的轨道板数量达到 130 ~ 150 块,且完成加密基标测量,方可开始精调。

(3)当天完成精调的轨道板,应立即进行压紧装置安装。

(4)应在轨道板精调后 24 h 内完成水泥乳化沥青砂浆充填层灌注。若超过 24 h,砂浆充填层灌注前应进行复测。

(5)水泥乳化沥青砂浆初凝后,应尽快松开并拆卸压紧装置和精调爪,精调爪遗留空腔和两块轨道板下砂浆充填层间窄缝应及时采用新拌水泥乳化沥青砂浆补灌。

(6)轨道板间窄接缝混凝土强度达到 20 MPa 以上时,方可进行张拉和纵连,并严格控制轨道板的锁定温度。

(7)轨道板张拉、纵连后,应及时用膨胀混凝土浇筑宽接缝,同时施作剪切连接。

(8)在桥梁地段,左、右线轨道板应同步铺设。

15.2 加密基标(GRP)测量

15.2.1 作业准备

(1)底座板和支承层高程复核

埋设加密基标测钉和定位锥前,必须对底座板顶面高程和平整度进行全面复核,及时处理超限部分,防止底座板和支承层局部凸出,影响轨道板铺设。

(2)资料准备

①利用布板软件,计算施工单元内加密基标和定位锥点坐标。

②将加密基标和定位锥点坐标转换成放样点格式,并将放样文件存入全站仪内存中。

③将施工单元的 CPⅢ控制网坐标转换为控制点格式,并将控制点文件存入全站仪内存中。

(3)技术交底和设备检校

加密基标点的精度要求高,技术难度大,测量过程复杂,是影响铺板进度的重要因素之一。实施前,应进行详细地技术交底,并对作业人员进行专项培训。另外,加密基标测量前,还应对所用仪器设备进行检验和校正,确保其精度和功能。

15.2.2 埋设加密基标点和定位锥螺杆

加密基标点、定位锥及轨道板的位置关系如图 15—2 所示。加密基标点与定位锥一一对应,分别位于无砟轨道线路中线两侧,距线路中线 100 mm。铺板时,轨道板以前、后两个定位锥进行初步定位。精调时,仪器架设在具备强制对中功能的加密基标测钉上,通过两点定向。

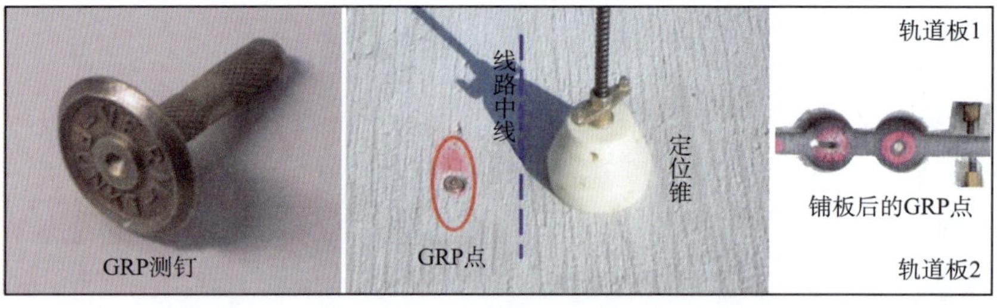

图 15—2 加密基标点、定位锥与轨道板的位置关系

(1)设站定向

在无砟轨道线路中线附近,利用标称精度不低于(1″,1 mm +2 ppm)的测量机器人,通过仪器的前、后各2对CPⅢ控制点,进行自由设站测量,将测量机器人设置到线路统一坐标系中。

(2)放样点测设

通过放样测量,将加密基标点和定位椎,由远及近测设并标定到底座板或支承层表面。放样点的最大距离应控制在150 m之内,确保放样点位精度优于5 mm。

(3)钻孔和锚固

在放样点上钻孔,利用植筋胶,将加密基标测钉和定位椎螺杆植入钻孔内。如图15—3所示,在直线地段,加密基标点和定位椎的位置没有特殊要求,通常是加密基标点位于线路外侧,定位椎位于线路内侧;在曲线地段,加密基标点必须位于曲线内侧。

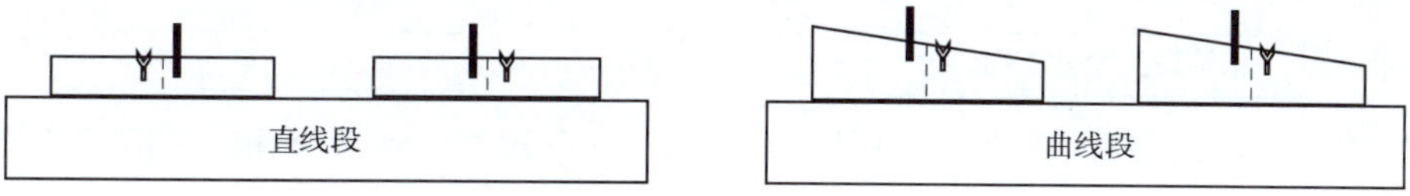

图15—3 加密基标点与定位锥的埋设位置示意

GRP测钉 定位椎螺杆 线路中心

(4)作业要点

①加密基标测钉的钻孔直径为10 mm,孔深应与所用加密基标测钉的高度相匹配,且钻孔应铅直。

②定位锥钻孔应与底座板或支承层表面垂直,孔径20 mm;直线段或超高不大于45 mm的曲线段,孔深为150 mm;超高大于45 mm的曲线段,孔深为200 mm。

③锚固前,要用高压风将钻孔内的粉尘吹干净。

④定位锥螺杆为ϕ16 mm精轧螺纹钢,锚固时植筋胶应饱满,确保固结力。

15.2.3 加密基标点平面坐标测量

如图15—4所示,加密基标网按左、右线分别布设。所用测量仪器应具有自动目标搜索、自动照准、自动观测、自动记录等功能;仪器的标称精度应满足:方向测量中误差不大于1″,测距中误差不大于(1 mm +2 ppm)。测量时,温度计读数精确至0.5 ℃,气压计读数精确至0.5 hPa。

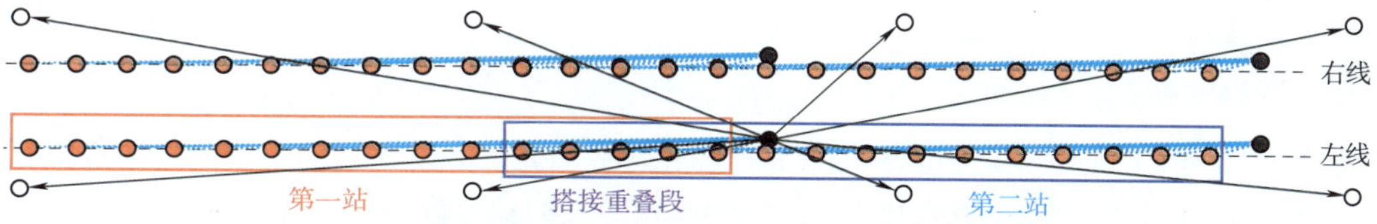

图15—4 加密基标平面坐标测量原理及网形布置示意

CPⅢ CRP 设站点 线路中线

(1)选点设站

全站仪架设在无砟轨道线路中线上,自由设站观测的CPⅢ控制点不应少于4对,测站位于所联测CPⅢ点的中间。CPⅢ点应采用与CPⅢ控制网测设时一致的标志。

(2)外业观测

在同一测站,CPⅢ控制点和加密基标点均采用全站仪盘左位置进行顺序观测,每站测量3个"半测回"。单个"半测回"测量过程如图15—5所示。

单一测站完整测量过程如图15—6所示。

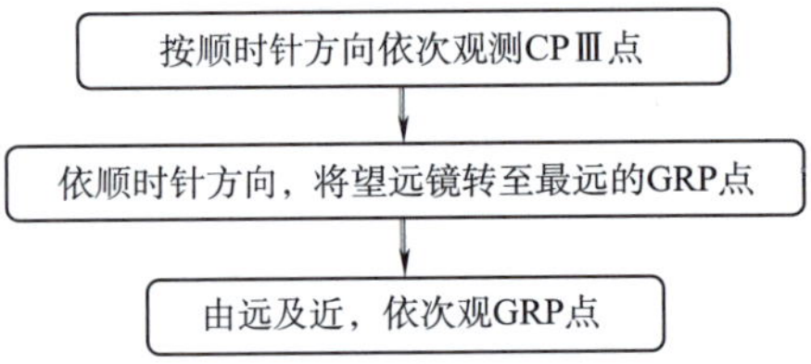

图15—5　单个"半测回"的测量过程示意

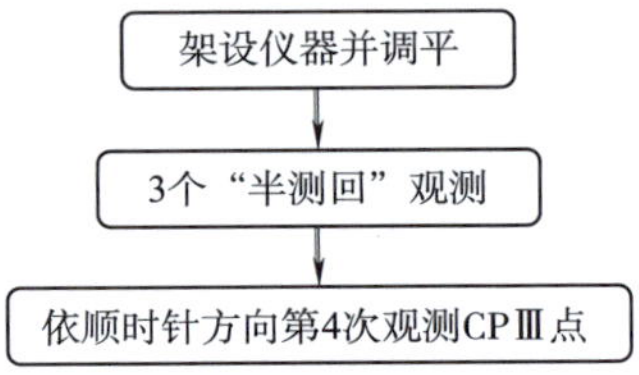

图15—6　单一测站完整测量过程示意

(3)平面数据处理

第一步:将一个测站测量的CPⅢ点实测坐标的平均值作为观测值,CPⅢ点的已知坐标为基准数据,采用最小二乘法平差,求解两套坐标的转换参数。

第二步:对各加密基标点实测坐标的平均值进行转换,求得各加密基标点的工程独立坐标。

如果转换后的CPⅢ点坐标,与CPⅢ已知坐标的差值在2 mm以内,则本站测量合格。否则,本站应重测。

(4)平面坐标测量注意事项

①每站观测距离约7~100 m,观测11~15个加密基标点。

②相邻两站应重复观测3~5个加密基标点,作为搭接点。

③相邻两站重复观测的CPⅢ点不应少于2对。

④同一测站,所有加密基标点,包括重复观测上一站的加密基标点,都必须位于测站前方。

⑤加密基标点应采用同一组棱镜三脚座和精密棱镜观测。如图15—7所示,每次安置棱镜三脚座时,都要精确整平。移动过程中,棱镜应始终面对全站仪。

⑥每天测量前,应对仪器进行常规检验和校正。

15.2.4　加密基标点高程测量

(1)测量方法

如图15—8所示,利用水准尺适配器,配合电子水准仪,进行加密基标点高程测量。要求使用一把水准尺,用电子水准仪自带程序,沿线路逐点测量。每隔300 m左右,水准路线起、闭于CPⅢ点,线路上的其他CPⅢ点为转点。加密基标点按支点(也称中视点)测量,每站前后各测量4~6个加密基标点,相邻附合测段间搭接3个点。

图 15—7 精密棱镜和小三角座

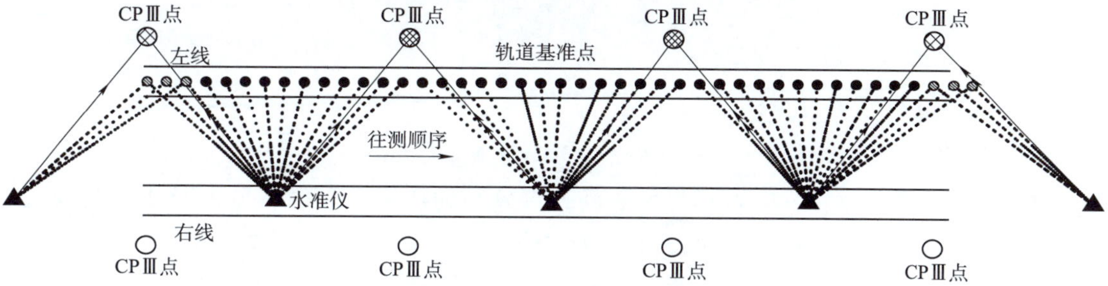

图 15—8 加密基标高程测量网形及测量原理示意

后视 前视 中视 CPⅢ约束点 CPⅢ转点 搭接轨道基准点

(2)测量步骤

第一步:在两个 CPⅢ点中间安置水准仪,首先后视一个 CPⅢ点,然后用同一把水准尺,依次前视另一个 CPⅢ点或加密基标点,采用中视法测量该区间所有加密基标点(可以包括左右 2 条线路的加密基标点)。

第二步:搬站至下一对 CPⅢ点之间设站,按照第一步所述过程继续测量。相邻两站之间应该至少重叠 1 个加密基标点,相邻测段之间应重叠 3 个加密基标点。

(3)加密基标点高程计算

首先计算站内任意两个相邻 CPⅢ之间高差是否超限,再计算各点往测与返测高程的平均值,并计算与平均值之差。各项指标满足要求后,计算本站观测的各加密基标点的高程。

15.2.5 测量段间数据搭接

搭接方法如图 15—9 所示,根据平顺性要求的高低,一般是 5 点或 3 点搭接。

以 5 点搭接为例,设 P_{11}、P_{21}、P_{31}、P_{41}、P_{51}为第一测站最后测量的 5 个点,P_{12}、P_{22}、P_{32}、P_{42}、P_{52}为第二测站重复测量第一测站的最后 5 个点。由于受设站误差影响,搭接点一般是分开的。通常采用余弦函数对重复测量的搭接点进行平滑处理,重复点的坐标或高程取两次测量的加权平均值,定权方法如下所述。

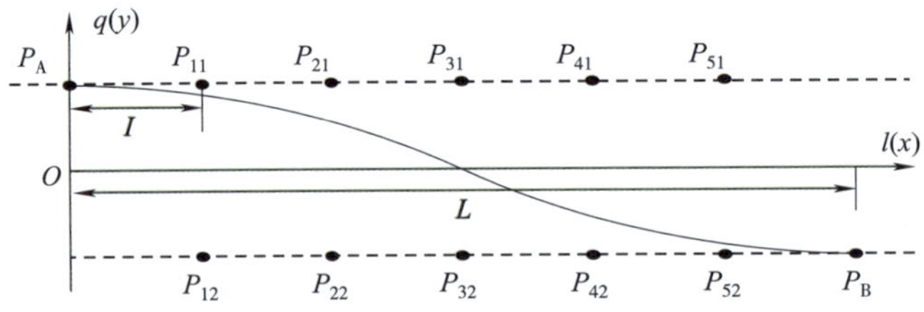

图 15—9　多点搭接示意

第一站测量重合点的权为

$$q_{1-i} = 0.5\cos\frac{i}{n+1}\pi + 0.5$$

式中,n 为重合点数,$i = 1, 2, \cdots, n$。

第二站测量对应重合点的权为

$$q_{2-i} = 1 - q_{1-i}$$

对于5个重合点,第一站测量的5个点的权分别为0.93、0.75、0.5、0.25、0.07,与之对应的第二站测量点的权为0.07、0.25、0.5、0.75、0.93。采用3点搭接时,搭接点的权分别为0.85、0.5、0.15和0.15、0.5、0.85。

加密基标测量的各项指标满足要求后,相邻测站间重复观测的加密基标点,其平面坐标和高程应进行平滑搭接。

15.3　轨道板粗铺

15.3.1　轨道板粗铺流程

轨道板粗铺工艺流程如图15—10所示。

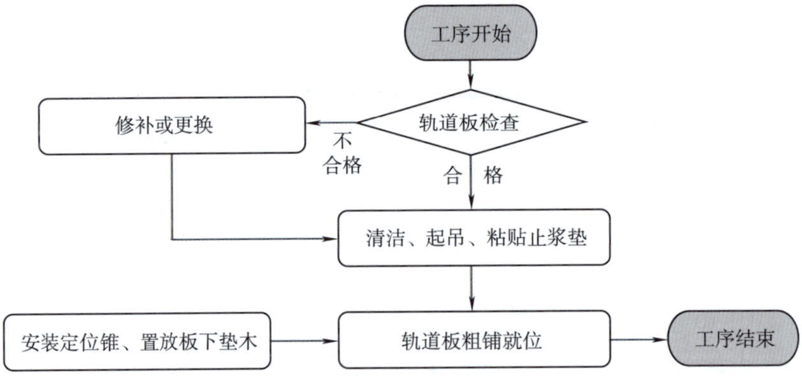

图 15—10　轨道板粗铺工艺流程

15.3.2 轨道板检查

轨道板粗铺前,应提前对欲铺设单元的轨道板进行全面、细致的检查。重点检查轨道板是否有缺陷,编号是否正确、完整,是否与铺设位置里程匹配。对于存在缺陷的轨道板,应及时修补或更换。

15.3.3 轨道板粗铺

(1)提前用红色记号笔,在支承层或底座板上标记板号。

(2)轨道板起吊前,应在线外用高压风进行清洁,必要时可用高压水枪进行表面清洗。

(3)核对轨道板编号与铺设位置的标记板号是否一致。确认无误后,采用铺板门吊或吊车将待铺轨道板吊装上道。起吊时应注意轨道板的方向:轨道板上的测量锥窝始终朝向高速列车的前进方向,即左线朝向大里程数,右线朝向小里程数。

(4)轨道板吊起后,应及时在板底正确位置粘贴 U 形止浆垫块。

(5)在待铺轨道板位置的首、尾,各安装一个定位锥,定位锥要用蝶形螺母固牢。

(6)在待铺轨道板的正确位置,沿轨道板长边每边各放置 3 个尺寸为 350 mm × 40 mm × 40 mm 的硬质支撑垫木。

(7)将轨道板吊移至待铺位置正上方,以前、后两个定位锥为基准,缓慢下放轨道板,使轨道板平稳落在 6 个支承垫木上。轨道板平面位置偏差控制在 10 mm 之内。

(8)相邻两块轨道板铺设完毕后,及时利用专用夹具,将定位锥从板缝中取出,向前倒用。

15.4 轨道板精调

15.4.1 作业准备

(1)对精调人员进行专项培训,熟悉作业程序和操作要领。

(2)在轨道板场,利用标准板对精调系统进行标定或检校。

(3)根据轨道板精调段落长度,准备足量的精调爪和压板、限位装置。

(4)准备 CPⅢ控制网、加密基标、FFC、FFD 等相关技术文件和资料。

15.4.2 基于轨道特征点的三维精调(标架法)

基于轨道特征点的三维精调,其精调参数是三维的,控制基准是加密基标点,主要工装是精调标架和不等高三脚架。由于精调爪只能进行横向和竖向两维调整,精调时,要利用精调标架和不等高三脚架,将测量仪器架设在轨道板上 30 cm 高处,沿轨面高程进行水平测量和横、竖向精调,轨道板的纵向偏差可不予考虑。

(1)精调标架与轨道特征点

精调标架如图 15—11 所示。将精调标架放置到轨道板的一对承轨台上,精调标架上安装触舌 *A* 及 1、2 两个棱镜,使精调标架的触舌 *A* 触及大钳口的一外斜面(图 15—11 中的 *M* 点),轨道板大钳口的尺寸是精确的,触舌及棱镜间的位置固定,如果不计其他误差,则 1、2 两个棱镜中心,就是铺设钢轨的轨顶中心,也就是对应承轨台的轨道特征点。精调时,将三个精调标架放置在轨道板的前、中、后三对承轨台上,通过精密测量,将三个精调标架的 6 个轨道特征点调整到设计位置,则以大钳口为基准的轨道板也被调整到设计位置。

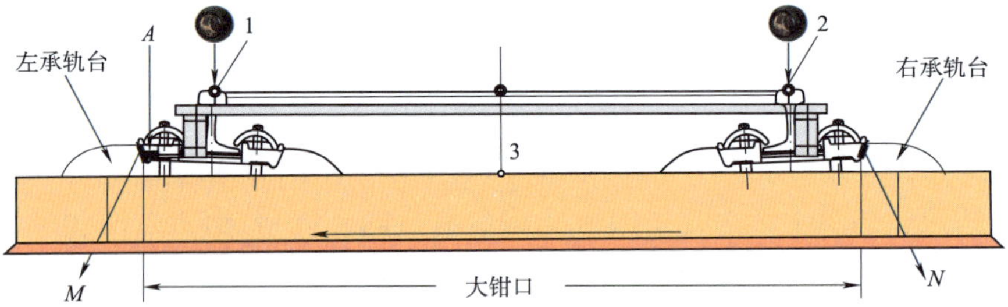

图 15—11　精调标架示意

(2)标架法精调参数计算

标架法精调参数计算原理如图 15—12 所示,精确测量精调标架上的某个棱镜,可得到该棱镜代表的轨道特征点的三维实测坐标,与理论坐标求差,就得到该棱镜所在点的纵向调整量 d*X*、横向调整量 d*Y* 和竖向调整量 d*H*。精调时,只用到横向调整量 d*Y* 和竖向调整量 d*H*。

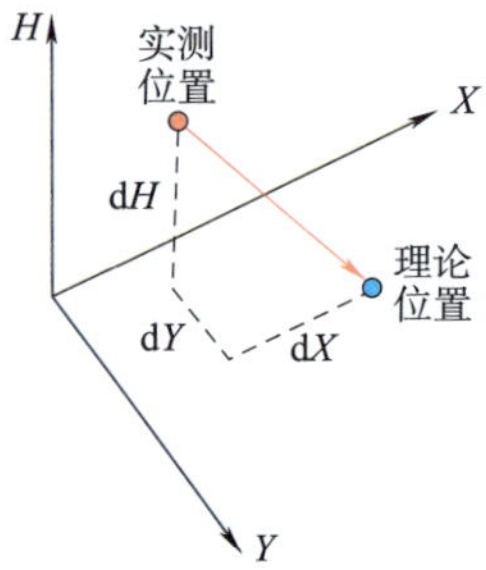

图 15—12　标架法精调参数计算原理

(3)标架法精调流程

基于轨道特征点进行轨道板精调时,按图 15—13 所示流程进行。

(4)标架法精调作业

①安装精调爪

CRTS Ⅱ 型轨道板精调时,所用精调爪有两种:一种是 2 维精调爪(底座带凹槽),可以进行横向和竖向两维调节;另一种是 1 维精调爪(底座是面积较大的平面),只可进行竖向调节。安装精调爪时,4 个 2 维精调爪安装在轨道板四角对应位置的调高垫板上,2 个 1 维精调爪安装在轨道板的中间。

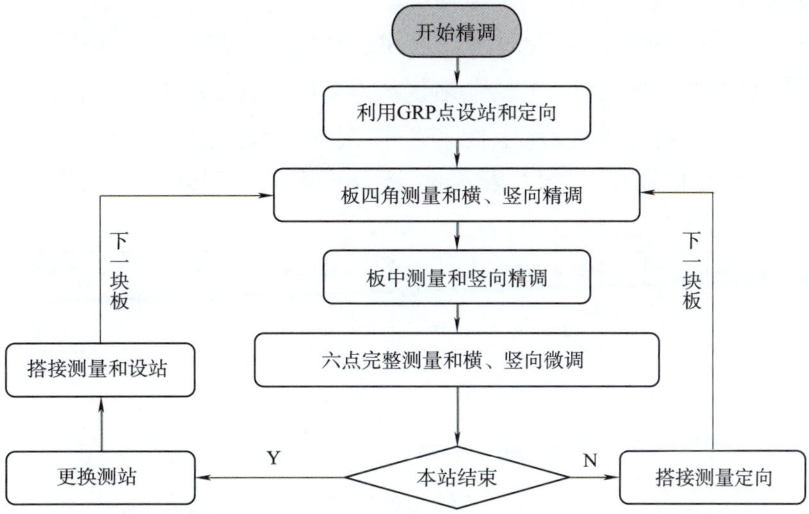

图 15—13　标架法轨道板精调的作业流程

②利用两个加密基标点设站

如图 15—14 所示，利用不等高三脚架，在加密基标点 C 上架设测地机器人，在加密基标点 E 上架设后视棱镜。架设好的仪器和棱镜如图 15—15 所示。

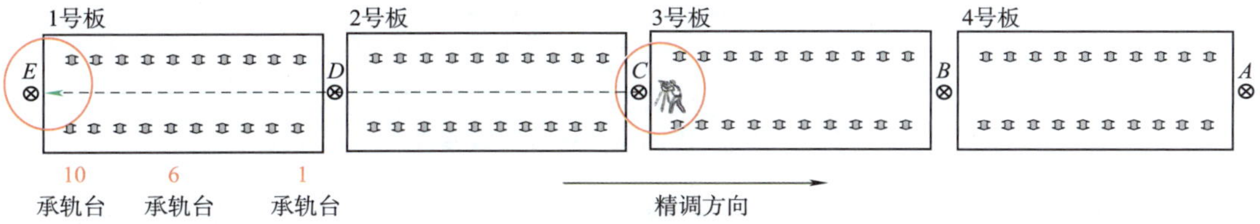

图 15—14　两点设站示意

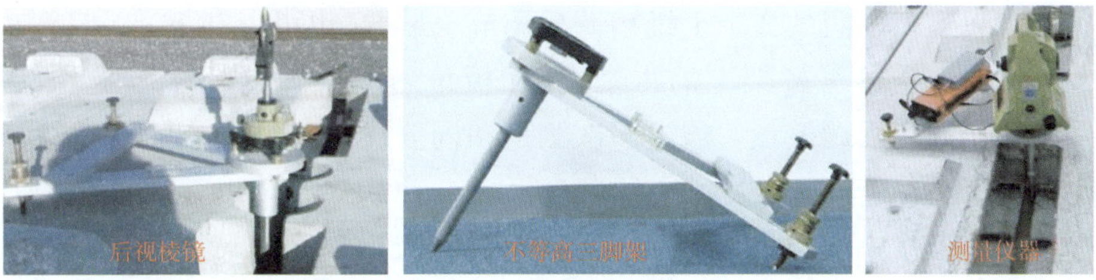

图 15—15　不等高三脚架的使用示意

a. 仪器定向。要求测量人员通过手动操作，将仪器精确照准后视棱镜并进行坐标测量，利用仪器的两点设站功能，通过两个加密基标点的已知平面坐标设站，确定仪器的“0”方向。

b. 高程传递。利用仪器的高程传递功能，根据加密基标点 E 的高程和棱镜高（定值），通过三角高程传递，确定仪器三轴交点的高程。

③精调标架标定

每天进行轨道板精调作业前，要对精调标架进行标定。如图 15—16所示，将标准标架 5 放在 1 号轨道板的第 1 对承轨台上(距全站仪约 6.8 m)，启动精调标架标定程序，用全站仪测量标准标架上的两个棱镜，然后取走标架 5，依次放置和测量1 ~4 号标架，软件自动求得相应的棱镜偏差，存入 FFB. ini 文件。精调时，系统会利用所测偏差，自动修正精调数据。

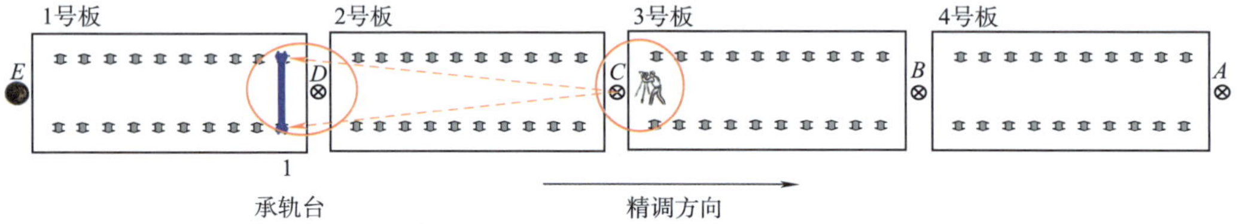

图 15—16　精调标架标定示意

④精调首块轨道板

a. 精调标架安装。如图 15—17 所示，将 1 号、2 号、3 号精调标架分别放置到 1 号板的第 1、6、10 对承轨台上。

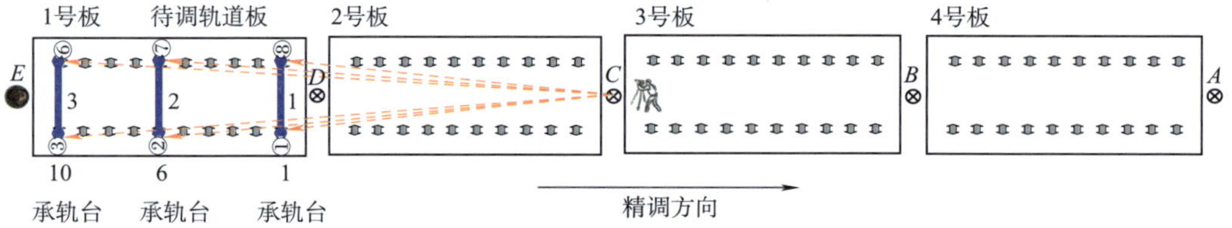

图 15—17　标架法精调首块轨道板

b. 参数设置。在轨道板精调软件内进行系统参数的设置，主要是设置通信协议、各接口参数、棱镜常数，对设备进行初始化，输入原始数据等。

c. 精调过程。

第一步：将轨道板中间的 2 个 1 维精调爪调节至最低(也可以卸下)。

第二步：测量 1 号、3 号标架上的 4 个棱镜(板角测量)，确定板首和板尾的横向调整量，以及四个板角的高程调整量。通过多次测量和调整，将轨道板的平面位置和四角高程逐步调整到设计位置。

第三步：将轨道板中间的 2 个 1 维精调爪安装到位。

第四步：测量 2 号标架上的 2 个棱镜(板中测量)，确定板中的高程调整量，将轨道板中间的高程调整到设计位置。

第五步：测量 1 号、2 号、3 号标架上的 6 个棱镜(完全测量)，确定 6 个棱镜的调整量。如果调整量大于 0.3 mm，则应根据整体偏差情况，合理确定调整量，并通过调节 6 个精调爪，逐步缩小偏差。

第六步：当所有偏差都满足要求后，保存最后一次完全测量的偏差值，用于评价调板精度。

⑤搭接设站

a. 安装搭接标架。如图 15—18 所示，将后视棱镜由加密基标点 E，向后移动 1 块轨道板的距离，搬站至加密基标点 D；将测量仪器由加密基标点 C，向后移动 2 块轨道板的距离，搬站至加密基标点 A；将搭接标架 4 安装到已经精调到位的 1 号轨道板的第 1 对承轨台上。

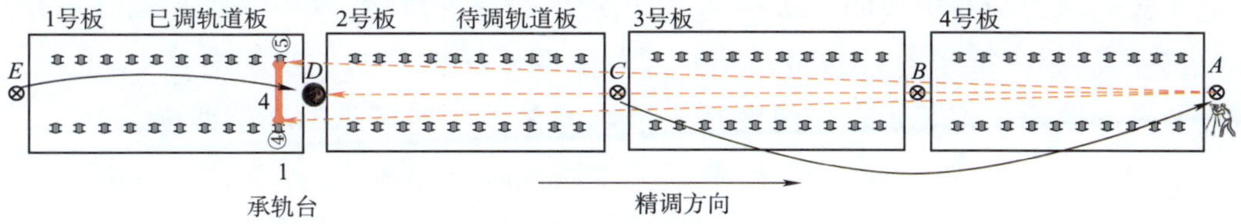

图 15—18　搭接设站示意

b. 三点定向和高程传递。通过手动操作，将仪器精确照准后视棱镜并进行坐标测量，随后，搭接测量程序会自动指导仪器寻找搭接标架上的④、⑤号棱镜，并同时完成自动测量。测量完成后，精调系统软件通过后视棱镜和④、⑤号棱镜所测坐标的加权平均值，重新确定仪器的“0”方向和仪器高程。

⑥精调后续轨道板

如图 15—19 所示，搭接设站后，4 号标架不动，将 1 号、2 号、3 号测量标架放置到后续轨道板的对应位置，精调后续轨道板。

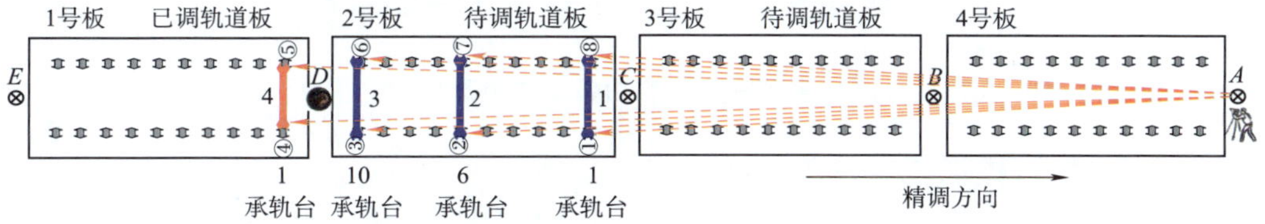

图 15—19　精调后续轨道板示意

作业要点：

a. 在对 2 号板进行完全测量时，应同时测量 3 个精调标架和搭接标架共 8 个棱镜，且搭接误差应满足要求。

b. 2 号板精调到位后，应再次进行搭接设站，并精调 3 号板。再次进行搭接设站时，只需将搭接标架向后移动 1 块板距，而后视棱镜可以原位不动（图 15—20），也可以将后视棱镜同步向后移动 1 块板距。

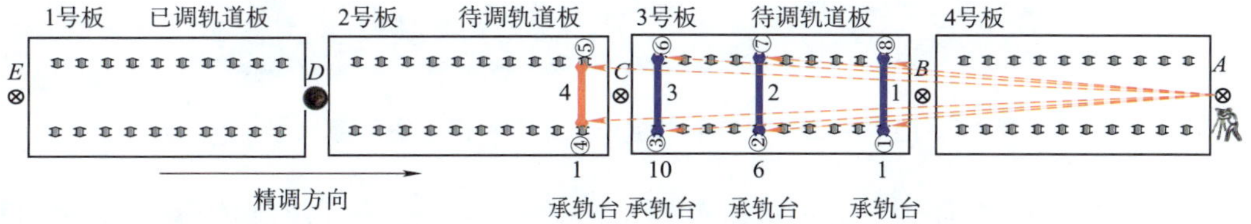

图 15—20　精调第 3 块轨道板示意

重复第“⑤”和第“⑥”步,继续向后移动仪器,精调剩余轨道板。后续精调时,每测站最多可精调2块轨道板。

15.4.3 基于线路中线的二维精调(自由设站法)

基于无砟轨道线路中线的二维精调,其精调参数是两维的,其中一维是测点与线路中线的法向距离,另一维是测点的高程偏差。自由设站法精调的控制基准是CPⅢ点,主要工装是自定心轨道模拟装置。自由设站法精调的参数与精调爪的功能匹配,如图15—21所示,精调时,可以按常规方法进行设站,直接测量和调整模拟轨道,轨道板、扣件、钢轨等多项误差因素不会影响轨道的精度,且减少了加密基标测量环节,因此,操作更加灵活和方便,精调效果更好。

图15—21 自由设站法精调

(1)自定心轨道模拟装置和模拟轨道

如图15—22所示,将自定心轨道模拟装置放置到承轨槽中,在顶销的顶推作用下,底座中心自动移到承轨槽中轴线上,棱镜中心刚好位于钢轨顶的设计位置。利用6个自定心轨道模拟装置,可以模拟轨道板上的左、右钢轨。

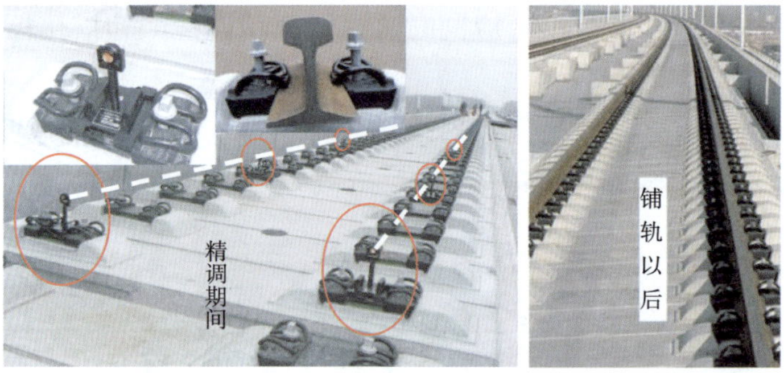

图15—22 自定心轨道模拟装置替代钢轨示意

精调时,将轨道板前、中、后3对轨道模拟装置调整到设计位置,则轨道板也被调整到设计位置。

(2)自由设站法精调参数计算

自由设站法精调参数计算原理如图 15—23 所示,利用全站仪,精确测量轨道模拟装置代表的轨道特征点的三维坐标,根据实测坐标与设计线路的位置关系,确定调整参数。

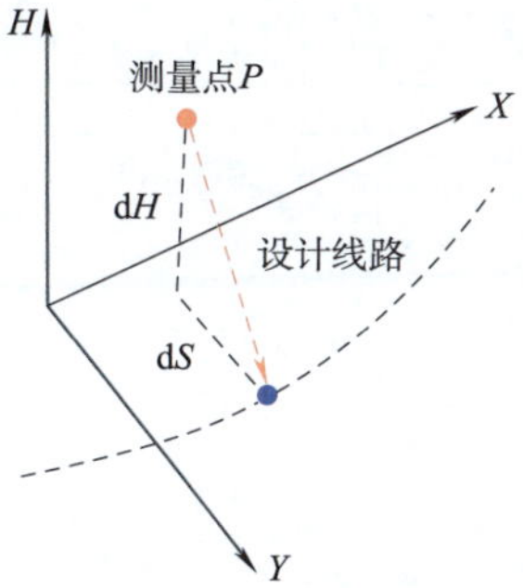

图 15—23 自由设站法精调参数计算原理

假设线路的数学模型为 $f(X,Y,H)$,现场实测轨道特征点 P 的坐标为(X_P,Y_P,H_P),则点 P 到设计线路的垂直距离可唯一确定。这一垂直距离可以表示为垂直分量 dH 和水平分量 dS,则 dH 和 dS 即为测点的垂向和横向调整量。

(3)自由设站法精调流程

利用自由设站法精调时,按图 15—24 所示流程进行。

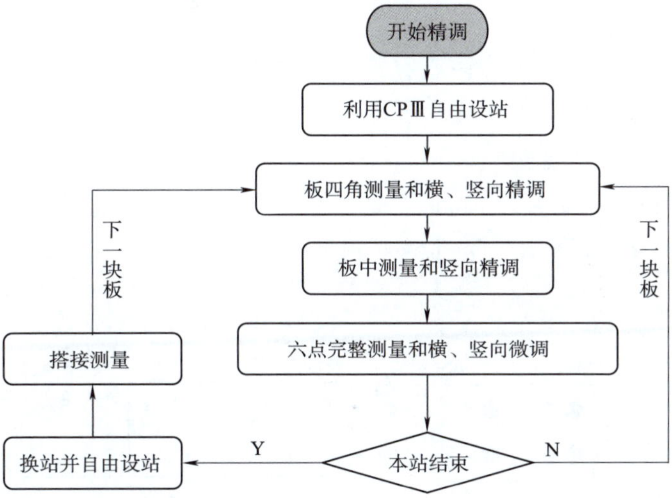

图 15—24 自由设站法轨道板精调的作业流程

(4)自由设站法精调作业

①安装精调爪

轨道板下精调爪的安装与标架法相同。

②利用 CPⅢ自由设站

如图 15—25 所示,利用测站前、后各 2 对 CPⅢ点,依据自由设站测量设置测站。

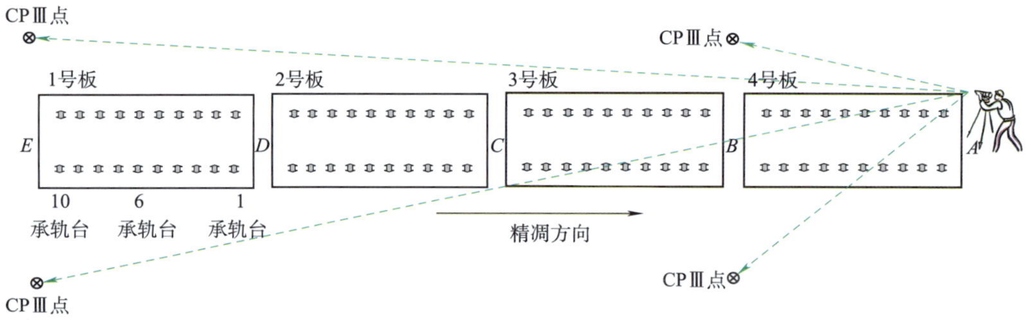

图 15—25　利用 CPⅢ自由设站

③精调首块轨道板

a. 安装自定心轨道模拟装置。如图 15—26 所示，将 1 ~ 6 号自定心轨道模拟装置，分别安置到 1 号板的第 1、6、10 对承轨台上。

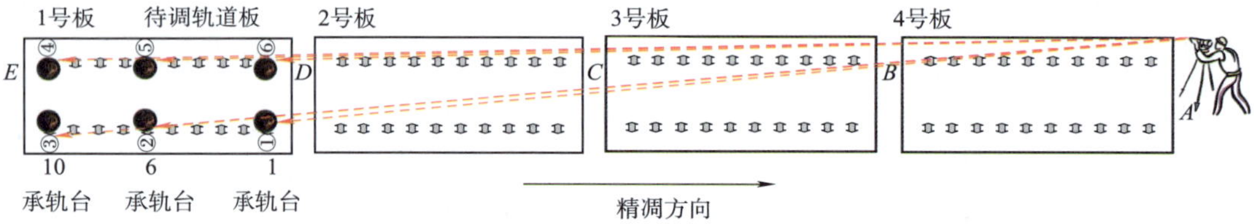

图 15—26　自由设站法精调首块轨道板

b. 参数设置。自由设站法的参数设置与标架法相同。

c. 精调过程。自由设站法的精调过程也与标架法相同。

④精调第 2 号、3 号轨道板

如图 15—27 所示，将 1 ~ 6 号轨道自定心轨道模拟装置向前移动一块板，分别放置到 2 号板的第 1、6、10 对承轨台上，通过精密测量，将 2 号板精调到位。按照同样方法，精调站内第三块轨道板。

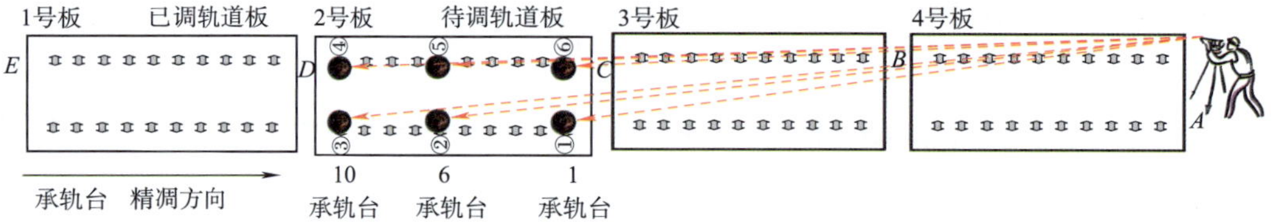

图 15—27　自由设站法精调站内第二块轨道板

⑤搭接测量

如图 15—28 所示，前面的轨道板精调到位后，最后一块已调板上的 1 号、6 号轨道模拟装置保持原位不动，而测量仪器向后移动三块板，重新设站。

如图 15—29 所示，在新的测站，首先测量上一站精调的最后一块轨道板的末端承轨

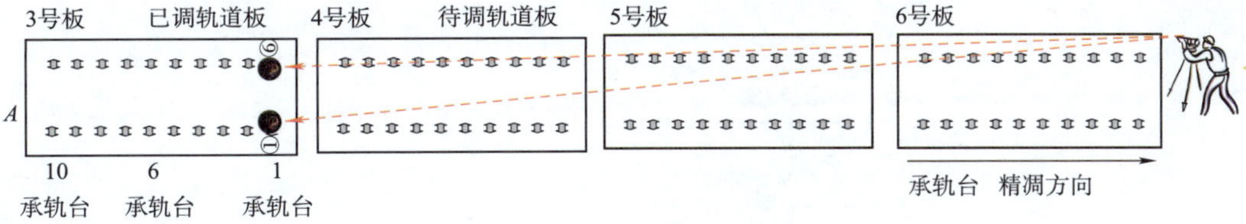

图 15—28　自由设站法搭接测量

台，计算新的调整量 δ_D 和 δ_H。从理论上讲，δ_D 和 δ_H 都应小于0.3 mm。受设站和测量误差的影响，δ_D 和 δ_H 通常会大于0.3 mm，这就是搭接误差。在新的测站精调时，搭接误差通过距离线性内插来消除，具体做法如下所述。

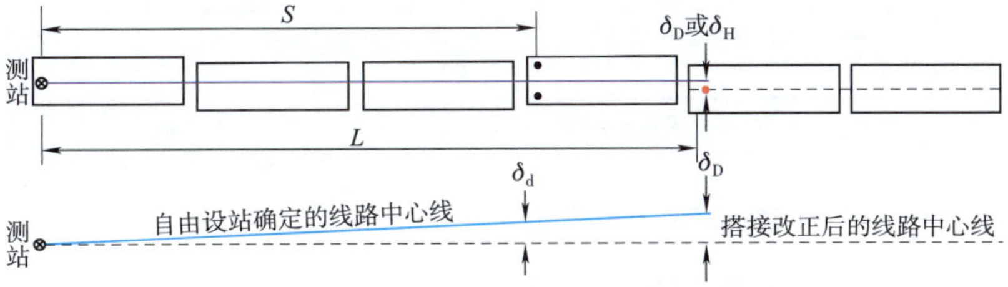

图 15—29　消除搭接误差的线性内插原理

假设测站与搭接点的距离为 L，测站到测点的距离为 S，则在计算测点的横向和高程调整量时，需要减去改正数 δ_d 或 δ_h，其值为

$$\delta_d = \frac{S}{L}\delta_D \quad 和 \quad \delta_h = \frac{S}{L}\delta_H$$

通过这种方式进行搭接处理，既保证了设站位置和定向点的绝对精度，又顾及了不同设站位置之间的相对精度，消除了轨道板之间的微量错动。实际工作中，单纯由测量引起的横向和竖向误差很小，可以忽略不计。对于在同一个测站精调的轨道板，无需进行搭接测量，只有在重新设站后，才需要进行一次搭接测量。

15.5　水泥乳化沥青砂浆充填层灌注施工

15.5.1　水泥乳化沥青砂浆充填层灌注施工工艺流程

砂浆充填层灌注施工主要采用“分工序流水作业法”，其作业流程如图15—30所示，主要包括板腔润湿、轨道板限位、板腔封边、砂浆灌注、精调爪与封边装置卸除、精调爪孔封填和砂浆充填层周边养护等工序。

15.5.2　水泥乳化沥青砂浆充填层灌注施工技术

(1)板腔润湿

为保证充填层与底座板(或支承层)混凝土及轨道板混凝土之间的黏结，应将板腔清

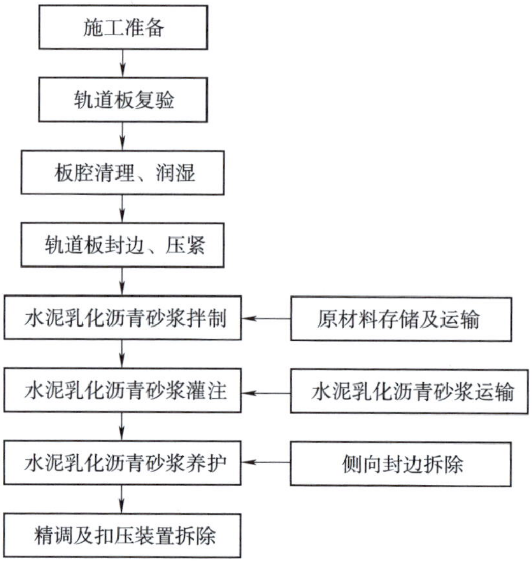

图 15—30　水泥乳化沥青砂浆充填层灌注施工作业流程

洗干净,清除杂物,并对板腔进行充分润湿处理。板腔的润湿应达到饱和面干的状态,表面允许有一定潮湿,但不得有积水和明水。为确保润湿效果宜在板腔封边前采用“侧边预湿工艺”,将高压水枪的喷头从轨道板一侧匀速扫过,冲洗轨道板底面和底座板或支承层表面,每 2 h 一次,不少于 3 次,如图 15—31 所示。为了防止水分失散,润湿后用土工布或塑料布覆盖(也可使用专用的封堵装置进行封堵)轨道板的灌浆孔、观测孔和排气孔,并应及时完成封边作业,在合理的时间内完成砂浆充填层灌注施工。

图 15—31　高压水枪侧边预湿工艺

(2)轨道板限位

为确保轨道板在砂浆灌注过程中的空间位置变化符合设计要求,应对轨道板安装一定的限位(压紧)装置。限位装置的设置数量根据线外试验段的试验成果确定。一般情况下,在直线段,每块轨道板上安装 6 个限位装置,轨道板端中部各设置 1 个一字形扣压装置对相邻两块轨道板实行限位,轨道板的中间两侧各设置 2 个 L 形限位装置,利用锚固在底座板上锚杆和螺母连接固定,如图 15—32(a)所示;在曲线段,每块轨道板上安装 8 个限位装置,轨道板端中部各设置 1 个一字形限位装置,曲线段较低一侧的轨道板中间设置 4 个L 形限位装置,曲线段较高一侧设置 2 个 L 形限位装置,用锚固在底座板上锚杆和螺母连接固定,如图 15—32(b)所示。

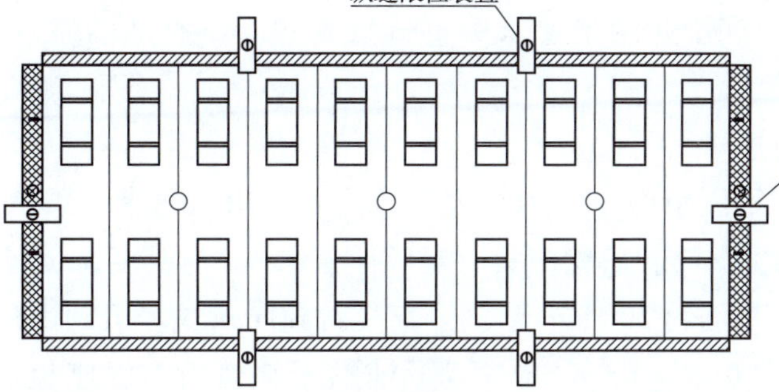

(a)直线段

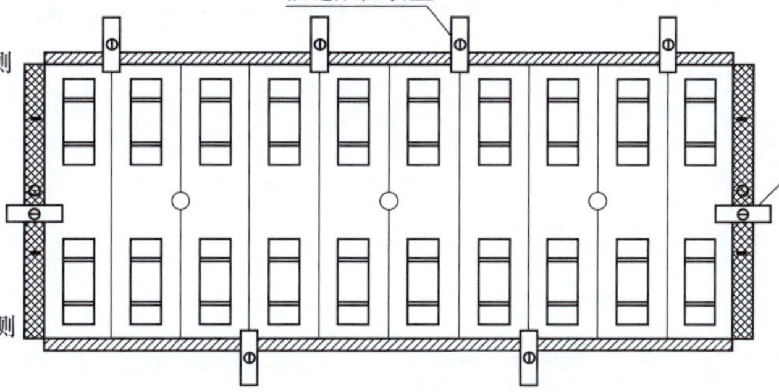

(b)曲线段

图 15—32　轨道板限位装置布置

在曲线段超高或纵坡较大地段,可采用横向扁担梁扣件的方式来防止轨道板侧移,同时也对轨道板进行竖向限位,如图 15—33 所示。

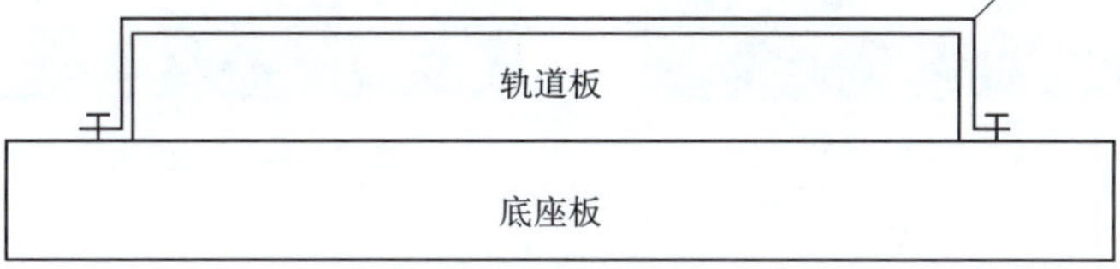

图 15—33　扁担梁扣件示意

限位装置可由 6.3 mm 槽钢、8 mm 钢板、锚固在底座板中的锚杆及螺母等构成,槽钢焊接成“┏”形状,螺杆可采用 ϕ18 mm 粗螺纹螺杆,通过钻孔植筋或预植膨胀螺栓的方式锚固在底座板上。如采用植筋方式,应在限位装置安装前 1 天进行植筋。螺杆锚固深度不宜小于 100 mm。

(3)板腔封边

砂浆充填层灌注施工作业前需要对整个板腔两侧边进行密封后,再行灌浆作业。要求板腔密封效果好,无漏浆和跑浆现象。板腔的密封包括板腔纵向长边的封边和横向短边的密封。

板腔封边前,应检查板腔的润湿情况,如润湿后的底座板或支撑层表面有积水,可采用吸水性材料(如土工布等)吸除积水或采用风枪将明水吹干;如因等待时间过长,板腔内已干燥,则需重新进行润湿并满足要求后再进行封边。不宜从灌浆孔和观察孔采用喷雾器雾化二次湿润。

①轨道板纵向封边

板腔纵向长边宜采用角钢+专用封边带封边。专用封边带一般为硬质无纺布与土工布的组合材料,厚度约 8 mm。角钢应具有足够刚度,一般为厚度 5 mm 以上的角钢,并在其一边贴近直角拐点处每隔约 200 mm 钻一个直径约 30 mm 的圆孔,用于排气。

封边时,将封边带对中弯折 90°成"L"形铺贴于轨道板与底座板或支撑层间板腔,使其无纺布贴近板腔的表面,用角钢压紧专用封边带,使封边带紧贴轨道板侧边和底座板表面,拉直封边带消除褶皱后,用合适的固定装置压紧角钢,确保封边后封边装置与轨道板侧边结合密贴,如图 15—34 所示。

②轨道板横向封边

板腔两端的横向封边宜采用形状与窄缝相似、比窄缝宽 1~2 cm 的硬质泡沫塑料条卡入窄缝处,使其与底座板表面、轨道板端面紧密贴合,避免发生砂浆窜板的现象,必要时可在上面用木条压紧,如图 15—35 所示。

图 15—34 角钢+封边带封边

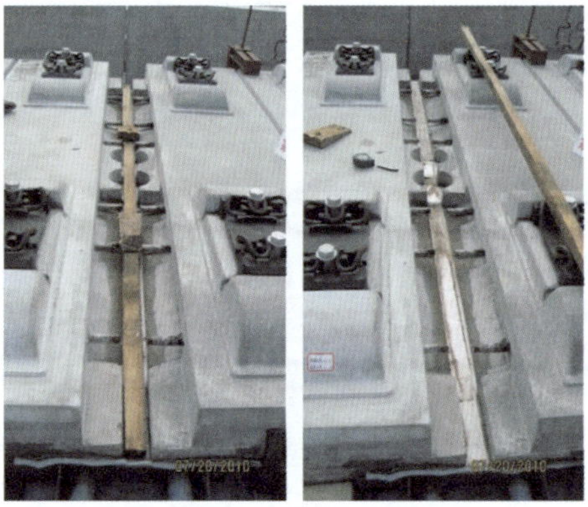

图 15—35 硬质泡沫横向封边

③排气孔和排浆孔设置

排气孔和排浆孔一般在角钢及无纺布上预留孔洞,采用塑料软管、L 形槽钢或直接焊接圆钢管顺接排气,一般设置 4~6 个,其中四个角分别设 1 个,端头视情况分别设 1 个。

排气孔设置时要确保排气孔与轨道板下板腔连通,开孔处焊接 25 mm 直径钢管,长度 4 cm,角度斜向上约 45°,通过排气孔应能看到板底,避免板腔内有一部分气体排不出导致砂浆充填层形成表面气泡。排气孔设置可参见图 15—36。

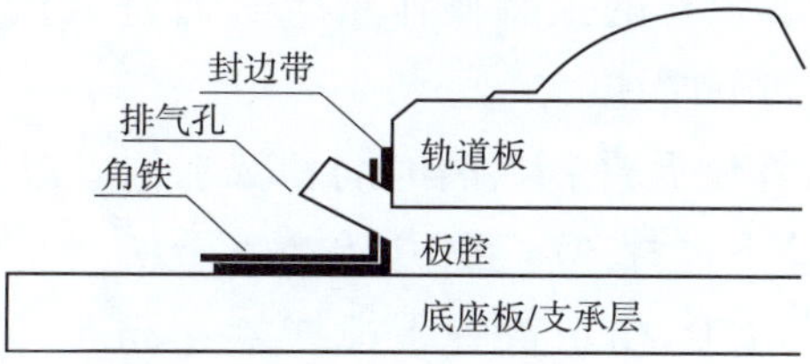

图 15—36 排气孔设置示意

(4)充填层砂浆灌注工艺流程

水泥乳化沥青砂浆灌注前,应对轨道板空间位置、轨道板下板腔的润湿状态、封边及压紧装置进行检查,合格后方可进行灌浆。灌浆作业宜在栈桥上进行,以减小对轨道板的扰动。

充填层砂浆灌注施工作业流程如图 15—37 所示。

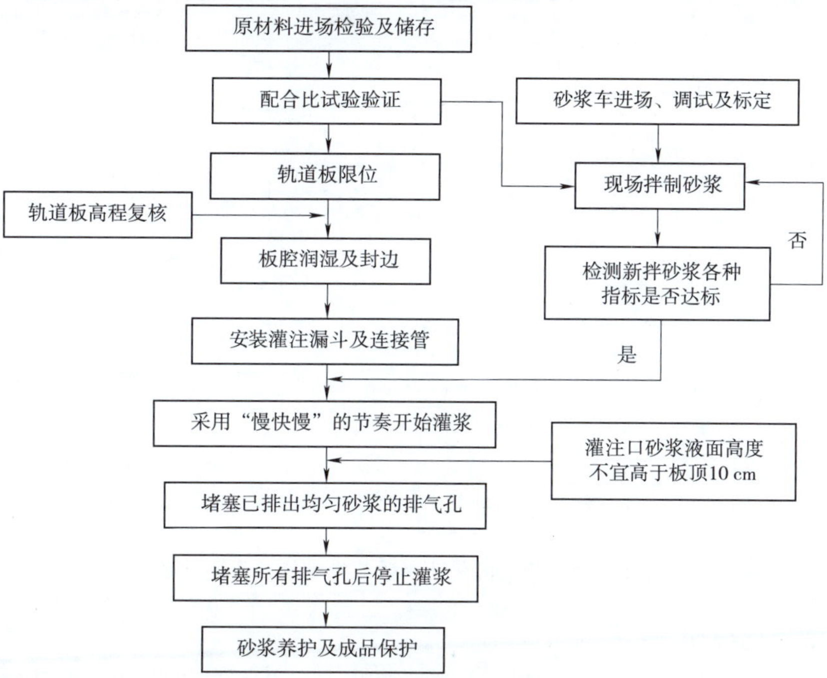

图 15—37 充填层砂浆灌注施工作业流程

(5)砂浆拌制

水泥乳化沥青砂浆拌制施工工艺流程如图 15—38 所示,其主要工艺如下所述。

①回流储箱内的乳化沥青

开启乳化沥青回流装置,对储箱内的乳化沥青进行回流,以保证储箱内的乳化沥青均匀一致,回流时间可视储箱内乳化沥青储存时间、储存量和回流速度而定,至少应使储箱内乳化沥青全部回流一次。

②输入拌制工艺参数

根据既定的搅拌程序和参数,确定投料顺序、各阶段的搅拌速度与搅拌时间等拌制工艺参数，并将这些参数输入砂浆车的控制操作系统。通过大量的工程放大试验和工程试应用，确定的常规工艺参数如下所述。

a. 开启搅拌机后，加入乳化沥青、水、消泡剂和减水剂等添加剂。

b. 在 20 ~ 50 r/min 低速下搅拌 30 s 后，开始加入干料。

c. 干料加完后，在 120 ~ 150 r/min 高速下搅拌 2 ~ 4 min。

d. 再在 30 ~ 60 r/min 低速下搅拌 30 ~ 40 s，卸料。

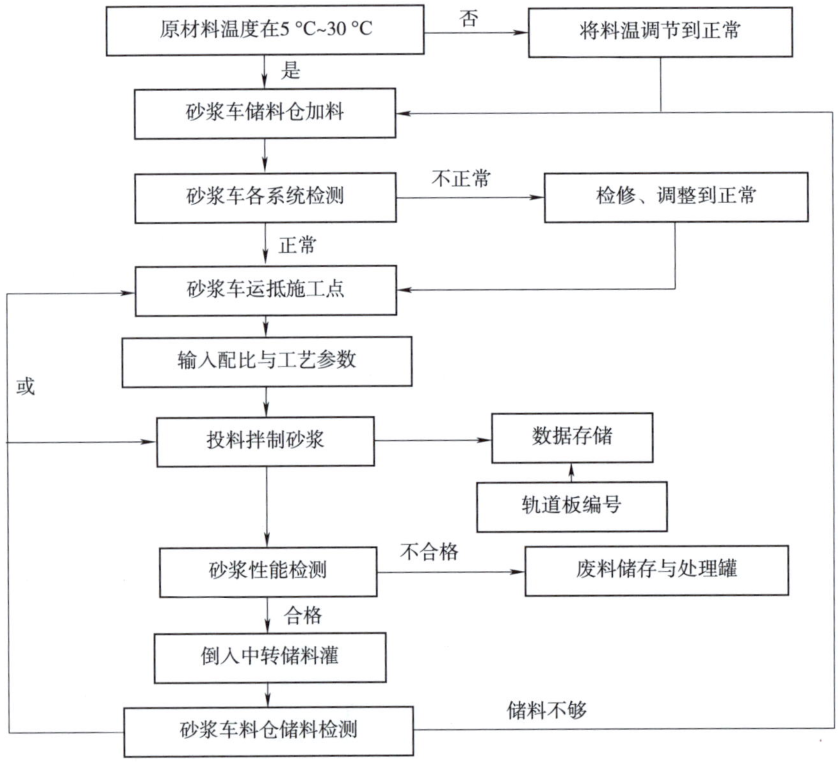

图 15—38　水泥乳化沥青砂浆拌制施工作业流程

③确定施工配合比

可在前一工班的施工配合比基础上，先试拌 0. 15 ~ 0. 3 m^3 的砂浆，并对新拌砂浆性能进行检验流动性、可工作时间和表观密度，计算含气量，如果这些性能指标满足“暂行技术条件”的要求，就可确定为当天的施工配合比；如果不满足要求，可每次增加或减少 1 ~ 2 kg/m^3 的用水量和适量添加剂进行调节，再进行试拌和检验，直至新拌砂浆性能全部满足要求，即确定为当天施工配合比。前后两个工班连续作业时可不进行试拌。

④输入砂浆配合比参数

在砂浆车各系统运转正常后，输入砂浆施工配合比（根据施工气温，按现场流动性试验结果调整外加剂的加入量），根据轨道板与混凝土底座间的间隙厚度和砂浆的表观密度，经过计算初步确定每次砂浆拌制量和各种原材料的每次投入量，并应按以下原则选择搅拌砂浆的方量。

a. 每盘砂浆方量应用于一块板的灌注，不得二次灌注，砂浆性能测试数据应与轨道板的编号一一对应。

b. 应准确测量轨道板与底座板(或支承层)之间的板腔高度(可取 6 点高度的平均值)，然后计算所需砂浆的方量，加上 0.1 的富余系数，即为搅拌砂浆方量。

c. 原则上不要将新旧砂浆混合使用，如需混合新旧砂浆拌制时间间隔不得超过 15 min。

⑤砂浆拌制

将施工配合比参数和搅拌方量输入砂浆车的控制操作系统。在砂浆拌制工艺参数输入，确认准确无误后，启动砂浆车的运行按钮，砂浆车将按照输入的各参数和既定程序，自动投料拌制砂浆。

⑥新拌砂浆性能日常检测

砂浆在搅拌机中搅拌完成后，揭开主搅拌机的盖子，肉眼观察新拌砂浆的匀质性，然后抽取一定量的砂浆，进行流动度、表观密度、温度、含气量等性能的检测，如图 15—39 所示。

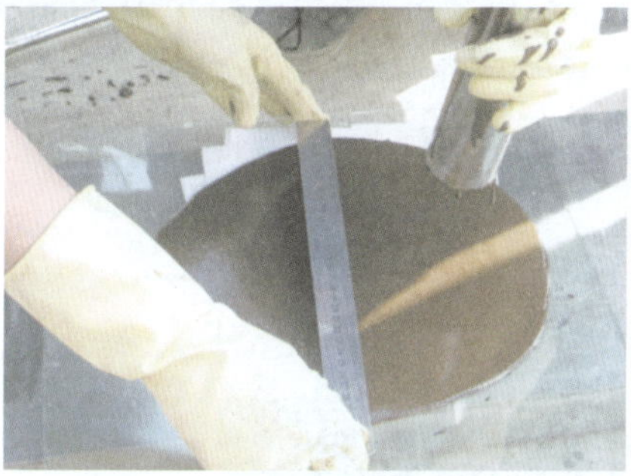
(a) 扩展度测定

(b) 含气量测定

(c) 表观密度测定

(d) 流动度测定

图 15—39 新拌砂浆性能检测

a. 如果检测结果合格，则可用于灌注施工，并照此进行下一次的砂浆拌制。

b. 如果检测结果不合格，则该拌制的砂浆应废弃，并分析原因，及时调整砂浆配比和工艺参数，或排除砂浆车的机械故障等。然后，再进行下一次的砂浆拌制和质量检测。

新拌砂浆温度、流动度、扩展度、含气量及表观密度的抽检频次为首罐及每 10 罐检测一次；如原材料质量出现一定程度的波动或环境温度出现较大变化，可加大抽检频次。同时，每工班应按照相关技术文件的要求,成型试件,以检查砂浆膨胀率、分离度、抗压强度和抗折强度等。

⑦卸料和运输

将拌和后并经检验合格的新拌砂浆卸入成品料斗中,以 15 ~ 20 r/min 的速度连续搅拌,并在搅拌下再卸入中转罐中。开启其搅拌电机继续低速搅拌砂浆,并输运到灌注现场。

⑧砂浆车与机具的清洗

工作日施工结束或施工中断时,应及时对砂浆车的搅拌机、中间储料罐和其他施工机具进行冲洗,保持设备清洁,以免砂浆凝结快影响下次砂浆的拌制。

⑨拌制工艺信息储存

施工日期与时间、每次投料的计量数据、每次拌制砂浆的体积或质量、搅拌主机温度、搅拌工艺参数和轨道板编号等信息应及时存入数据储存器,数据存储器每个工作日读出并打印批量报告。

(6)新拌砂浆灌注

新拌砂浆运输至灌注工点后,宜采用灌注漏斗从轨道板上直径为 16 cm 的灌注孔中灌入板腔内。通常为了保证灌注压力,灌注孔中砂浆液面要高出轨道板顶面,因此,需要在灌注孔中安装一个由相同直径大小的 PVC 管制成的灌注筒,并将灌注漏斗插入灌注筒中进行灌注,如图 15—40 所示。

图 15—40　采用灌注漏斗进行砂浆灌注

灌注过程中,由两名工人控制砂浆灌注速度,保证一块板的灌注时间为 4 ~ 6 min,由 2 ~ 4 名工人观察从排气孔流出的砂浆,并接收流出的砂浆避免污染底座板(或支承层),直至砂浆不含气泡并满孔均匀流出后,将排气孔堵塞。一块轨道板板腔必须一次灌注成型,不得两次灌注,灌注速度须由熟练工人进行控制。

(7)后续工序

①灌注孔 S 形连接筋

在砂浆初凝后,将灌注筒和观察筒中多余的砂浆舀出,使砂浆面离轨道板面 10 ~ 15 cm,放入 S 形连接筋,用作灌浆孔回填混凝土的预留锚固钢筋,如图 15—41 所示。

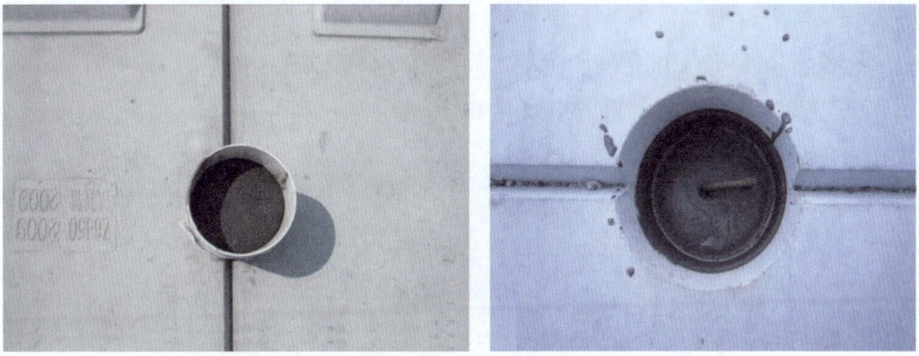

图 15—41　灌注孔中多余砂浆溢出，放入 S 形连接筋

②拆除精调爪及封边装置

灌注完成 12 h 后即可拆除精调千斤顶，24 h 后可拆除限位装置和两侧封边角钢，当水泥乳化沥青砂浆抗压强度达到 3.0 MPa 以上后方可在轨道板上承重。精调爪拆除时，注意不能拧反方向，否则将轨道板顶起，产生轨道板与砂浆充填层的离缝。

③精调爪遗留位置封堵

精调爪拆除后，应立即将止浆垫清除干净，空缺部位用与充填层相同材料的砂浆由里到外填充牢固。建议采用以下施工工艺。

a. 制作一带阀门的灌注漏斗，漏斗底部采用软管连接，软管可伸入精调爪遗留处的任意部位；制作一封边角钢，如图 15—42 所示。

图 15—42　精调爪遗留空腔的封堵工艺

b. 在精调爪拆除后，应立即进行空腔处砂浆的补灌。将封边角钢固定在精调爪遗留空腔处，角钢应与底座板结合密贴，防止出现漏浆现象。

c. 将砂浆灌入漏斗，打开阀门，软管中气体排除并流出均匀砂浆后，将软管塞入空腔最内部，使砂浆从空腔内往外流，排除内部空气，消除空洞，慢慢移动软管，使空腔充填饱满砂浆。将砂浆灌至比轨道板底边高出约 5 cm 后停止灌注。轨道板相应位置可粘胶带避免污染轨道板。

d. 待砂浆终凝后，拆除封边装置，将多余砂浆切除。

④用新拌砂浆灌注窄缝

将轨道板端封边时插入的硬质泡沫塑料条取出，用新拌水泥乳化沥青砂浆灌入窄缝处，高度与板下充填层高度齐平，如图 15—43 所示。

图 15—43　窄缝处砂浆灌至板下充填层齐平

⑤砂浆充填层养护

水泥乳化沥青砂浆充填层原则上采用自然养护。环境温度过高时，为防止水分挥发过多引起砂浆收缩，应在拆除封边装置后，对水泥乳化沥青砂浆充填层采取海绵吸水覆盖保湿的养护措施。并应及时在海绵上浇水保证海绵的饱水度，养护时间不得少于 7 d。如夏季太阳直射温度过高，应在轨道板上覆盖一层遮阳蓬，减小轨道板竖向温度梯度，减缓轨道板与充填层的离缝现象，如图 15—44 所示。

图 15—44　砂浆保水养护及遮阳蓬

15.5.3　资源配置

(1)劳动力组织

劳动力组织采用专业化架子队组织模式，一个作业面施工人员配备见表 15—1。

(2)设备机具配置

一个作业面施工机具配置见表15—2。

表15—1 一个作业面施工人员配备

序号	工种	人数	工作内容
1	施工负责人	1	负责本工班的劳动组织、安全、质量和进度,兼砂浆灌注指挥
2	技术负责人	1	负责本作业工班的技术指导工作,主要是砂浆质量控制、板的预湿等
3	安全员	1	负责本工班的安全工作,指挥吊车作业
4	试验检验员	2	负责配合比的调整、试件制作和砂浆现场检测
5	砂浆车司机	1	负责砂浆车的运行、移位和保养
6	砂浆拌和司机	2	负责砂浆的拌和
7	吊车司机	1	给砂浆车加料、中转罐吊送等
8	砂浆车辅助工	6	负责砂浆向中转罐倒转,中转罐的清洗,吊车的挂钩,砂浆车加料等
9	封边	10	采用透气布及砂浆封边,应在砂浆封边完毕24 h后灌板
10	预湿润	1	采用高压水枪预湿板底及基层顶面
11	砂浆灌注	6	两人灌浆,4人堵排气孔
12	养护	2	
合计		34	

表15—2 一个作业面施工机具配置

项目名称	设备名称	型号规格	数量	备注
灌浆准备工作	冲击钻机		2	安装压紧装置
	压紧装置	自制	80	包含侧板压紧夹具和板端压紧槽钢
	精调设备		1	灌浆完毕后的复核
砂浆灌注	移动式砂浆车	SLB-1500	1.5~2	每个作业面2台或两个工作面3台配置
	中间吊罐	1 m^3	2	700 L,带搅拌动力,配导流装置
	自制吊车	自制,3 t	1	可移动,带动力
	吊罐小车		1	可选用小叉车
	高压清洗机		1	中间洗罐车
	高压喷雾器		1	灌浆前对砂浆缝进行阴湿处理
	检测靠尺		2	灌浆前对精调作业的抽检
	空气含量测定仪		1	
	精度三联模		10	
	扩散度检测装置		1	
	灰浆搅拌机		1	搭载卡车,密封砂浆拌制
砂浆车服务站(每10~15 km设一处)	乳化沥青罐	50 m^3	1	
	乳化沥青泵		1	
	添加剂泵		3	每种添加剂配一台
	给水装置		1	含50 m^3 水罐
	高压清洗装置		1	砂浆车清洗
	多功能作业平台		1	自制,为方便加料服务

15.5.4 施工作业控制要点

(1)混凝土底座板(或支承层)施工质量

①混凝土底座板(或支承层)的高程影响砂浆充填层的厚度,在轨道板精调就位后应校核底座板(或支承层)的高程,如板腔厚度小于2 cm,应将轨道板提起,对底座板(或支承层)进行洗刨至合适高度;如板腔厚度大于4 cm,应查找底座板(或支承层)高程偏低原因,避免问题重复出现,如板腔厚度过厚,需进行特殊处理。

②加强底座板(或支承层)混凝土配合比设计、施工和养护的控制,保证底座板(或支承层)质量,表面不得有开裂,影响砂浆灌注过程中在板腔内的流动。

③混凝土底座板(或支承层)表面拉毛的质量影响砂浆在板腔内的扩展及其与底座板的黏结,拉毛过密,砂浆不易渗入拉毛间隙中与底座板本体黏结,降低了砂浆充填层与底座板(或支承层)的粘结强度。

(2)板腔润湿

板腔的润湿最好能达到饱和面干的状态,表面允许有一定潮湿,但不得有积水和明水。板腔的润湿对充填层的施工质量有较大影响:湿润过度,板腔内的积水如无法排出,可能会导致砂浆表面形成水痕,影响充填层与轨道板的粘结力;湿润不足,板腔湿润不足会影响砂浆在板腔内部的流动,并可能导致混凝土吸走水泥乳化沥青砂浆的水分,从而引起质量缺陷;负责湿润的工人需能根据温度变化情况,调节板腔湿润程度,确保灌板时,板腔内部湿润状况符合要求。

(3)限位装置

轨道板周边需安装一定数量的限位装置以保证砂浆灌注后轨道板的空间位置符合设计要求,对轨道结构的平顺性有重大影响。

①需正确安装限位装置,以防止砂浆灌注过程中轨道板上浮超限,从而影响轨道结构的平顺性;同时,限位装置不宜过紧导致轨道板压弯变形,可采用扭矩扳手控制扭矩,推荐扭矩大小为15~20 N·m。

②限位装置应具有足够的抗拔力,安装过程中尽可能减小对底座板混凝土的损坏。

(4)纵向封边

采用角钢与土工布进行轨道板纵向封边时,应重点检查以下几个方面。

①检查封边装置是否安装牢固,是否与底座板和轨道板结合密贴,确保不出现漏浆和跑浆等现象。

②封边不得扰动已精调的轨道板。

③采用角钢加封边带封边时,应采取措施保证封边带的平整并避免封边带侵入轨道板底部,以确保砂浆充填层侧边整齐光滑。

(5)轨道板下板腔端部密封

采用硬质泡沫进行轨道板端部封端时,应重点检查以下几个方面。

①硬质泡沫与轨道板及底座板结合密贴，避免出现砂浆窜板现象。

②待砂浆充填层硬化后，将硬质泡沫取出，灌入流态砂浆至砂浆充填层相同高度，如灌注高度过高，在环境温度发生较大变化时，限制轨道板的温度伸缩，可能导致轨道板顶起或压碎补灌砂浆。

(6)砂浆搅拌车校核

施工前，施工单位应按照《水泥乳化沥青砂浆搅拌车生产制造暂行技术条件》对所采用的砂浆搅拌车进行计量与自动控制系统校核：

①乳化沥青、干料和水的计量精度要求为±1%；

②各种添加剂的计量精度要求为±0.5%；

③砂浆搅拌工艺参数控制准确无误；

④配合比与工艺参数能自动记录。

(7)新拌水泥乳化沥青砂浆性能与质量

新拌水泥乳化沥青砂浆的流动度、可工作时间、分离度、含气量、气泡尺寸和膨胀率等性能指标对充填层的饱满度、匀质性和密实性均有较大影响。

①流动度值太小容易造成分层、气泡上浮，影响充填层的匀质性与密实性以及充填层表面质量。

②流动度值太大或可工作时间太短，容易造成灌注不饱满，影响充填层饱满度。

③分离度太大容易造成砂与水泥粗颗粒下沉、液浆上浮，影响充填层的匀质性。

④含气量太大、气泡孔径太粗容易导致气泡上浮聚集，在充填层表面形成气泡聚集区或层，或形成气泡夹层，影响充填层的匀质性与密实性。

⑤膨胀率太小将影响充填层饱满度，膨胀率太大将影响轨道板高程。

⑥如果流动度(时间)太大或扩展度太小，可调节用水量，同时配合减水剂进行调节，但不得超过理论配合比的用水量。

⑦如果表观密度太小、含气量太大，可适当降低高速搅拌速度，延长时间；如果表观密度太大、含气量太小，可适当增加高速搅拌速度，延长时间。

(8)砂浆充填层灌注施工操作

灌注时的砂浆流速、砂浆量和灌注方法等均对充填层施工质量有较大影响。

①水泥乳化沥青砂浆灌注时的自由倾落高度不宜大于1.5 m，以避免水泥乳化沥青砂浆的离析。

②水泥乳化沥青砂浆灌注时，待观察到排气孔流出匀质的砂浆，并确认气泡完全排出后，及时对排气孔进行封堵。

③灌注需采用灌注筒，对于直线板，灌注过程中灌注筒中砂浆液面应高于轨道板顶面5 cm左右，产生一定的压力以使砂浆与轨道板底形成较好的黏结；但灌注液面高度不宜高于轨道板顶面10 cm，从而出现轨道板上浮超限现象。对于曲线段，灌注筒中的砂浆液面高度应同时满足：至少高于轨道板高边的底面和不得超过轨道板底边的顶面10 cm；当超

高过大时，可适当增加液面高度，保证灌注饱满，同时应适当增加限位装置。

④在运输和灌注水泥乳化沥青砂浆的过程中，应持续对砂浆进行 15 ~ 30 r/min 的低速搅拌。

⑤中转斗内的砂浆应保持一定的料位高度，砂浆液面距混凝土底座表面至少 500 mm，以此控制新拌砂浆从中转斗出口的流量和流速。

⑥砂浆在自重作用下流入板腔，不宜用外力促使其流动，灌注进入灌注筒时，应尽可能沿筒壁下流，避免夹入气泡。

⑦每块轨道板下充填层的灌注时间控制在 3 ~ 6 min，不宜太快，防止气体来不及排出；也不宜过慢，防止砂浆充填不饱满。

⑧灌注速度应遵循"慢快慢"的原则，在灌注即将完成的时候，要严格控制灌注速度，以防止灌注砂浆过多导致轨道板上浮。

⑨砂浆从砂浆车转至中转料斗时，应加一层孔径为 1 ~ 2 cm 的滤网，以滤除含在砂浆中的块状物。

15.5.5 原材料和水泥乳化沥青砂浆的检验

水泥乳化沥青砂浆采用双组分材料方式配制，即乳化沥青与干料，将乳化沥青和一些有利于改善乳化沥青稳定性的添加剂混合形成沥青乳液；将水泥、细骨料、膨胀剂、发泡剂、减水剂等固体组分材料在工厂预混形成干料。由乳化沥青及干料供应厂家严格按照《客运专线铁路 CRTS Ⅱ 型板式无砟轨道水泥乳化沥青砂浆暂行技术条件》(科技基〔2008〕74 号)优选各种组分材料和生产工艺制造。施工单位应按照《板式无砟轨道水泥乳化沥青砂浆施工材料储存管理办法》(工管技〔2009〕12 号)的要求存储原材料，并对乳化沥青、干料、减水剂、水及水泥乳化沥青砂浆进行检验。

(1)检验方法

按照《客运专线铁路 CRTS Ⅱ 型板式无砟轨道水泥乳化沥青砂浆暂行技术条件》(科技基〔2008〕74 号)规定的方法，检验原材料和水泥乳化沥青砂浆的各项性能。

(2)检验类别

检验分为型式检验、进场检验和日常检验。

①型式检验

型式检验包括原材料型式检验和水泥乳化沥青砂浆型式检验。型式检验应委托具有相应资质的检验单位进行，乳化沥青、干料及水泥乳化沥青砂浆的性能指标应符合表 15—3 ~ 表 15—5 的规定。

表 15—3 乳化沥青的性能指标要求

序 号	项 目	单 位	指 标 要 求	试 验 方 法
1	筛上剩余物(1.18 mm)	%	<0.1	TJ 052—2000
2	颗粒极性	—	阴性	

续上表

序号	项目		单位	指标要求	试验方法
3	粒径		μm	平均粒径≤7，模数粒径≤5	GB/T 19627—2005
4	水泥适应性		—	20 s内至少流出70 ml	铁技基〔2008〕74号文
5	贮存稳定性（1 d，25 ℃）		%	<1.0	JTJ 052—2000
6	贮存稳定性（5 d，25 ℃）		%	<5.0	
7	低温贮存稳定性（-5 ℃）		—	无粗颗粒或块状物	
8	蒸发残留物	残留物含量	%	≥60	
9		针入度（25 ℃，100 g）	0.1 mm	40～120	
10		软化点	℃	≥42	
11		溶解度（三氯乙烯）	%	≥99	
12		延度（25 ℃）	cm	≥100	
13		延度（5 ℃）	cm	≥20	

表15—4　干料的技术性能指标要求

序号	项目		单位	指标要求	试验方法
1	级配	筛孔尺（mm）	%	通过率	JGJ 52—2006
		1.18		100	
		0.6		90～100	
		0.3		55～70	
		0.15		45～55	
		0.075		35～45	
2	扩展度		mm	水灰比≤0.58，D_5≥160；D_{30}≥150	铁技基〔2008〕74号文
3	膨胀率		%	0～3	
4	抗压强度	1 d	MPa	≥12	
		7 d		≥30	
		28 d		≥35	

表15—5　水泥乳化沥青砂浆的技术性能指标

序号	项目	单位	指标要求
1	拌和物温度	℃	5～35
2	扩展度	—	D_5≥280 mm和t_{280}≤16 s D_{30}≥280 mm和t_{280}≤22 s
3	流动度	s	80～120
4	分离度	%	≤3.0
5	含气量	%	≤10
6	单位体积质量	kg/m³	≥1 800
7	膨胀率	%	0～2.0

续上表

序号	项目		单位	指标要求
8	抗折强度	1 d	MPa	≥1.0
		7 d		≥2.0
		28 d		≥3.0
9	抗压强度	1 d	MPa	≥2.0
		7 d		≥10.0
		28 d		≥15.0
10	弹性模量(28 d)		MPa	7 000 ~ 10 000
11	抗冻性(28 d)		外观无异常,剥落量≤2 000 g/m^2	
			相对动弹模量≤60%	
12	抗疲劳性(28 d)		10 000 次不断裂	

②进场检验

各种原材料进入施工现场时,应对原材料的品种、数量以及质量证明书等进行进场检验和核查验收。乳化沥青的质量证明书中应含采用的沥青或改性沥青的质量证明文件,干料质量证明书应含采用的水泥、细骨料的相关质量证明文件。对原材料应按一定频次进行抽样检查;其中,温度、干料级配及乳化沥青固含量等指标应每批均检。

③日常检验

日常检验包括原材料日常检验和水泥乳化沥青砂浆日常检验。原材料日常检验项目见表 15—6;水泥乳化沥青砂浆日常检验项目包括表 15—5 中的 1 ~ 9 项。

表 15—6 原材料和砂浆进场检验、日常检验项目及频次

名称	检验项目	检验频次	检验方法	
			供应商	施工单位
干料	颗粒级配、膨胀率、扩展度、强度、温度	同厂家、同品种、同规格且连续进场的产品每 500 t 为一批,不足 500 t 按一批计	每批进行出厂检验	检查产品质量证明文件,并每批进行抽样试验检验
乳化沥青	温度、颗粒极性、筛上剩余物、贮存稳定性、水泥适应性、粒径、蒸发残留物(残留物含量、针入度、延度、溶解度、软化点)	同产地、同品种、同规格且连续进场的乳化沥青每 200 t 为一批,不足上述数量时也按一批计	每批进行出厂检验	检查产品质量证明文件,并每批进行抽样检验
减水剂	减水率	同厂家、编号、生产日期且连续进场的产品每 50 t 为一批,不足50 t按一批计	每批进行出厂检验	检查产品质量证明文件,并每批进行抽样检验
水泥乳化沥青砂浆	砂浆温度、流动度、扩展度、含气量、单位容积质量	首盘,1 次/10 盘	—	试验检验
	膨胀率、分离度、抗折强度、抗压强度	灌注时,1 次/工班		

(3)检验批次

原材料、水泥乳化沥青砂浆型式检验项目及频次见表 15—7 和表 15—8,进场检验和日常检验项目及频次见表 15—6。

表 15—7 原材料型式检验项目及频次

名 称	检 验 项 目	检 验 频 次
乳化沥青	温度、颗粒极性、筛上剩余物、贮存稳定性、水泥适应性、粒径、蒸发残留物(残留物含量、针入度、延度、溶解度、软化点)	配合比选定时;首批材料进场时;每施工 5 000 m^3 水泥沥青砂浆时(不足时按一批计算)
干 料	颗粒级配、膨胀率、扩展度、强度、温度	配合比选定时;首批材料进场时;每施工 5 000 m^3 水泥沥青砂浆时(不足时按一批计算)
减水剂	减水率、混凝土含气量、抗压强度比、凝结时间、收缩率比、泌水率比	首批材料进场时;选用新减水剂时;每当减水剂使用6个月时
水	PH 值、不溶物含量、可溶物含量、氯化物含量、硫酸盐含量、碱含量、抗压强度比、凝结时间差	新水源;同一水源的水使用达一年

表 15—8 水泥乳化沥青砂浆型式检验

名 称	检 验 项 目	检 验 频 次
水泥乳化沥青砂浆	砂浆温度、流动度、扩展度、含气量、单位容积质量、膨胀率、抗折强度、抗压强度、弹性模量、抗冻性、抗疲劳性	配合比选定时;选用新材料时;每施工 5 000 m^3 水泥砂浆时为一批(不足上述数量时也按一批计)

(4)判定规则

型式检验、进场检验均采用随机抽样方式进行。检验项目全部合格,则该批产品为合格;当检验项目中有不合格项,应取双倍试样对不合格项目进行复测,若复测后仍有不合格项,则该批产品为不合格。

15.6 轨道板纵连

15.6.1 施工工艺流程

轨道板纵连施工工艺流程如图 15—45 所示。

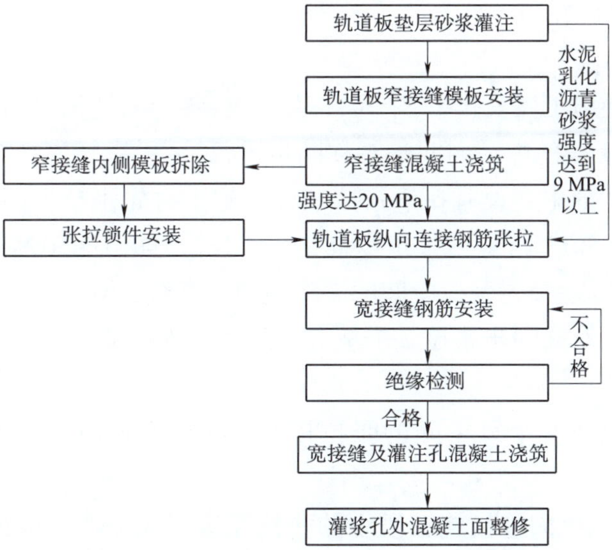

图 15—45 轨道板纵向连接施工工艺流程

15.6.2 施工技术

(1)轨道板间窄接缝混凝土浇筑

在轨道板纵连前,需要在图 15—43 所示的窄缝处浇筑微膨胀混凝土,以用于支撑纵连时轨道板间的张拉力。浇筑时,可采用长 5 cm、厚度 7 ~ 8 cm 的硬质泡沫塑料条作为窄接缝模板,将其直接卡在图 15—43 所示的轨道板窄缝两端。所用微膨胀混凝土的膨胀规律应根据实验室试验确定,根据混凝土膨胀规律完成窄缝浇筑,浇筑完成后应加强养护,微膨胀混凝土初凝后拆除硬质泡沫塑料条,留下的两侧各 5 cm 的窄缝待宽缝浇筑微膨胀混凝土时一起浇筑,以减少混凝土接缝。

(2)轨道板张拉纵连

待窄接缝底部水泥乳化沥青砂浆的强度达到 9 MPa,其上的微膨胀混凝土的强度达到 20 MPa 后,开始轨道板的张拉作业。轨道板纵向连接应以施工单元段为基本段落,精调单元段内轨道板的连接分批进行。靠近临时端刺 240 m 的常规区为过渡段,此段在临时端刺后浇带尚未完成全部连接前(即临时端刺未与下一段底座板连接前)只可进行窄接缝浇筑施工,不进行张拉锁拧紧及宽接缝浇筑施工。其余单元段内完成精调的轨道板可进行纵向连接施工。

①张拉锁具的安装步骤

第一步:清理对轨道板端部纵向预留钢筋。

第二步:在轨道板端部纵向预留钢筋上涂抹润滑黄油。

第三步:安装张拉锁。

第四步:安装绝缘垫片。

第五步:安装钢垫片。

第六步:安装螺母,并用手拧紧。

②张拉锁件的张拉

a. 每个张拉连接施工段安排 12 个人,2 人一组,各持一把扭矩扳手。左、右无砟轨道线 4 个工作面,从施工段的中间向两端对称同步进行。

b. 每个轨道板间缝中共设有 6 个张拉锁件。施工时先张拉中间 2 个,其后从内向外对称张拉左右各 1 个至完成,最后张拉剩余 2 个。张拉力矩为 450 N · m。

c. 纵向连接施工段中,先张拉中间的 2 个轨道板间缝,当中间 2 个缝各张拉完成中间 2 个张拉锁时,向两端对称同步张拉 2 个板缝中间 2 个张拉锁。总体张拉以 2 块轨道板阶梯进行。

d. 当施工段中完成 6 个缝中间的张拉锁时,再退回张拉中间的 2 个缝中的左右各 1 个张拉锁。

e. 依次类推,直到纵向连接施工段中的张拉连接完成。轨道板纵向连接张拉顺序如图 15—46 所示。

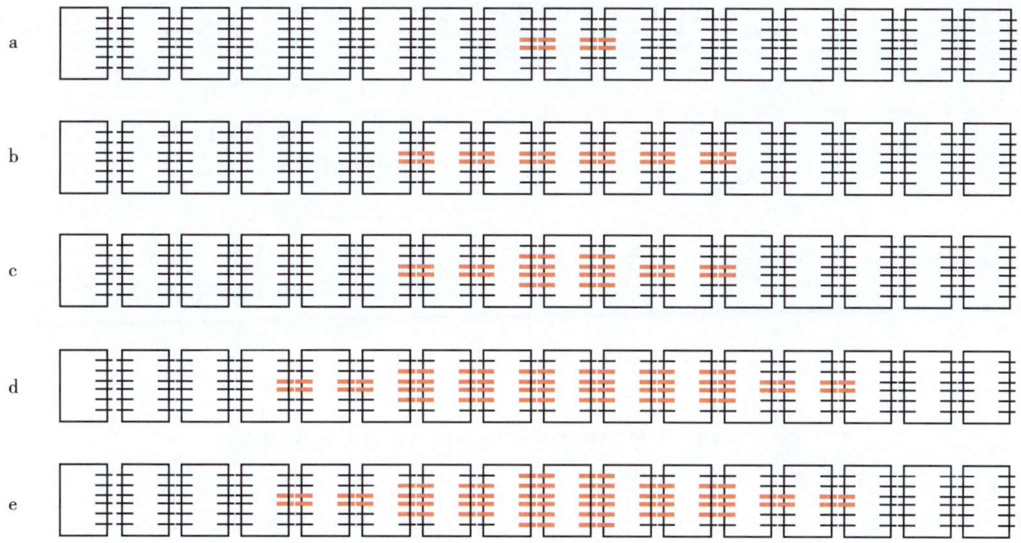

图 15—46 张拉步骤

f. 各纵向连接施工段的连接或张拉连接需中断 12 h 及以上时，应分别将纵连轨道板段端部的三块轨道板和底座板或支承层进行抗剪连接。

(3)轨道板间宽接缝浇筑微膨胀混凝土

根据配筋图配置宽接缝钢筋，每个宽接缝安放钢筋骨架，在宽接缝上方安装一根长为 2.45 m的 ϕ8 mm 钢筋。钢筋与张拉锁件接触，在钢筋上加套绝缘套管绝缘，并经绝缘检测合格方可进行微膨胀混凝土浇筑。新拌微膨胀混凝土入模温度宜控制在 25 ℃ ~30 ℃。所用微膨胀混凝土的膨胀规律应根据实验室试验确定，根据混凝土膨胀规律完成宽接缝浇筑，采用插入式振动器振捣，压实混凝土表面与轨道板表面齐平，并多次收面，避免宽接缝处混凝土开裂。

在宽接缝处浇筑微膨胀混凝土的同时，用相同的混凝土填充封闭轨道板上的灌浆孔和观察孔，并压出一道与轨道板一致的"V"形槽缝，使之与轨道板上预留"V"形槽缝光滑一致。

宽接缝处微膨胀混凝土灌筑完成后，及时用土工布洒水覆盖养护不少于 15 d。

15.6.3 资源配置

(1)劳动力组织

采用架子队模式组织专业施工队伍，根据线外工艺性试验成果确定的施工方案、机械、人员组合并结合工期要求合理配置施工人员。一个工作面一个工作班人员配置见表 15—9。

(2)设备机具配置

一个工作面的主要施工机械设备(机具)按表 15—10 进行配置。

表 15—9 一个工作面一个工作班人员配备

序 号	工 种	人 数	工 作 内 容
1	技术人员	1	负责现场指导、交底、检查
2	试验员	1	负责轨道板接缝混凝土现场试验
3	安全员	1	负责沿线安全防护
4	模板工	2	负责支承层模板安装
5	混凝土工	2	负责板缝混凝土整平、振捣、抹平、拉毛
6	养护工	1	支承层混凝土养护(浇水或覆盖)
7	张拉工	8	负责轨道板间钢筋连接、张拉
合 计		16	

表 15—10 一个工作面主要施工机械设备(机具)配备

序 号	项 目 类 别	规 格 型 号	数 量	备 注
1	扁 钎		10	凿除灌浆孔中多余的砂浆
2	抹 灰 刀		10	板孔封堵混凝土及板间缝混凝土抹光
3	专用模板		20	轨道板间缝封堵
4	扭矩扳手	450 N·m	8	板间纵向连接
5	插入式振动器		2	板间宽缝混凝土浇筑
6	手持鼓风机		2	板间缝卫生清理
7	智能电桥测试仪		1	板间缝钢筋及板纵向连接钢筋绝缘检测
8	钢筋探测雷达		1	剪切连接时探明轨道板及底座板内的钢筋位置
9	标 记 笔		10	剪切孔探明后标记
10	电动钻孔机		2	剪切连接钻孔
11	高压风枪		1	吹除孔内粉屑

15.6.4 控制要点

(1)轨道板间窄接缝处砂浆充填层的强度达到 9 MPa,窄接缝处微膨胀混凝土强度达到 20 MPa 且环境温度符合设计要求时,方可对轨道板实施张拉纵连。宽接缝处混凝土浇筑施工时,做好成品保护,尽量减少对轨道板的污染。

(2)施工前,应对各工序操作人员进行技术培训,并对张拉人员进行详细的张拉顺序交底,要求操作工人熟悉轨道板连接施工工艺流程,掌握张拉顺序、要求及标准。在张拉前对每把扳手进行标定,确保每把扳手设定正确的扭矩值。

(3)轨道板纵连时的环境温度宜接近桥上底座板的锁定温度(25 ℃ ~30 ℃)。低温季节应在气温较高时段进行,高温季节应在气温较低时段进行。张拉锁件拧紧力矩应严格按 450 N·m 控制。各纵向连接施工段的连接或张拉连接中断 12 h 及以上时,应分别将纵连轨道板段端部的三块轨道板和底座板或支承层进行抗剪连接。

(4)浇筑轨道板间宽窄缝及补孔用混凝土的骨料颗粒级配 0 ~10 mm,强度等级 C55,混凝土入模温度宜控制在 25 ℃ ~30 ℃。

(5)轨道板间宽窄缝处所需混凝土体积小,用量少,设计为微膨胀混凝土,施工时应小剂量拌制,随拌随灌。为防止混凝土膨胀剂在混凝土灌筑前失效,应对膨胀剂进行试验测设,根据膨胀剂的膨胀效应曲线,掌握好膨胀时机。

(6)微膨胀混凝土浇筑前,应严格检查张拉锁件是否安装到位,张拉力是否满足要求。

(7)宽窄缝混凝土浇筑时,应采用小型捣固器进行捣固,确保混凝土密实,但捣固时注意不得碰到张拉锁件以及绝缘钢筋。

15.6.5　材料检验及工序验收

(1)材料检验

张拉锁件为 CRTS Ⅱ型板式无砟轨道相邻轨道板间精轧螺纹钢筋的纵向连接件,由张拉锁、螺母、钢垫圈及绝缘垫片等组成。因此,应对张拉锁、螺母、钢垫圈及绝缘垫片等进行检验。

①检验方法

按照《客运专线铁路 CRTS Ⅱ型板式无砟轨道张拉锁件暂行技术条件》(科技基〔2009〕135 号)进行相关检验。

②检验类别

检验分为进场检验和型式检验。

原材料进场时,应对原材料的品种、数量及质量证明书等进行进场检验或核查验收,并由具有相应资质的检验单位在现场进行抽检,进场检验项目见表 15—11。

表 15—11　张拉锁件进场检验项目

序　号	名　　　称	进场检验项目
1	张拉锁	外观质量、外形尺寸、超声波探伤
2	螺　母	外形尺寸、硬度试验
3	钢垫圈	外形尺寸、硬度试验
4	绝缘垫片	外形尺寸、硬度试验
5	张拉锁件综合性能	拉力试验、疲劳试验、绝缘试验

下列情况之一者,应进行型式检验:首次供货;批量投产前;原材料、加工工艺有改变时;正常生产时,每年进行一次;产品停产六个月恢复生产时;用户提出要求时。

型式检验应由具有相应资质的检验单位在厂家进行抽检。型式检验项目包括《客运专线铁路 CRTS Ⅱ型板式无砟轨道张拉锁件暂行技术条件》(科技基〔2009〕135 号)规定的各项技术指标。

③技术要求

所有原材料应有合格证明书和材质报告单。

a. 张拉锁。张拉锁应采用牌号为 QT500-7 的球墨铸铁制造,其原材料力学性能应符合 GB/T 1348—2009 的规定;硬度为 170 ~ 230 HB;金相组织应符合 GB 9441—1988 的规定,球化级别应优于或等于 3 级,球化率大于或等于 80%。应对张拉锁的本体材料力学性能进行检测，其本体试样力学性能应满足抗拉强度大于等于 470 MPa、延伸率大于等于 6%；张拉锁探伤部位内部缺陷总面积占检测部位表面积应小于等于 5%；张拉锁应具有可靠的承载能力，其最小承载拉力不得低于 160 kN；张拉锁不应有裂纹、冷隔、缩孔、疏松等铸造缺陷；张拉锁外形尺寸出锁体两肋宽度及厚度尺寸偏差为 0 ~ +2.0 mm 外，其余未注尺寸公差应符合 GB/T6414—1999 CT8 的要求；张拉锁外观质量应符合表 15—12 的规定。

表 15—12　张拉锁外观质量

序　号	检 查 项 目	技 术 要 求
1	表面的黏砂、氧化皮等	不允许有黏砂、氧化皮，表面光洁
2	浇冒口、出气孔、多肉、飞翅和毛刺	不允许存在残根
3	铸件表面粗糙度	≤100 μm

b. 螺母。螺母应采用 45 号钢制造，其原材料的化学成分和力学性能应符合 GB/T699—1999的规定；螺母的主要外形尺寸及允许偏差应符合表 15—13 的规定；螺母应采用调质热处理，其表面硬度为 24 ~ 32 HRC。

表 15—13　螺母主要外形尺寸及允许偏差

d_B（mm）	S_w（mm）	H（mm）	小径 d（mm）	大径 d_1（mm）	螺纹牙型角（°）	牙型宽 t_1（mm）	螺距 t（mm）	螺纹方向
20	$32_{-0.5}^{0}$	$45_{0}^{+0.5}$	$19.9_{0}^{+0.3}$	$23_{0}^{+0.4}$	90	$6_{0}^{+0.4}$	10.0	左旋螺纹

注：为 20 mm 左旋精轧螺纹钢筋公称直径。

c. 钢垫圈。钢垫圈采用 45 号钢制造，其原材料的化学成分和力学性能应符合 GB/T 699—1999 的规定。钢垫圈的主要外形尺寸及偏差应符合表 15—14 的规定。钢垫圈应采用调质热处理，其表面硬度为 28 ~ 36 HRC。

表 15—14　钢垫圈的主要外形尺寸及允许偏差

外圆直径（mm）	内孔直径（mm）	厚度（mm）
50	$24_{0}^{+0.2}$	5 ±0.2

d. 绝缘垫片。绝缘垫片原材料成分为聚酰胺 66，其主要性能应符合表 15—15 的规定；绝缘垫片（干态）硬度大于等于 93 HRC，内部不得有气泡或空隙；绝缘垫片绝缘电阻大于等于 5 MΩ；绝缘垫片外形尺寸允许偏差为 ±0.3 mm。绝缘垫片表面应色泽一致，清洁光滑，无可见缺陷、气孔、焦痕、飞边和毛刺。

表 15—15　绝缘垫片原材料主要物理性能

序　号	项　目	单　位	技术指标
1	弯曲强度	MPa	≥95
2	有缺陷冲击强度（23°）	kJ/m²	≥3.9
3	拉伸强度	MPa	≥75
4	体积电阻率（干态）	MΩ · cm	$\geq 1 \times 10^{10}$
5	电气强度	kV/mm	≥30

注：干态的处理条件为 120° ×4 h。

e. 张拉锁件组装。进行张拉锁件组装拉力试验时，在拉力为 160 kN 条件下，张拉锁、螺母、钢垫圈及绝缘垫片不得有裂纹或其他失效；张拉锁件组装进行疲劳强度试验时，在最大拉力 68 kN、最小拉力 34 kN、加载频率 5 Hz 条件下，荷载循环 200 万次不失效，张拉锁件无断裂，绝缘垫片不破损；张拉锁件经拉力试验及疲劳试验后，张拉锁与精轧螺纹钢筋间的绝缘电阻值应不小于 2 MΩ。

④检验批次

a. 张拉锁件型式检验应从成品中随机抽取样品，疲劳性能测试 3 件样品，绝缘垫片原材料测试按 GB/T 1348—2009 的规定项目各做 1 件样品，其他性能测试 5 件样品。

b. 进场检验应按批进行，张拉锁件每 10 000 套为一批，不足 10 000 套按一批计。

c. 张拉锁件外观质量检测抽取的样品数量每批不少于 100 个，逐个检验，并抽取其中的 10% 进行尺寸检验；张拉锁超声波探伤试验抽取样品每批不少于 30 件。

d. 螺母外形尺寸和硬度检测抽取的样品数量每批不少于 20 个。

e. 钢垫圈外形尺寸和硬度检测抽取的样品数量每批不少于 20 个。

f. 绝缘垫片外形尺寸抽取的样品数量每批不少于 20 个，硬度检测抽取的样品数量每批不少于 3 个。

g. 张拉锁件（含张拉锁、螺母、垫圈和绝缘垫片）拉力试验抽取的样品每批不少于 5 套；疲劳试验每 3 批抽检 1 套；绝缘试验每批抽检 5 套。

⑤判定规则

a. 受检部件的物理力学检验项目应全部合格，则该批产品为合格；否则判该批产品不合格。

b. 外形尺寸和外观质量。受检部件的检验项目全部合格，则该批产品为合格。螺母外形尺寸检验项目中不允许出现不合格项；当其他检验项目中有不合格项时，应取双倍试样对不合格项目进行复测，若复测后仍有不合格项，应对全部产品逐件检验，合格者方可使用。受检部件不得出现裂纹，如发现一件有裂纹，应对全部产品逐件检验，合格者方可使用。

c. 张拉锁件各组成部分的其他性能符合《客运专线铁路 CRTS Ⅱ 型板式无砟轨道张拉锁件暂行技术条件》（科技基〔2009〕135 号）的相关规定，则判为合格，否则判为不合格。

d. 张拉锁件组装性能符合《客运专线铁路 CRTS Ⅱ 型板式无砟轨道张拉锁件暂行技术条件》（科技基〔2009〕135 号）的规定，则判为合格；当组装绝缘性能不合格时，应取双倍试样对绝缘性能进行复测，若复测后仍不合格，则判为不合格。

（2）工序验收

①模板及支架的材质和安装检验应符合《高速铁路轨道工程施工质量验收标准》（TB 10754—2010）第 6.2.1 条和第 6.2.2 条的规定。

②模板应与轨道板两侧、支承层或混凝土底座密贴。

③钢筋原材料质量指标、加工、连接和安装质量应符合《高速铁路轨道工程施工质量

验收标准》(TB 10754—2010)第 6.2.7 ~6.2.10 条的规定。

④连接钢筋的张拉锁件应符合设计要求及《客运专线铁路 CRTS Ⅱ型板式无砟轨道张拉锁件暂行技术条件》(科技基〔2009〕135 号)的规定。

⑤精轧螺纹钢筋、张拉锁件、骨架钢筋相互交叉点的绝缘电阻值应符合设计要求。

⑥轨道板接缝处钢筋张拉顺序和扭矩应符合设计要求。

⑦钢筋外观质量、加工允许偏差、接头设置、绑扎质量及安装允许偏差应符合《高速铁路轨道工程施工质量验收标准》(TB 10754—2010)第 6.2.11 ~6.2.14 条的规定。

⑧混凝土的原材料、配合比设计和施工质量应符合《高速铁路轨道工程施工质量验收标准》(TB 10754—2010)第 6.2.15 ~6.2.17 条的规定。当设计文件有特殊要求时应符合设计要求。

⑨窄接缝处水泥乳化沥青砂浆的强度达到 9 MPa,且窄接缝处微膨胀混凝土的强度达到 20 MPa 后,方可对轨道板实施张拉。

15.7 轨道板剪切连接施工

15.7.1 施工工艺流程

轨道板与底座板或支撑层间剪切连接施工工艺流程如图 15—47 所示。

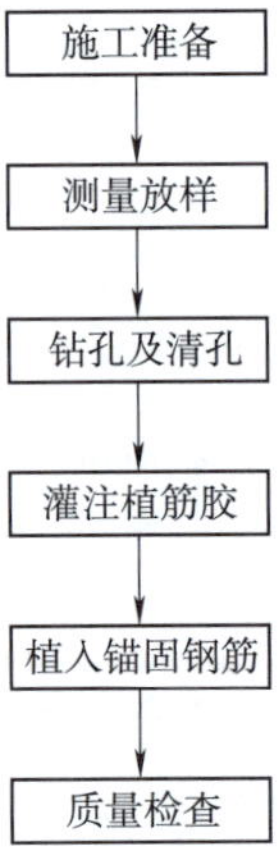

图 15—47 轨道板剪切连接施工工艺流程

15.7.2 施工技术

(1)剪切连接类型

①梁间缝处的轨道板剪切连接。梁间缝处的轨道板剪切连接是指轨道板精调、水泥乳化沥青砂浆充填层灌注施工后,在梁缝两侧按照设计要求位置用抗剪钢筋将轨道板和桥梁底座板锚固在一起。

②过渡板处(路桥过渡段)的轨道板剪切连接。在常规端刺与路基混凝土支承层的过渡区用剪力销将轨道板和路基混凝土支承层(端刺过渡板)锚固在一起。

③CRTSⅡ型板式无砟轨道与其他型式的无砟轨道分界处的轨道板剪切连接。与其他类型无砟轨道(道岔区板式无砟轨道)相邻的特殊板及标准板(或补偿板)、与该特殊板相邻的第一块CRTSⅡ型轨道板需要进行抗剪连接。

④小半径曲线处的轨道板剪切连接。CRTSⅡ型板式无砟轨道铺设范围内,曲线半径$R \leqslant 2\,000$ m地段(包括圆曲线和缓和曲线,并向直线地段延伸2~3块板)的轨道板与底座板进行锚固连接。

⑤轨道板纵连临时中断处的轨道板剪切连接。CRTSⅡ型轨道板纵连施工过程中,当轨道板纵连施工间断超过12 h以上,应在施工中断后立即在间断处3块轨道板上设置剪切连接。

⑥CRTSⅡ型板式无砟轨道与有砟轨道分界处的轨道板(特殊板)剪切连接。

(2)剪力筋位置确定

根据施工图纸要求,使用自制胎膜在轨道板上确定出剪力销的位置,并用记号笔在现场轨道板上做好标示。同时也可利用金属探测器探测底座板钢筋,若有钢筋标志点可以稍微移动位置,避免钻孔时钻断底座板内钢筋。

①梁缝区域轨道板通过8个剪力筋与底座板锚固在一起,钻孔孔位间距在轨道纵向为650 mm,横向为410 mm。由于轨道板在纵向相对于梁缝是可变的,梁缝与钻孔孔位之间的距离也是可变的,但必须保证梁缝两侧各设置4根剪力筋。剪力筋钻孔孔位设置如图15—48所示。注意剪力钉不能直接植在梁缝之上,应距离梁端边缘至少10 cm。

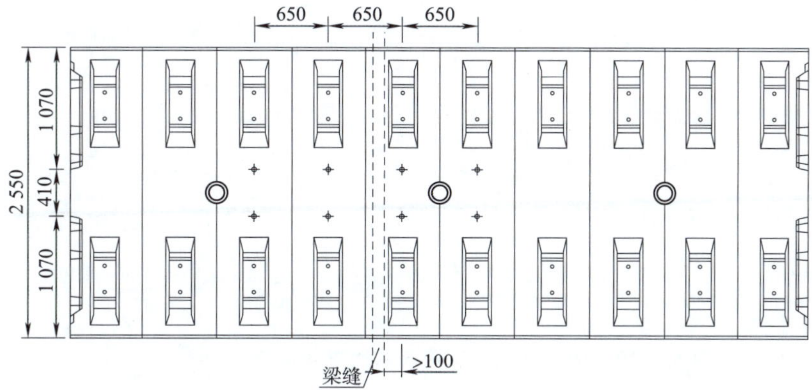

图15—48　梁缝处剪切钢筋布置(单位:mm)

②轨道板纵向连接间断时轨道板上孔位设置:当轨道板纵连施工间断超过12 h及以上,且预计两次施工温差在20 ℃以内时,施工中断后应立即进行抗剪连接,在间断处的3块轨道板上设置4根抗剪连接钢筋。钻孔孔位间距在轨道板纵向为5 850 mm,横向为410 mm,剪力筋钻孔孔位设置如图15—49所示。

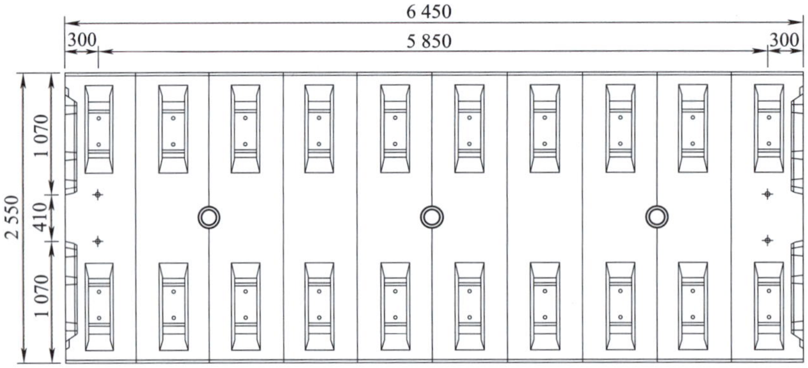

图 15—49　剪切连接中断 12 h 以上轨道板上剪切钢筋布置(单位:mm)

(3)钻机钻孔

钻孔前应在植筋设计位置使用雷达或其他设备探测轨道板及底座内的钢筋布置情况,不得打断结构钢筋和钻破高强度挤塑板。钻孔采用无振动钻机,钻孔直径 35 mm,桥梁上轨道板钻孔深度为 390 mm(穿透砂浆充填层并深入底座板);支承层上轨道板钻孔深度 430 mm,孔位与孔深尺寸误差均控制在 ±5 mm 范围以内。钻孔后立即将孔内杂物清除,使用高压风管(枪)将孔内粉屑吹除干净,如不能立即植筋施工,则应采用保护盖将孔密封。

钻孔时必须严格控制钻孔位置和钻孔深度,严禁钻断底座板钢筋及高强度挤塑板,如图 15—50 所示。

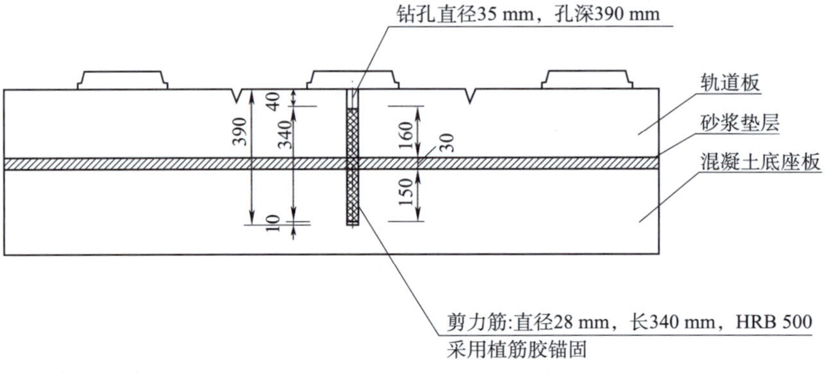

图 15—50　剪力筋钻孔深度及剪力筋长度示意(单位:mm)

(4)剪力筋的绝缘处理

为确保剪力筋与轨道板内钢筋处于隔离绝缘状态,剪力筋表面应事先均匀涂抹一层植筋胶,并确保表面无遗漏之处。剪力筋表面的植筋胶凝固后再植入孔内。

(5)注黏合剂

孔洞钻好后,用风枪将粉尘吹干净,水分清干,向孔内注入植筋胶,控制植筋胶的注入量为孔洞内 2/3 体积即可,使剪力筋完全黏合在钻孔内。

(6)安装剪力筋

剪力筋采用 HRB500 ϕ28 mm 螺纹钢筋,其长度在梁缝区 L = 340 mm,支承层上 L = 380 mm。植筋胶灌入孔内后,立即将 ϕ28 mm 螺纹钢筋插入孔内,钢筋必须插到距离孔底 10 mm 处,并使植筋胶略有溢出,如图 15—51 所示。

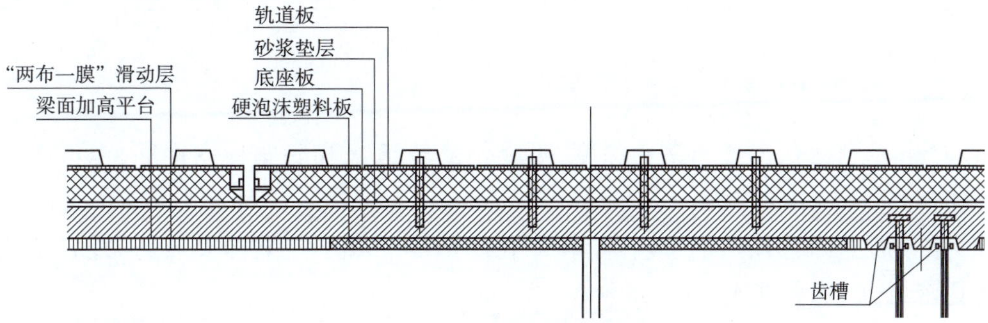

图 15—51 轨道板剪切连接示意

(7)封孔

剪力筋安装到位后,待植筋胶硬化后将孔口余物清理干净,抹至与轨道板表面齐平,封孔前应检查植筋效果是否满足要求。

15.7.3 资源配置

(1)劳动力组织

劳动力组织采用架子队组织模式,施工人员应结合施工方案、机械、人员组合、工期要求进行合理配置。一个轨道板剪切连接作业面的人员配备见表 15—16。

表 15—16 一个轨道板剪切连接作业面的人员配置

序 号	工 种 名 称	人 数	序 号	工 种 名 称	人 数
1	管理人员	1	5	普 工	4
2	技术人员	1	6	专职安全员	1
3	钻机操作工	2			
4	剪力筋安装	2	合 计		11

(2)设备机具配置

一个轨道板剪切连接作业面的设备及机具配置见表 15—17。

表 15—17 一个轨道板剪切连接作业面的设备及机具配置

序 号	设 备 名 称	数 量	备 注
1	钻 孔 机	2	轨道板钻孔
2	钻 头	若干	
3	植 筋 枪	2	

续上表

序　号	设 备 名 称	数　量	备　注
4	风　　枪	1	吹扫孔内粉尘
5	发 电 机	1	
6	毛刷、植筋胶枪	若干	

15.7.4　轨道板剪切连接作业控制要点

(1)严格控制钻孔位置和钻孔深度,不能钻断轨道板和底座板内钢筋,也不能钻破高强度挤塑板。

(2)钻孔后立即将孔内杂物清除,确保孔内洁净。如不能立即安装剪力筋,则应用保护盖将孔密封,严禁水进入。

(3)剪力筋安装前,应在其表面均匀的涂抹一层植筋胶。在已钻好的孔内注入适量的植筋胶,将剪力筋轻轻放入,使钢筋位于孔的中部,与轨道板、底座板内钢筋无接触。

(4)钢筋顶部的孔用植筋胶密封,植筋胶顶面不低于轨道板顶面,也不得溢出污染轨道板。

(5)严格按照植筋胶使用要求进行现场操作。

(6)植筋胶应储存于正常环境条件的室内;运输过程中应避免直接雨淋和接触腐蚀性物质。

(7)控制植筋胶的注入量,使剪力筋完全黏合在钻孔内。

16 相关工程施工

16.1 侧向挡块施工

为了保证 CRTSⅡ型板式无砟轨道结构中的底座板受温度变化及底座板纵连时不产生横向位置偏移,应综合考虑底座板施工进度、轨道板铺设进度以及铺轨工程进度,择机进行侧向挡块施工。但在底座板施工完成后,应尽快施作临时侧向支挡结构。临时侧向挡块应在底座板施工完成后至底座张拉前完成安设,直线段可先不设临时侧向挡块,曲线段临时侧向挡块至少需要施工 4 对(每孔梁两端),临时侧向挡块宜采取角钢螺栓等刚性材料,固定牢靠。

长钢轨铺设完成后,应及时拆除临时侧向挡块,施作混凝土侧向挡块,拆除时采用“间隔拆除、随拆随作”的原则进行,防止因拆除临时侧向挡块造成底座横向偏移,影响 CRTSⅡ型板式无砟轨道结构精度和结构受力。

16.1.1 施工工艺流程

侧向挡块施工基本工艺流程如图 16—1 所示。

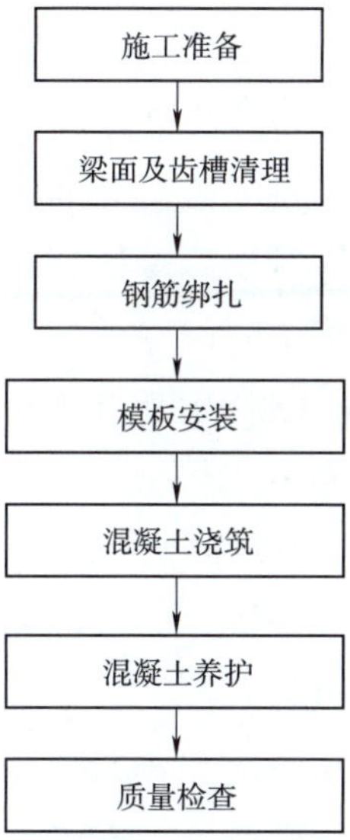

图 16—1 侧向挡块施工基本工艺流程

16.1.2 侧向挡块施工技术

(1)施工准备

①根据施工图《桥上CRTSⅡ型板式无砟轨道侧向挡块设计图》,桥梁沿无砟轨道线路纵向设置扣压型侧向挡块,侧向挡块通过齿槽和预埋件与梁体连接。根据梁跨不同,侧向挡块设置间距和数量有所不同,侧向挡块沿无砟轨道线路方向长度为1 200 mm,高度随底座板超高值进行调整。

②提前对预埋套筒内进行清理和位置复核,对损坏、位置偏差较大和缺失的套筒进行修整。底座板和轨道板与侧向挡块接触范围或滑动范围内如果有破损或凹槽,则要制定专项修补方案经监理批准后进行修补,修补完成后按照设计要求打磨平整(要求2 mm/1 m),做到滑动面平整、光滑、顺直,以满足底座板和轨道板与侧向挡块接触面间能自由滑动。

③施工前,应对预埋套筒和齿槽进行检查和验收;对侧向挡块范围内梁面进行凿毛处理,混凝土浇筑前要对凿毛范围进行冲洗,充分润湿,并清除槽内多余积水。

(2)锚固螺栓连接、钢筋加工及安装

①锚固螺栓连接

锚固螺栓部件与预埋套筒连接前,要清理预埋套筒内杂物,连接部件旋入套筒深度不小于旋入钢筋直径的1.5倍,旋入扭矩不小于350 N·m。

②钢筋加工及安装

a. 钢筋加工。在钢筋场内集中加工制作钢筋;侧向挡块用钢筋下料应考虑曲线段的超高差异;半成品加工好后,应分类堆放,并经技术、质量检查合格后挂牌标志,并覆盖,防止生锈。

b. 钢筋绑扎。侧向挡块用防裂钢筋应按设计位置绑扎,防裂钢筋两端弯头和中部应与侧向挡块钢筋笼进行绑扎,并确保距离底座板边角的距离为35 mm,摆放方向与底座板侧立面成45°。钢筋绑扎应满足下层钢筋保护层厚度达到25 mm,其他部位保护层厚度为40 mm。

(3)限位板安装

①弹性限位板应符合《客运专线铁路CRTSⅡ型板式无砟轨道弹性限位板暂行技术条件》(科技基〔2009〕135号)要求。

②按设计预埋相应的弹性限位板,弹性限位板与底座板要密贴,并与钢筋连接。弹性限位板与底座板混凝土全面积贴靠,并固定牢靠,避免在浇筑混凝土时发生偏移。

(4)安装弹性泡沫塑料板垫层材料

侧向挡块与轨道板间设置20 mm厚的聚氨酯泡沫挤塑板进行隔离,与底座板间设置10 mm厚的挤塑板进行隔离,如图16—2所示。挤塑板接缝处以及挤塑板与弹性限位板接缝处设置双面黏结的泡沫胶条进行密封,防止混凝土浆液外流侵入挤塑板与轨道板和底座板的接触面内,在挤塑板与底座板、轨道板之间铺设塑料薄膜进行隔离防护处理。

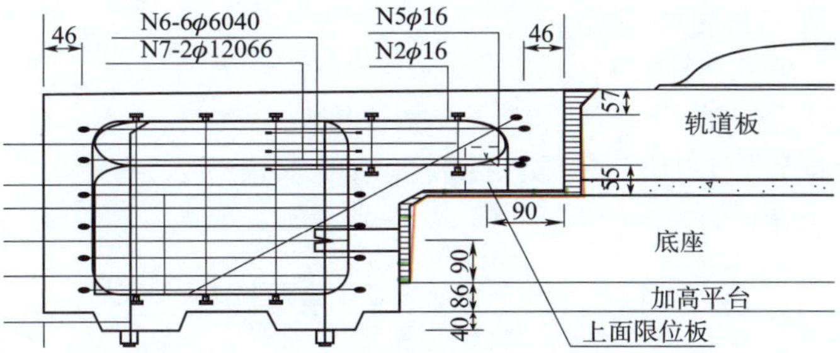

图 16—2　硬泡沫板隔离设计

注：最下层为红色塑料薄膜，绿色为双面黏结泡沫胶条拼接处理部位。

(5)模板拼装

①钢模板安装前应进行打磨清理，安装时不能破坏防水层，且模板四周密贴，不漏浆。

②钢模板立模完成后，检查模板与梁面、底座板和轨道板的密贴情况，避免混凝土浇筑时出现漏浆。侧向挡块用钢模板如图 16—3 所示。

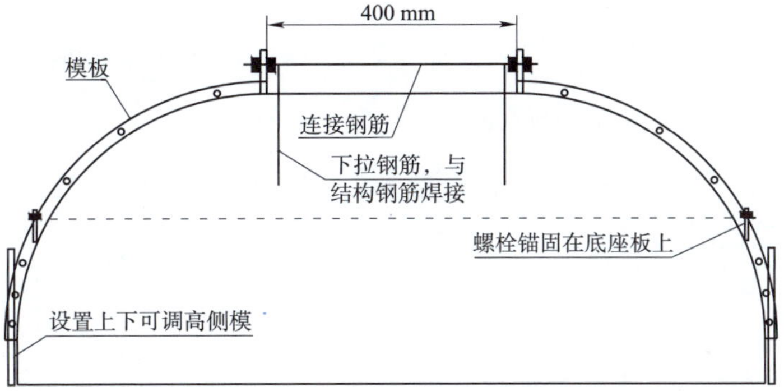

图 16—3　侧向挡块用钢模板

(6)浇筑混凝土

①浇筑前，检查新拌混凝土的坍落度、含气量等指标，满足要求后方可浇筑并制作标养及同条件养护的混凝土试件。

②混凝土模板温度宜在 5 ℃ ~35 ℃；新拌混凝土入模温度应为 5 ℃ ~30 ℃。当昼夜平均气温连续 3 d 低于 5 ℃或最低气温低于 −3 ℃时，采取暖棚保温措施，按冬季施工方案处理。

(7)混凝土养护

①混凝土初凝后，用薄膜 + 土工布覆盖侧向挡块混凝土进行养护。

②当温差在 10 ℃以上，但小于 15 ℃时，拆除模板后的混凝土表面宜采取临时覆盖措施。

③当环境相对湿度小于 60% 时，养护期不少于 14 d；相对湿度在 60% 以上时，养护不期不少于 7 d。

16.1.3 侧向挡块施工人员及机械配置

(1)劳动组织

施工人员应根据确定的施工方案、机械、工期要求进行合理配置。一个侧向挡块施工作业面人员配置见表16—1。

表16—1 一个侧向挡块施工作业面主要人员配置

序号	工种	数量	工作职责
1	工班长	3	全面负责现场工作
2	技术员	2	全面负责技术交底、施工过程控制
3	试验工	1	负责成品及半成品材料检测工作
4	钢筋工	8	负责钢筋绑扎安装
5	模板工及混凝土工	12	负责模板安装加固及拆除、混凝土浇筑和养护
合计		26	

(2)设备机具配置

侧向挡块施工所需主要设备有钢筋加工机具、模板、混凝土运输车、吊车、中转料斗、混凝土振捣器等,主要机具设备配置见表16—2～表16—4。

表16—2 一个作业面钢筋加工与安装主要机械设备配备

序号	设备名称	型号规格	数量(台)	备注
1	钢筋切断机	GQ－40	1	
2	钢筋调直机	GT3－8	1	
3	钢筋弯曲机	GW－40	1	
4	汽车起重机	QY－25	1	钢筋吊装上桥
5	平板车	10 t	1	钢筋运输

表16—3 模板安装、拆除及转运主要设备机具配备

序号	设备名称	型号规格	数量	备注
1	模板	—	8孔	
2	扳手	—	6把	
3	手推车	—	4台	

表16—4 混凝土浇筑主要施工设备配备

序号	设备名称	型号规格	数量(台)	备注
1	混凝土搅拌站	HZS120	1	全自动电子计量拌和站
2	混凝土运输车	6 m^3	2	与运距等有关
3	插入式振捣器	ZN－30	4	

16.1.4 侧向挡块施工质量控制要点及验收标准

(1)施工质量控制要点

①施工前,对位置不准确(主要是方向偏位)的齿槽、预埋套筒缺失、破坏严重的齿槽进行整修。

②浇筑混凝土前应检查侧向挡块与轨道板、底座板、防护墙间密封隔离情况。

③底座板与限位板密贴的两个面要平整、光滑,达到 2 mm/(1 m)。

④底座板倒角范围一定按设计要求沿线路纵向打磨 100 cm 长度。

⑤挤塑板尺寸宜略大于设计结构尺寸,尽量减少拼接,各拼接处应做密封处理,避免浇筑混凝土时拼接处漏浆。

(2)验收标准

①用于锚固侧向挡块的预埋套筒和齿槽应进行检查和验收。预埋套筒平面位置允许偏差为 5 mm,齿槽的深度不得小于 30 mm,施工前应对齿槽进行凿毛处理。连接接头拧紧力矩应符合《铁路混凝土工程钢筋机械连接技术暂行规定》(铁建设〔2010〕41 号)的相关规定,见表 16—5。

表 16—5 直螺纹钢筋接头拧紧力矩

钢筋直径(mm)	≤16	16~20	22~25	28~32	36~40
拧紧力矩(N·m)	100	200	260	320	360

注:当不同直径的钢筋连接时,拧紧力矩值按较小直径钢筋的相应值取用。

②侧向挡块弹性限位板的规格、重量、厚度应符合设计要求及《客运专线铁路 CRTS Ⅱ型板式无砟轨道弹性限位板暂行技术条件》(科技基〔2009〕135 号)的规定。

③侧向挡块弹性限位板的安装位置及数量应符合设计要求。弹性限位板应与底座密贴,安装位置纵向允许偏差不应大于 10 mm。

④侧向挡块外观尺寸允许偏差应符合表 16—6 的规定。

表 16—6 侧向挡块外观尺寸允许偏差

序 号	检 查 项 目	允许偏差(mm)	备 注
1	平面位置	10	
2	截面尺寸	0~15	

16.2 综合接地

CRTS Ⅱ型板式无砟轨道的综合接地系统由贯通地线、接地装置(或接地极)、引接线、接地端子以及接触网保护接地装置等构成。全线沿铁路上、下行线敷设两根贯通地线,CRTS Ⅱ型板式无砟轨道正线采用截面为 70 mm^2 耐腐蚀并符合环保要求的接地铜缆;与正线衔接的联络线及动车走行线的贯通地线采用截面为 35 mm^2 耐腐蚀并符合环保要求的接地铜缆。

综合接地系统的贯通地线任意点处的接地电阻应不大于 1 Ω。

16.2.1 综合接地技术要求

(1)接地端子与电缆槽同步形成。

(2)室外桥面、路基、隧道地段通信与信号设备用综合接地端子,预留在电缆槽壁上,并有明显标志。

(3)中继站的基础、接地网用综合接地端子,应预留在基础侧壁上。

(4)基站、直放站接地网综合接地端子。

(5)路基填挖施工结束,站后专业预埋过轨管线按站后专业需求施工完毕,并经站前站后的监理和施工单位共同签字验收。

(6)桥梁电缆上桥预留电缆桥架和过轨管线按设计要求施工完毕,预埋、留件经站后监理和施工单位确认。

16.2.2 无砟轨道综合接地技术要求

(1)CRTS Ⅱ 型板式无砟轨道板的接触网断线保护接地应充分利用轨道板结构钢筋,并在轨道板内预埋接地端子。

(2)原则上按每 100 m 与线路两侧桥梁、隧道、路基接触网基础预埋的接地端子单点 T 形连接。每 100 m 段落内的轨道板单元之间进行等电位连接。

(3)T 形连接及板间等电位连接均采用不锈钢连接线。

(4)在 CRTS Ⅱ 型板式无砟轨道地段,利用轨道板内上层结构钢筋作为接地钢筋(该钢筋不作绝缘处理),沿线路每间隔 100 m 与贯通地线单点 T 形连接 1 次。

16.3 排水系统

16.3.1 排水原则

(1)路基地段的排水

路基上,直线地段采用两面排水系统,轨道板顶部设 0.5% 的排水横坡向两侧排水;曲线地段采用线间排水,每隔 50 m 设置一个集水井,通过排水管引入路基一侧的排水沟。线间及两侧路肩采用纤维混凝土封闭。

(2)路桥过渡段的排水

路桥过渡段采用路基段线间填充及混凝土封闭层延展至桥台范围的方式排水,直线段采用两面排水分别引入两侧桥梁泄水孔或路基排水沟内,曲线段通过线间混凝土封闭层顺坡引入路基段集水井。

(3)路隧过渡段的排水

路隧过渡段采用路基段线间填充及混凝土封闭层延伸至隧道洞口 30 cm 排水，直线段采用两面排水另引入隧道排水沟或路基排水沟内，曲线段通过线间混凝土封闭层顺坡引入路基段集水井。

(4)桥梁地段的排水

桥梁地段通过设置在轨道板顶面的排水坡分别将水引入梁面排水孔。

(5)隧道地段的排水

隧道地段通过设置在轨道板顶面的排水横坡将水引入隧道中心排水沟及两侧排水沟。

(6)底座的排水

底座混凝土浇筑施工时对底座两侧 20 cm 范围设置 4% 排水坡排水。

16.3.2 排水系统控制要点

(1)路基、桥梁、隧道及过渡段，在轨道板铺设施工中要严格控制，确保底座两侧20 cm 部分保证 4% 的排水坡。

(2)梁面排水系统修补。

为保证梁面排水顺畅、不积水，需对梁面排水不畅的排水系统进行修补或打磨处理。

①排水沟修补。对梁面排水情况进行观察，测出积水深度，对积水和偏高的部位进行标示，采用高磨低补的方法，用小型打磨机或角磨机打磨至满足排水顺畅不积水的要求。

②排水坡修整。修补前把 3. 1 m 平台边线放出来，对坡面存在感观平整度较差处和坡顶线形不顺直处采用小角磨机打磨施工，使其平顺且排水顺畅。

(3)路基、路桥及路隧过渡段混凝土封闭层施工。

CRTS Ⅱ 型板式无砟轨道路基封闭层采用混凝土浇筑，混凝土厚度不小于 100 mm。封闭层沿线路方向每 2. 5 m 的横向伸缩缝、沿线路支承层两侧的纵向伸缩缝、线间集水井周围伸缩缝均为宽 10 mm、深 30 mm。灌注聚氨酯密封胶。

①路基混凝土支承层或桥上底座板已浇筑完成并经过验收，方可进行混凝土浇筑。

②浇筑混凝土。混凝土由搅拌站集中搅拌，混凝土罐车运输至工地。混凝土浇筑时对摩擦板及底座板进行保护，防止污染。浇筑采用人工摊铺整平，人工整平后采用平板式振动提浆机进行捣固，捣固完成后人工进行收光抹面。待混凝土初凝后对混凝土进行覆盖养生。

③封闭层伸缩缝的设置。封闭层每 2. 5 m 设置横向伸缩缝，封闭层与摩擦板、电缆槽间设置纵向通长伸缩缝。其中，伸缩缝宽 10 mm、缝深 30 mm，混凝土养护期结束后，将缝内杂物清理干净，并确保伸缩缝内干燥，灌注聚氨酯密封胶。

16.3.3 防排水系统施工人员及机械配置

(1)劳动组织

排水系统施工人员配置见表 16—7。

表 16—7 排水系统施工人员配置

序号	工种	人数	备注
1	施工负责人	1	负责全面施工组织协调工作
2	技术主管	1	负责施工技术管理工作
3	技术员	3	负责施工现场技术工作
4	测量员	3	负责测量、弹线工作
5	试验员	3	负责试验和材料选用工作
6	专职安全员	1	负责现场施工安全
7	工班长	2	负责梁面修补及进行协调、技术指导等
8	打磨修补工	28	打磨、修补作业
9	杂工	8	负责梁面清洁等临时工作
合计		50	

(2)设备机具配置

排水系统设备机具配置见表 16—8;排水系统检测工具配置见表 16—9。

表 16—8 设备机具配置

序号	设备名称	型号规格	数量	备注
1	大型打磨机	TM - USO - 2	2	
2	小型打磨机	BG - 250	5	
3	角磨机	S1M - KP05 - 125B	20	
4	铣刨机	WRS200E	9	
5	搅拌设备	自制	2	
6	混凝土切割机	Z1E - TY - 110	3	
7	电镐	HM0830T	6	
8	电锤	H1 - 26	2	

表 16—9 检测工具配置

序号	检测工具	型号规格	数量(台)	用途
1	4 m 靠尺	4 m	4	检测梁面 3.1 m 平整度
2	1 m 靠尺	1 m	3	检测梁端 1.45 m 范围平整度
3	塞尺	0 ~ 15 mm	5	配合 4 m、1 m 靠尺使用
4	电子水准仪	DINI03	1	测量梁面高程
5	全站仪	TDS1201 +	1	梁面弹线放样
6	0.5 m 水平尺		2	测量梁端高差
7	钢板尺		2	测量 1.45 m 凹槽高度
8	5 m 钢卷尺	5 m	5	梁面弹线
9	50 m 尺	50 m	1	测量预埋件及防撞墙位置

17　长钢轨铺设与轨道精调及静态验收

17.1　长钢轨铺设

17.1.1　长钢轨铺设施工工艺流程

CRTS Ⅱ型板式无砟轨道的长钢轨铺设主要有拖拉法和推送法。长钢轨铺设施工基本工艺流程如图17—1所示。

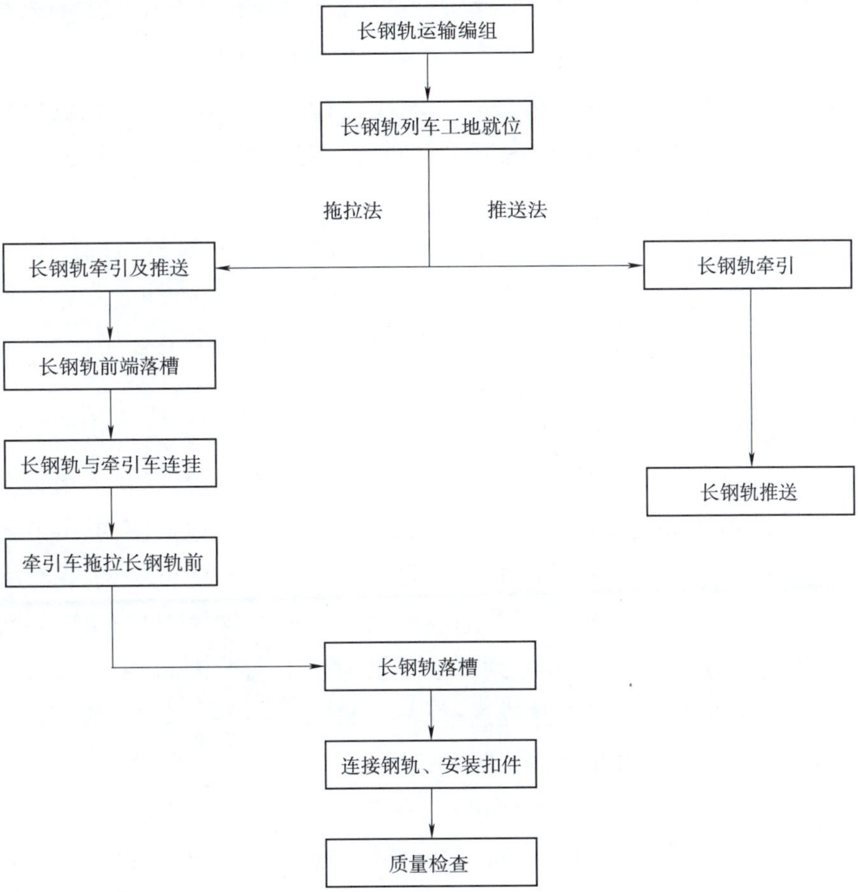

图17—1　长钢轨铺设施工基本工艺流程

17.1.2 长钢轨铺设施工工艺

（1）施工准备

①无砟轨道铺轨应在无砟轨道道床施工完毕，经验收合格并达到规定强度后方可施工。

②铺轨前，应按“配轨表”配轨，并依次编写铺轨编号。

③清理道床及轨道板上承轨槽表面，使之无杂物。

④轨道板上扣配件预组装到位，螺栓应涂长效防腐油脂。

（2）长钢轨拖拉法施工工艺

①长钢轨装车与运输。500 m 长钢轨采用铺轨基地的 30 台 2 t 固定龙门吊联合进行装车作业，根据铺轨计划表组织长钢轨运输车在存轨场装车线装车，按照制定的装车表，将已选配并标志好的长钢轨按顺序装车，装车时由内向外。每层钢轨经核对无误后，进行加固锁定，防止运输途中钢轨窜动，危及行车安全。装车完毕后，采用 DF4 型内燃机车或重型轨道车作为动力和 37 辆 N17 平板运输车运到施工现场。

②机车对位。运输长钢轨的列车在施工地段运行限速 5 km/h，在接近已铺长轨轨头 10 m 处应一度停车，并以 0. 5 km/h 的速度进行对位。对位时要在钢轨上划出停车标志，并派专人安放铁鞋和止轮器。

③卷扬机拖拉钢轨。取出首车上钢轨挡，松开待拖拉的一对钢轨的压紧块（注：拖拉钢轨从钢轨中心距最接近 1 505 mm 的一对开始，再逐步向内或向外成对拖拉即可），同时启动柴油机、液压系统及开动卷扬机；把卷扬机钢丝绳从换向轮上开始，经分轨导框到达钢轨前端。离钢轨前端约 5 m 处安装钢轨夹具。

④卷扬机把钢轨端头拖到推送机构的辊轮前端，取下钢轨夹具；启动推送机构，推送钢轨；当钢轨端头离推送前端辊轮约 15 m 时，钢轨变形装置上抬，钢轨变形装置靠到钢轨底部，当钢轨端头离道床面高度约 200 mm 时，在钢轨底部放置地面滚筒，并在离已铺钢轨约 10 m 的前方放置地面滚筒，在已铺钢轨前端约 500 mm 处放置木方，停下推送机构。

⑤牵引钢轨。启动轮胎式钢轨引导车；将钢轨与轮胎式钢轨引导车连接；轮胎式钢轨引导车前行；同时启动推送机构。铺轨列车的推进速度不大于 3 km/h。

⑥放置滚筒。在钢轨往前牵引并推送过程中，每隔 5 ~ 10 m 均匀放置在承轨槽之间的道床上，曲线地段应适当加密，并有钢轨防翻措施。

⑦钢轨对位。当钢轨尾端脱开推送机构时，连挂机车，缓解列车。列车后退直到钢轨尾部落到短木枕上，列车停止。取下钢轨对接装置，两组斜楔分别与已铺钢轨和刚铺的钢轨安装好；油缸与斜楔装好。启动油缸，把钢轨对接，安装钢轨连接器。拆下钢轨对接装置，放到车上。

⑧撤出滚筒。钢轨引导车后退到对接位后前行，从钢轨底下取出地面滚筒，放到引导车上。

⑨安装扣件。长钢轨落入轨道板上承轨槽后，直线段宜每隔5个承轨槽安装一组扣件，曲线段宜每隔3个承轨槽安装一组扣件。注意接头前后3个承轨槽的扣件应安装齐全。

(3)长钢轨推送法施工工艺

①摆开上层钢轨的挡轨装置，松开上层待拖拉的一对钢轨的锁轨装置(拖拉钢轨从钢轨中心距最接近1 508 mm的一对开始，再逐步向外或向内成对拖拉钢轨即可)。

②开动柴油机、液压系统建压、松开夹轨油缸。开动卷扬机反转，把卷扬机钢丝绳从换向轮处牵引至离钢轨前端4 m处安装钢轨夹具；开动卷扬机正转，卷扬机把钢轨端头拖到推送机构的辊轮前端；取下钢轨夹具。

③启动推送油缸，使推送轮压紧将要铺设的钢轨。

④启动推送马达正转，推送钢轨；当钢轨前端离推送前端辊轮约15 m时，钢轨过渡装置上抬，让钢轨顺利通过过渡装置。

⑤使钢轨过渡装置靠到钢轨底部，并给悬臂端钢轨底部施加一定的作用力。当钢轨端头离道床面高度约200 mm时，在钢轨底部放置地面滚筒，并在离已铺钢轨约10 m前放置木方，停下推送机构。

⑥牵引车退至悬臂钢轨前端，使牵引车上的夹轨装置夹住钢轨。同时启动牵引车前行和推送马达正转，每隔10 m左右在钢轨底下放置地面滚筒，每隔10根轨枕放一根轨枕用扣件。

⑦当钢轨尾端脱离一组推送机构时，停止钢轨推送，操作过渡装置下降，使过渡装置最低处略高于已铺钢轨顶面。

⑧下坡道床或弯道时，取下钢轨对接装置，两组斜楔分别与已铺钢轨和刚铺钢轨安装好；油缸与斜楔装好。启动油缸，把钢轨对接，安装钢轨连接器，拆下钢轨对接装置放到车上。

⑨从钢轨对接处将地面滚筒收集运输车置于刚铺设的钢轨上，从钢轨底下取出地面滚筒，放到地面滚筒收集运输车上，沿钢轨输送到前面牵引车处，装到牵引车上。

17.1.2 长钢轨铺设人员及机械配置

(1)劳动组织

长钢轨铺设作业人员配备见表17—1。

表17—1 长钢轨铺设作业人员配备

作业内容	作业人数	备注
现场指挥	1	
领工员	2	
技术人员	4	
安全员	4	
推轨机司机	2	
拖轨机司机	2	一台铺轨机

续上表

作业内容	作业人数	备注
滚轮收、放	20	
松动扣件	20	
扣件安装	20	
机车车组	4	包括调车1人
拖轨摘挂	4	捆轨2人,卷扬机2人
合　计	83	

(2)设备机具配置

长钢轨铺设设备机具配置见表17—2。

表17—2　长钢轨铺设作业设备配备

设备名称	数量	备注
WZ500机车	1台	
长轨运输列车	1列	37辆N17平板组装
拖轨机	1台	
长轨放送车	1列	N17平板改装
内燃机车	4辆	N17平板改装

17.1.3　长钢轨铺设施工控制要点及验收标准

(1)长钢轨铺设施工控制要点

①长钢轨铺设应严格按“配轨表”中的铺轨标号依次铺设长钢轨。

②长轨列车在施工地段运行限速5 km/h,在接近已铺长钢轨轨头10 m处应一度停车,缓慢对位。对位时,要在钢轨上划出标记,并派专人安放铁鞋和止轮器。

③长钢轨铺设前,应提前将支撑滚筒每5～10 m均匀放置在承轨槽之间的道床上,曲线地段应适当加密,并应有钢轨防翻措施。

④长钢轨落槽就位后,人工宜每隔5～8个承轨槽安装一组扣件,接头前后两个承轨槽扣件应安装齐全。

⑤铺轨时,长钢轨始端、终端落槽时的轨温平均值为长钢轨铺设轨温,铺轨应记录铺设轨温。

⑥铺轨后应检查施工质量,做好施工记录,及时向铺轨基地反馈达到里程、接头相错量等信息。

(2)长钢轨铺设验收标准

①长钢轨的类型、规格、焊头质量应符合设计要求及相关标准的规定。

②扣配件的类型、规格、质量应符合设计产品标准的规定。

③钢轨胶结绝缘接头的类型、规格、质量应符合设计要求及相关技术条件规定,现场

胶结时应进行型式试验。钢轨胶结绝缘接头铺设位置应复核设计要求,左右两股钢轨的胶结绝缘接头应相对铺设,且绝缘接头轨缝绝缘端板距承轨台边缘不宜小于 100 mm。

④安装扣配件时,绝缘轨距块的配置应符合设计要求。各种零件应安装齐全,位置正确。螺栓应按规定涂专用长效防腐脂。

17.2 轨道静态精调

17.2.1 施工作业流程

轨道静态精调施工作业流程如图 17—2 所示。

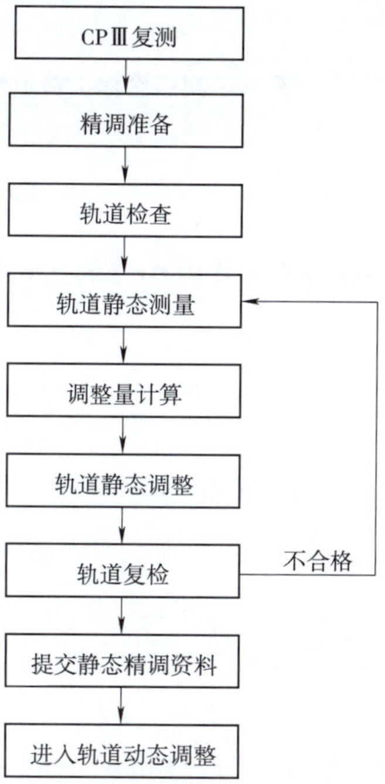

图 17—2 轨道静态精调施工作业流程

17.2.2 无砟轨道静态精调施工工艺

(1)施工准备

①CPⅢ控制网进行复测,复测结果经过评估合格后方可应用于轨道精调作业。

②长钢轨铺设完毕,钢轨应力放散并锁定结束。

③根据轨道结构类型和数量,提前配备相应数量的调整件。

④检查轨道板,清理扣件内部、承轨槽内混凝土残留杂物和灰尘等。

(2)轨道测量

①现场测量环境应满足要求,需对温度、气压、湿度等进行量测,并监控光照、振动、灰

尘、电磁等干扰情况,及时排除影响测量精度的因素。

②每次测量之前,应用0级道尺对轨检小车进行现场标定。

③全站仪自由设站的位置应靠近轨道中线,每次联测4～6对CPⅢ控制点,并且测站位于联测的CPⅢ控制点中间。自由设站的精度应满足表17—3的要求。

表17—3　自由设站的精度要求

项　目	X	Y	H	方　向
中误差	≤0.7 mm	≤0.7 mm	≤0.7 mm	≤2″

④自由设站完成之后,CPⅢ控制点的坐标不符值应满足表17—4的要求。当CPⅢ控制点坐标(X、Y、H)不符值大于表17—4的规定时,该CPⅢ控制点不应参与平差计算。每站参与平差的CPⅢ控制点数不少于6个。

表17—4　CPⅢ控制点坐标不符值限差

项　目	X	Y	H
控制点余差	≤2 mm	≤2 mm	≤2 mm

⑤每站测量距离不宜超过80 m,测量过程中,轨检小车应逐渐靠近全站仪,最近不少于5 m。

⑥相邻测站应有一定的交叠区域,一般不少于10个承轨槽的距离。

(3)数据分析与处理

①及时将精调小车采集的数据进行分析、调整。

②模拟调整应坚持"先整体、后局部","先轨向、后轨距,先高低、后水平"的基本原则。"先整体、后局部":根据采集的数据生成的波形,以"削峰填谷"的方式确定总体调整方案,控制调整量。"先轨向、后轨距,先高低、后水平":先调整基准轨轨向,后调整基准轨轨距;先调整基准轨高低,后调整非基准轨水平。

③根据采集的数据对轨道线形进行综合分析和评价,生成各参数波形图,确定需要调整的区段。

④制定模拟轨道调整方案,将轨道几何参数调整到允许范围之内,再对模拟调整后波形图进一步检查和优化,确保直线顺直,曲线圆顺,过渡顺畅。

⑤在制定模拟调整方案时,轨距偏差宜按照1 mm进行控制。

⑥在缓直、直缓点处不得出现反超高;相邻精调作业单元之间重叠区的模拟调整方案应保持一致。

⑦根据模拟调整方案,确定调整部位和扣件规格,形成最终扣件调整数量汇总表。

(4)现场调整作业

①根据最终扣件调整数量汇总表,准备各类调整件,并备少量余量。

②将模拟调整量全部在钢轨顶面及侧面进行标示,现场调整量标示如图17—3所示。

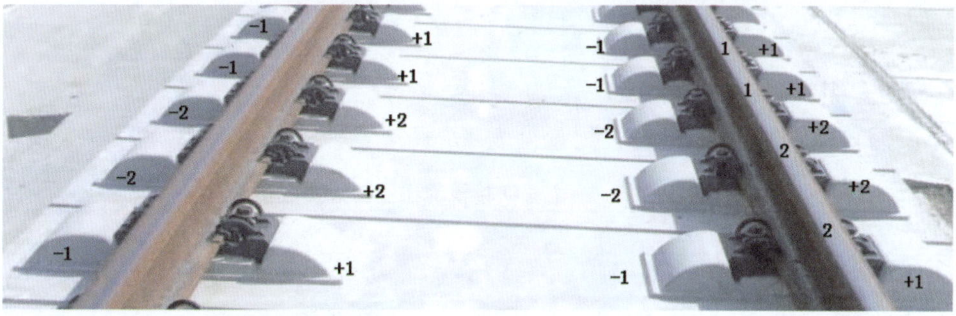

图 17—3　现场调整量标示

③对基准轨利用弦线进行核对后，将正确的轨向调整量标示于挡肩，高低调整量标示于轨顶上。依据核查后的轨向和高低调整量，确认更换扣件规格，调整完毕后用弦线核查。

④对非基准轨用道尺对轨距和水平调整量进行核对后，将正确的轨距调整量标示于挡肩上，水平调整量标示于轨顶上。

⑤依据核查后的轨距和水平调整量，确认更换扣件规格，调整完毕后用道尺核查。

⑥两股轨道调整完毕后，记录现场实际调整件的部位、规格和数量，建立台账；用道尺复测，并记录实际轨距和水平偏差值。

⑦按照摆（调整件）、松（螺栓）、拆（扣件）、顶（钢轨）、清（杂物）、装（调整件）、紧（螺栓）、查（扭矩）、记（台账）九个步骤更换扣件。

⑧扣配件结构如图 17—4 所示。

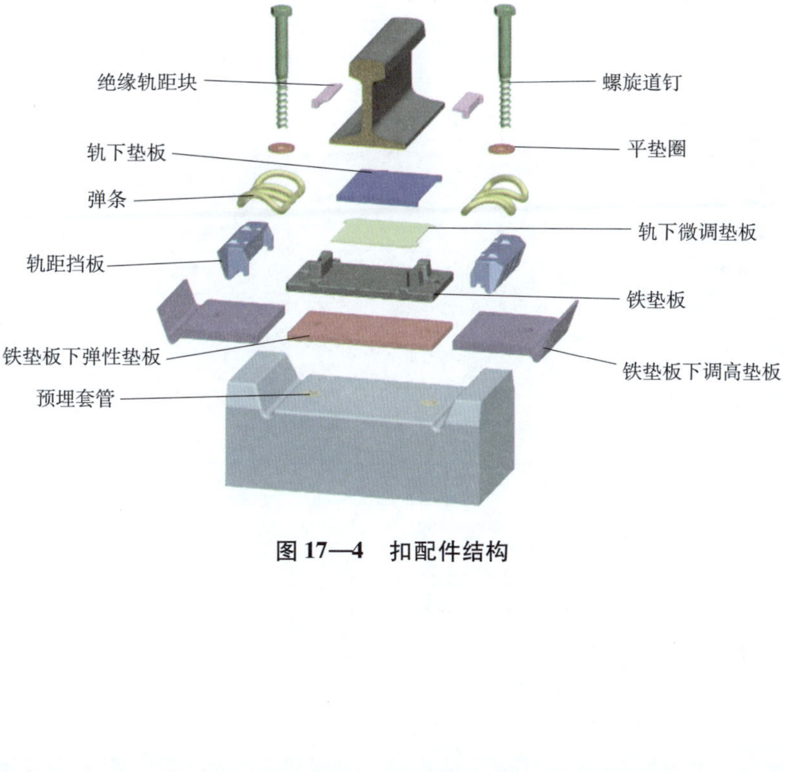

图 17—4　扣配件结构

17.2.3 长钢轨轨道精调人员及机械配置

(1)劳动力组织

一个长钢轨精调作业面的人员配置见表17—5。

表17—5 一个长钢轨精调作业面人员配备

序 号	作业内容	工 种	人 数	备 注
1	轨道测量	测 工	3	现场指挥提供准确的测量数据
2	材料发放	材料员	1	提供现场所需材料
3	模拟试算	技术员	1	确定调整数据,提供报表
4	现场位置确定标示	技术员	1	含轨道状态检查、复核
5	班 组 长	领工员	1	配合技术工作
6	散 扣 件	线路工	2	含扣件回收、整理
7	更换扣件	线路工	8	松扣件、换扣件、拧紧
8	现场防护	防护员	3	专职防护,施工中心位置增设兼职防护员
合 计			20	技术6人,现场作业14人

(2)设备机具配置

一个长钢轨精调作业面的机具设备配置见表17—6。

表17—6 一个长钢轨精调作业面的机具设备配置

序 号	设 备	型号规格	数 量	备 注
1	轨道精调小车	加密基标1 000	1套	含全站仪、棱镜等
2	弦 绳		1副	
3	电子道尺	0级	1把	
4	塞 尺	0~15 mm	2把	
5	起 道 器	YQ-15	1台	手摇跨顶、压机
6	丁字扳手		4把	
7	内燃扳手	NLB-700	1台	
8	电动扳手		2把	
9	小 撬 棍		1根	
10	钢 刷		1把	
11	石 笔		1盒	
12	防护用品		3套	
13	毛 刷		4把	

17.2.4 轨道精调作业控制要点

(1)高低调整。

①扣配件高低位置调整范围为-4~+26 mm。

a. 轨下垫板如图 17—5 所示，轨下垫板型号分 2 mm、3 mm、4 mm、5 mm 和 6 mm 等五种，正常安装时采用 6 mm 厚轨下垫板。通过以上五种垫板实现 0 ~ −4 mm 的高低调整。

图 17—5 轨下垫板

b. 调高垫板分“轨下微调垫板”和“铁垫板下调高垫板”两种，分别放置于轨下垫板与铁垫板之间和铁垫板下弹性垫板与轨枕或轨道板承轨面之间。轨下微调垫板按厚度分为 1 mm、2 mm 和 5 mm 三种规格，如图 17—6 所示；铁垫板下调高垫板按厚度分为 10 mm 和 20 mm两种规格，如图 17—7 所示，铁垫板下调高垫板由两片组成，应成副使用。通过轨下微调垫板和铁垫板下调高垫板可实现 +1 ~ +25 mm 调整，并根据高度调节量选择正确的轨枕螺栓，螺旋道钉分 S2 型和 S3 型两种，在钢轨调高量不大于 15 mm 时用 S2 型，大于 15 mm时用 S3 型，如图 17—8 所示。

图 17—6 轨下微调垫板

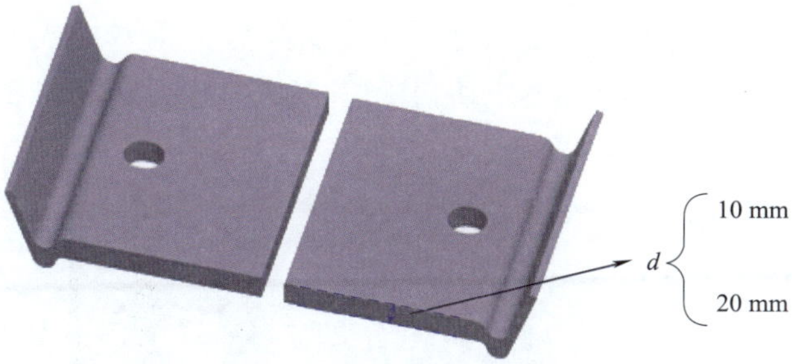

图 17—7 铁垫板下调高垫板

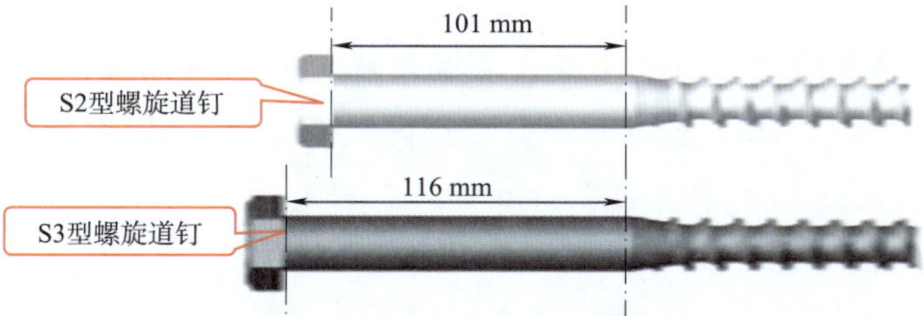

图 17—8 螺旋道钉

（2）轨向调整。

①轨向调整先调整基准轨。松开扣件（调整时连续松动不宜超过 6 个承轨台）之前，应先用电子道尺检查轨距相对关系并记录读数，确定调整后的数据，用以检查调整是否到位。

②基准轨调完之后，根据电子道尺或轨检小车数据用相同的方法调整另外一根钢轨的水平及轨距。重复以上的精调作业步骤，直至满足轨道几何状态静态检测精度及允许偏差的要求。

a. 轨距挡板分一般地段用轨距挡板和钢轨接头处用接头轨距挡板两种。

一般地段用轨距挡板又分为 4 号、7 号和 10 号三种规格，标准轨距时使用 7 号轨距挡板（图 17—9）可调整轨向 3 mm、轨距 6 mm。

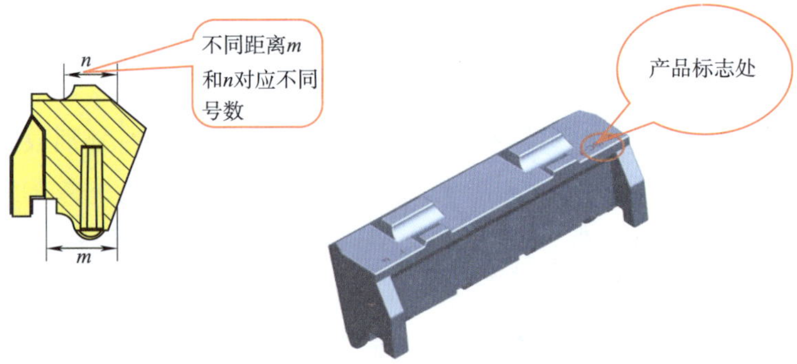

图 17—9　轨距挡板

b. 绝缘轨距块分Ⅰ型和Ⅱ型两种，一般地段采用Ⅰ型绝缘轨距块，钢轨接头处采用Ⅱ型绝缘轨距块。Ⅰ型绝缘轨距块又分为 7 号、8 号、9 号、10 号和 11 号五种规格，标准轨距时使用 9 号绝缘轨距块（图 17—10），可调整轨向 2 mm、轨距 4 mm。

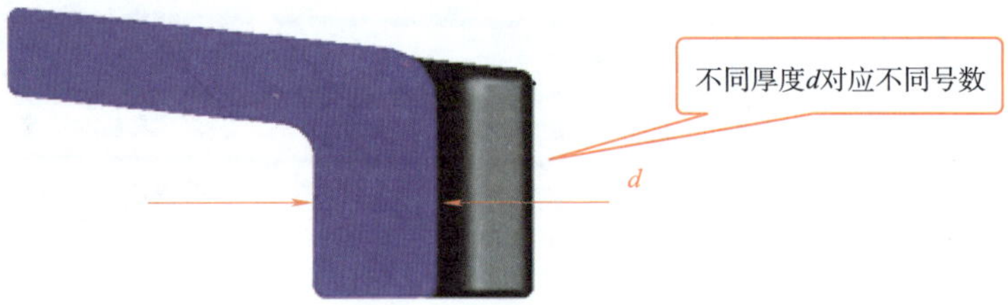

图 17—10　绝缘轨距块

轨距挡板与绝缘轨距块同时使用最大可调整轨向 ±5 mm、轨距 ±10 mm。

（3）扣件更换结束后，再次核对调整量和扣件规格，确认无误后按规定力矩上紧螺栓，回收调整下来的扣件，打扫干净轨道板表面。

（4）再次复查调整效果。对于只是个别更换扣件地段，可以用弦绳和道尺复核即可，对于长大区段调整的，用精调小车测量检查比较高效。对于与相邻单位连接的轨道，在扣件更换完成后，需检查相邻轨道的几何状态是否能够顺接并达到指标要求。

17.3 长钢轨预打磨

17.3.1 长钢轨预打磨施工工艺流程

长钢轨预打磨施工作业流程如图17—11所示。

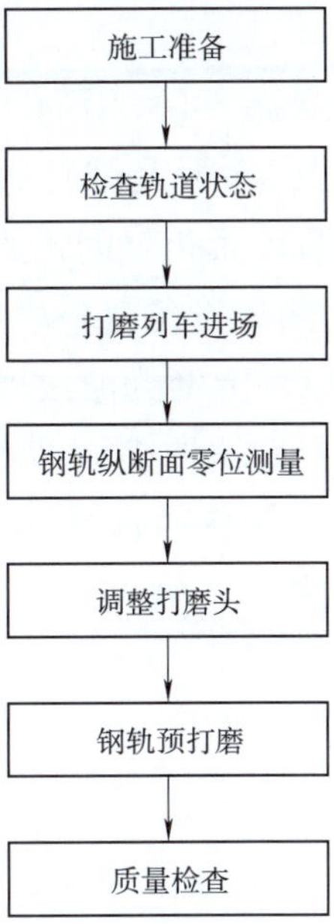

图17—11 长钢轨预打磨施工作业流程

17.3.2 长钢轨预打磨施工工艺

(1)作业准备

①钢轨打磨车按封锁命令进入作业地点。

②转换至打磨作业工况。

③在直线上放下测量小车,确认测量小车走行轮准确入位(没有此项功能的车型可省略此操作)。

④在直线上放下作业打磨小车,确认打磨小车走行轮准确入位。

⑤将主控计算机上工作状态设置成"打磨"状态,确认最低作业速度设置,在发动机规定转速状态下启动打磨电机,输入打磨模式。

(2)打磨作业

①设定作业驾驶室。

②确认制动系统完全缓解后,调速至合适的作业速度开始作业。

③根据线路的环境打开或关闭打磨车侧面喷射及轨枕喷洒消防水开关,并适时调节喷头角度。

④如遇到不能打磨的区域(如平交道口等),应设置障碍区域或人工操作避让障碍。

⑤在作业终点提起砂轮,确认所有砂轮提升,方可停车。

⑥根据需要,转换作业司机室,进行下一步作业。

17.3.3 长钢轨全线预打磨施工控制点

(1)无缝线路经静态验收后,道床进入稳定状态,静态平顺度符合标准要求后进行钢轨全线预打磨作业。

(2)打磨列车到达后,根据轨面状态,可采用列车运行打磨、成形打磨等方式进行作业。打磨列车的使用和管理应按其操作手册及维修保养手册的相关规定执行。

(3)打磨前,应调整好打磨头的偏转面和对钢轨的施压力。

(4)打磨前用安装在打磨机上的测量设备对整段上的钢轨进行纵断面的零位测量。

(5)对具有波纹和短波的钢轨,原则上磨到波纹底及波谷范围。

(6)道岔尖轨及可动心轨、辙叉和钢轨伸缩调节器尖轨,应采用道岔打磨列车或手动操作的钢轨波纹研磨机进行打磨,严禁用普通打磨列车打磨。

(7)打磨列车应回收打磨下的铁粉。

17.4 轨道静态验收

17.4.1 轨道精调验收标准

(1)轨道静态铺设精度标准应符合表 17—7 的规定。

表 17—7 轨道静态铺设精度标准

序号	项目	容许偏差	备注
1	轨距	±1 mm	相对于标准轨距 1 435 mm
		1/1 500	变化率
2	轨向	2 mm	弦长 10 mm
		2 mm/(测点间距 8*a*)	基线长 48*a*
		10 mm/(测点间距 240*a*)	基线长 480*a*
3	高低	2 mm	弦长 10 mm
		2 mm/(测点间距 8*a*)	基线长 48*a*
		10 mm/(测点间距 240*a*)	基线长 480*a*
4	水平	2 mm	不包含曲线、缓和曲线上的超高值
5	扭曲	2 mm	基线长 3 m,包含缓和曲线上有超高顺坡所造成的扭曲量
6	与设计高程偏差	10 mm	站台处的轨面高程不应低于设计值
7	与设计中线偏差	10 mm	

注:表中 *a* 为扣件节点间距,m。

(2)无砟轨道线间距允许偏差为0 ~ +10 mm。

(3)扣件的轨距块离缝不应大于6%,最大离缝不应大于0.5 mm;扣压力小于规定值的不应大于8%;胶垫无缺损,偏斜量大于5 mm的不应大于8%。

17.4.2 长钢轨预打磨验收

(1)钢轨预打磨后应消除钢轨微小缺陷、锈蚀及轨头表面的脱碳层,消除钢轨在轧制过程中形成的轨面斑点及微小比平顺。钢轨表面应光滑、平顺、无斑点。

(2)钢轨预打磨后,钢轨顶面平直度1 m范围内允许偏差为0 ~ +0.2 mm。

(3)钢轨预打磨后,钢轨头部工作边实际横断面与理论横断面相比,允许偏差为±0.3 mm。

(4)钢轨预打磨后,轨顶表面粗糙度不应大于10 μm。

(5)打磨面最大宽度在轨距角圆弧上为4 mm,在轨距角圆弧和轨顶圆弧的连接圆弧部分为7 mm,在轨顶圆弧上为10 mm。从轨头打磨区向非打磨区应平滑过渡。

(6)打磨面宽度的最大变化在沿钢轨长度100 mm的范围内不应大于打磨面最大宽度的25%。

(7)轨头打磨区无连续发蓝带。

(8)钢轨打磨完成后应将无砟道床及轨枕上的铁粉清除干净。

18　施工安全与环境保护

18.1　安全生产保证体系

18.1.1　安全生产体系

(1)建设单位应成立安全生产委员会,主要领导亲自负责,并配备主管安全的副总经理及专职安全工程师,安全生产委员会对无砟轨道施工生产安全负总责,各建设指挥部的安全生产领导小组是建设单位的派出机构。

(2)监理单位应配备相应机构和专职安全监理工程师,负责安全日常监督检查工作。

(3)建设单位安全委员会应认真贯彻国家和中国铁路总公司有关安全生产方针、政策及法规,针对高速铁路项目工程特点,制定安全生产目标和任务,审查重大安全技术措施,检查和落实建设单位有关安全制度和安全措施的落实。

(4)设计单位在施工图设计中把安全措施考虑到位;咨询单位要严格审查设计图纸,确保设计图纸质量,保证结构设计的安全性能。

(5)监理单位应有针对性的制定确保各项安全措施落实的监控措施,制定履行监理职责的考核办法和失职追究制度,对施工现场安全人员的到位、安全措施、特种作业人员持证上岗等进行严格检查和落实,负责日常的安全巡检,发现安全隐患,督促整改落实到位。

(6)建设单位和指挥部应组织定期和不定期检查,每季度至少组织一次管段内的安全大检查。

(7)监理和施工单位每月应组织一次综合性安全大检查。

(8)监理和施工单位的专职安全员进行日常检查,发现安全隐患及时下发整改通知单,限期整改。

(9)施工单位建立以项目经理为主要负责人的安全生产保证体系(图18—1)。与建设单位签订安全生产协议书,坚持“安全第一、预防为主”和坚持“管生产必须管安全”的原则,明确承担安全施工的责任和义务。重要的安全设施必须坚持与主体工程“三同时”原则,即:同时设计、审批,同时施工,同时验收、投入使用。

(10)经理部和各作业队分级负责,以加强施工作业现场控制和职工的安全生产教育为重点,开展创建安全标准工地活动,确保单元工程的施工安全。

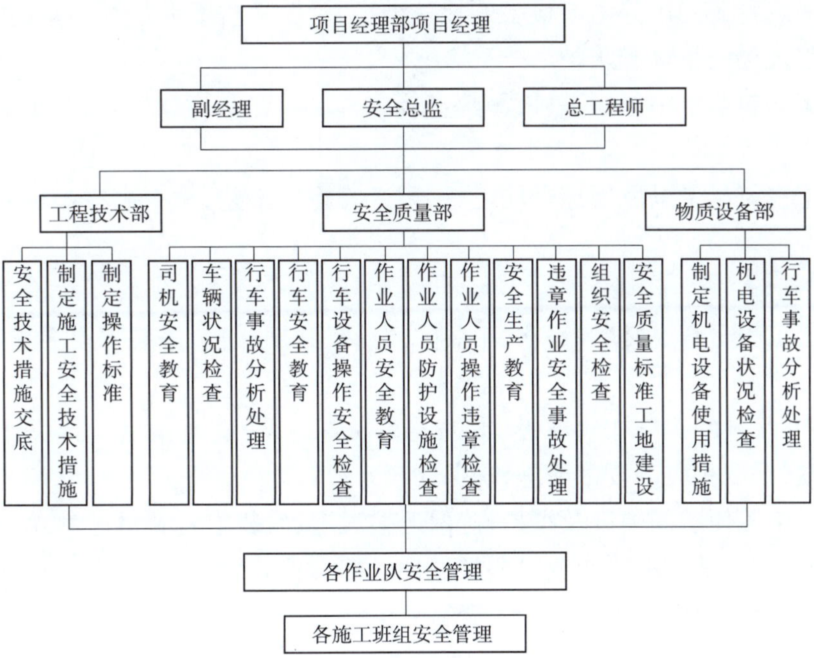

图18—1　施工单位安全生产保证体系

18.1.2　安全生产控制要点

(1)防火安全生产

CRTS Ⅱ型板式无砟轨道相关易燃材料种类繁多,主要有聚脲防水层材料、“两布一膜”滑动层材料、高强度挤塑板、乳化沥青以及外加剂、植筋胶等,其防火安全工作除做好储存及管理外,还应做好以下措施。

①聚脲防水层等相关防火材料应原装储存、运输,根据不同材质要求采取相应温控措施,主要应采取避光、通风、避高温、干燥、远离火源等措施。

②现场施工时注意杜绝火源,作业区严禁吸烟,避免直接在此类材料附件或此类材料成品、半成品上进行电焊、切割等作业,如必须进行,应采用湿布或其他保护材料进行隔离。

③高温季节避免外露的“两布一膜”、高强度挤塑板等易燃材料阳光直射,应对其进行覆盖及洒水保护。

④作业区电缆、电线应架空或置于防护墙外侧,以防其漏电引发火灾。

(2)高空作业

高速铁路、客运专线桥梁结构比重较大,无砟轨道作业大部分位于高架桥上,施工时应做好高空作业防护工作,除按照正常高空作业必要的措施外,无砟轨道高空作业还应采取以下措施。

①合理安排无砟轨道及桥梁防护栏施工组织,尽早进行护栏的安装,减少高空坠落安全事故的发生,对未装的要做好防范措施,并进行醒目的提示。

②加强对悬臂龙门吊等吊装设备的检查维护,确保从桥下调运至桥上时吊装的安全,吊装时要加强现场的指挥和防护。

③桥面废弃料要集中吊运下桥,严禁直接向桥下抛弃杂物垃圾等,避免砸伤行人或地面设施。

④混凝土浇筑尽量采取便道运输上桥、泵送等施工工艺,减少高空吊运安全施工几率的发生。

(3)吊装运输

无砟轨道工程材料、构件的运输、吊装除需满足常规运输、吊装安全要求外,还需采取以下措施。

①大型构、配件的运输如轨道板、水泥乳化沥青砂浆、底座钢筋笼等需要编制专项运输和吊装方案,采取相应的技术措施,确保安全。

②加强对施工便道的铺设及维护,确保运输通道、吊装平台满足运输、吊装需要。

③在桥面进行运输、吊装作业时要加强现场的维护和管理,要轻装慢行,慢吊轻放,切实做好运输、吊装过程中行车及生产安全。

(4)张拉作业

涉及张拉的工序有底座张拉、轨道板纵连作业。张拉前需编制专项施工作业指导书及张拉安全技术交底,并严格执行;张拉器具要采用数显扭矩扳手;张拉过程中张拉的顺序、力矩要严控,以免构件或工具发生断裂、弹射对人身造成伤害。

(5)其他安全控制要点(以下应为质量控制要点之列)

①无砟轨道工程梁面修补、排水坡设置以及其他缺陷整修需采取"打磨为主、修补为辅"的原则进行,修补时应采取一定深度的拉槽后再修补,确保修补砂浆的粘结力,防止在高速铁路运营过程中,高速列车将修补砂浆带起造成安全事故。

②宽缝:宽缝施工结束后由于环境原因产生的裂缝,不得使用刚性材料进行修补,应采用柔性材料进行修补,否则由于冬夏更替温度变化会对结构物之间产生拉伸和挤压破坏。

18.2 环境保护管理体系及控制要点

18.2.1 环境保护管理体系

(1)严格遵守国家《环境保护法》、《水土保持法》等有关规定,在当地环保水利部门和业主审批的范围内施工,贯彻"预防为主、保护优先、防治结合、强化管理"的方针,坚持"谁污染谁治理、谁保护谁恢复"的原则,做到预防污染、持续改进,环保水保与工程建设同步进行,营造绿色通道。

(2)努力将工程施工对环境的不利影响降低至最低限度,确保铁路沿线景观不受破坏,地表水和地下水质不受污染,植被有效保护;坚持做到"少破坏、多保护,少扰动、多防护,少污染、多防治”,使环境保护监控项目与监控结果达到设计文件及有关规定,做到环境保护设施与工程建设“三同时”。

(3)构建由建设单位统一组织、指挥部分段管理、监理单位日常监督、设计单位技术支持、施工单位具体落实的环保管理控制体系;建立与地方各级环保、水保、河道、风景名胜区等主管部门沟通机制,主动接受监督检查。

(4)建立、健全施工过程中的环境管理体系和各项环境管理规章制度,明确各级、各部门在环保水保工作中的职责分工,形成环保水保工作的责任体系。一是坚持环境保护措施审查制度,对沿线重点临时工程、环境敏感点的施工环境保护措施实施备案、审批制度;二是加大监督检查工作力度,施工单位要加强日常检查,建设单位定期开展环境保护专项抽检,将抽检结果纳入对施工单位的年度考评范围。

(5)建立全线文明标准化工地考评管理制度,通过建设单位组织的定期检查,对全线各标段的文明施工进行综合考评,做到无砟轨道施工组织有序,现场布局合理,材料堆码整齐,标志齐全,环境整洁干净;实现施工现场标准化、规范化管理。

(6)施工单位建立有项目经理部领导,工区经理为首、安全质量部为主责部门,各作业工区为主体,各作业架子队实施的生态环境保障体系。根据本标段施工区域的生态环境特点,依据有关法律、法规及地方环境保护有关规定,实行生态保障领导负责制。从思想、组织、过程、检查、效果、目标、经济七个方面控制环保工作,实现总体环境保护目标。

18.2.2 环境保护控制要点

(1)做好生态环境保护的宣传教育工作,提高认识,强化职工的环保意识。临近自然保护区、风景名胜的工点、路段要严格遵守国家及当地政府有关规定,严格规定作业程序和施工人员,尽量缩短工期,不因施工作业使其自然风貌、景观受到损害。

(2)严格执行有关环境保护的国家法律、法规和施工技术细则规定的强制性条款;严格执行当地政府对环境影响和水土保持方案的有关要求;认真贯彻业主制定的环境保护措施。

(3)执行环境影响评价、指导施工环保制度和环境保护“三同时”等管理制度。在施工期间落实环保设计要求,并建立环保检查制度、环保工作记录制度、环保措施审查、临时工程核对优化制度、环保奖惩制度以及环保一票否决制等一整套环保管理制度体系定期检查,发现问题及时处理,对违反有关环境保护法律、法规的及时移交相关部门处理,并无条件的接受环境监理单位的指导和监督。使环境管理实现程序化、规范化运作,取得实效。

(4)线路所经过自然保护区、水源地等环境敏感段,施工中应严格按照环保水保等主管部门有关批复的方案要求实施;严格控制该区段的施工活动范围,应采取隔离措施,防止人员、设备随意进出,避免破坏自然生态环境。

(5)对污染源进行调查,确定施工范围内的环境敏感点,施工过程的重大环境影响因素,建立污染源档案;明确施工范围内各施工阶段应遵循的环境保护法律、法规、标准和要求;编制环境保护的规划和计划,纳入施工生产。

(6)开工前完成生产、生活区域排水和废水处理设施的建设,并保证废水处理设施在整个施工过程的作用发挥,做到现场无积水、排水不外溢、不堵塞,定期清理;生产和生活中产生的污水、泥浆等废水经过净化处理达到《污水综合排放标准》(GB 8978—1996)规定,才能排放。

(7)优先安排电动机械施工,对柴油机械、车辆安装防漏油设施,对机壳进行覆盖围护,避免在车辆停放、维修时漏油污染。

(8)主要施工场地进行硬化处理,施工便道定期压实地面。对施工场地、施工便道经常洒水,减少扬尘对周围环境的污染。装卸有粉尘的材料时,采取洒水湿润或遮盖,防止沿途撒漏和扬尘。

(9)保护施工区和生活区的环境,及时处理施工垃圾、生活垃圾等废弃物,将废弃物运至当地环保部门同意的指定地点弃置,并注意避免阻塞水流和污染水源。

(10)合理安排临近城区、居民区、学校、医院等噪声敏感地段的施工时间。

(11)合理布设施工场地、道路及营区,边界清楚,排水畅通;水电管线架设规范,钢筋加工场、轨枕预制场等地方的成品、半成品堆放整齐,标志醒目。

(12)施工现场每道工序完成后,及时对作业面进行清理,做到工完料尽场地清。

(13)施工及生活废水的排放遵循清污分流、雨污分流的原则,各种施工废油、废液集中存放,集中处理,严禁乱流乱淌,防止污染水源,破坏环境;施工作业产生的污水必须经过沉淀池沉淀,并经净化处理,符合要求后排放。

18.2.3　无砟轨道环境保护技术控制要点

(1)梁面整修

①梁面打磨尽量采用水磨机,并选择在无风或微风天气进行,打磨时及时洒水抑制扬尘,减少对环境的污染及矽肺病的发生。

②梁面修补要采用切槽修补工艺,加强修补砂浆与梁面的粘结力,避免直接将砂浆修补至梁面,干缩后开裂脱离,对梁面造成污染。

③废料处置:梁面打磨处理所产生的废弃尘粒进行清扫,运往线外垃圾场集中处理。

(2)梁面喷涂聚脲防水层

①聚脲喷涂施工,不得在有风天气进行以免聚脲以气雾形态随风飘扬污染空气,不得在雨天或气候潮湿的天气进行,防止聚脲材料被雨水冲刷对桥下土壤对造成污染。

②在聚脲喷涂过程中对喷涂周边桥面及其他构筑物采用覆盖保护,防止喷涂至其他结构物上。

③聚脲喷涂结束后,应立刻对所喷区域进行防护,以免机械和人员对成品碾压踩踏,或雨水冲刷,造成环保事故。

(3)水泥乳化沥青砂浆充填层施工

①水泥乳化沥青砂浆拌制过程中,试拌砂浆、废弃砂浆、废料及冲洗废水等应集中深

埋处理。不得随意泼洒在土壤上或排入附近水流，以免对土壤和水源产生污染。

②在施工过程中做好防止漏浆技术措施，灌注前对轨道板封边进行仔细检查，以免在砂浆灌注过程中发生漏浆现象，使底座和轨道板受到污染。

③如在砂浆灌注过程中确已产生漏浆现象，立刻使用土工布或海绵对漏浆处进行封堵，并使用干粉或沙子对已露出砂浆进行掩埋并拌和，然后清理出线路集中处理。

④水泥乳化沥青砂浆要根据板腔实际容量估算拌制砂浆方量，尽可能减少废弃砂浆的数量，灌注后每盘剩余的砂浆可用于精调爪封堵或接缝砂浆充填层施工。

18.3 文明施工控制要点

18.3.1 文明施工体系

(1)建设单位要明确生产副经理或总工负责的文明施工管理机构，负责文明施工管理制度的编制，现场文明施工的指导和监督，以及文明施工检查评比考核。

(2)监理单位协助建设单位做好文明施工的监督和指导。

(3)施工单位是现场文明施工的主体，要建立以项目经理为负责人的“文明工地”领导小组，全面开展创建文明工地活动，健全以项目经理部具体领导、业务部门指导、各作业班组具体落实的管理网络，增强管理力量。对进场施工的队伍签订文明施工协议书，建立健全岗位责任制，把文明施工责任落到实处，提高全体施工人员文明施工自觉性与责任性。严格执行业主关于创建文明工地施工标准及管理规定，制定文明施工细则，按其要求文明施工。管理小组对各班组定期检查，随时抽查，逐项打分，综合评比，进行奖罚。

18.3.2 文明施工措施

(1)在无砟轨道施工前，各施工单位对各自施工标段进行无砟轨道施工单元划分，合理安排各单元施工方向及衔接。

(2)施工过程中对现场进行合理的作业面安排和组织协调，使得施工现场作业井然有序，互不影响。

(3)材料堆放场要平整，按场地布置图分类堆放，堆放物的两侧有分隔间距和标志，多余的材料与物品及时退场，无散乱物件。料架和堆料场应规格化，做到整齐一致。钢筋分规格、层次一头排齐，挂牌标志堆放，场地较小时应上架堆放。周转材料分规格一头排齐，挂牌标志堆放。钢管扣件一律刷防锈漆后进场。零件分规格入池、入库。特殊材料设库堆放，封闭式管理。

(4)加强施工人员文明施工意识，对职工进行文明施工教育，每周召开文明施工例会，并由专职文明施工监督员举办文明施工讲座，宣传文明施工准则，提高每一位员工文明施工意识，讲职业道德，扬行业新风，树立良好的企业形象。